职业教育"十四五"规划教材
财会专业课证岗一体化教材·校企合作系列

税收基础与纳税实务

陈 园 玉秋兰 ○ 主编
吴 瑶 羌秋璐 樊红艺 ○ 副主编

立信会计出版社
LIXIN ACCOUNTING PUBLISHING HOUSE

图书在版编目(CIP)数据

税收基础与纳税实务 / 陈园，玉秋兰主编. —上海：立信会计出版社，2023.8
ISBN 978-7-5429-7386-3

Ⅰ.①税… Ⅱ.①陈… ②玉… Ⅲ.①税收管理—中国 Ⅳ.①F812.423

中国国家版本馆 CIP 数据核字(2023)第 136836 号

策划编辑	余 榕
责任编辑	余 榕
助理编辑	王秀宇
美术编辑	吴博闻

税收基础与纳税实务
SHUISHOU JICHU YU NASHUI SHIWU

出版发行	立信会计出版社			
地　　址	上海市中山西路 2230 号	邮政编码	200235	
电　　话	(021)64411389	传　　真	(021)64411325	
网　　址	www.lixinaph.com	电子邮箱	lixinaph2019@126.com	
网上书店	http://lixin.jd.com		http://lxkjcbs.tmall.com	
经　　销	各地新华书店			
印　　刷	常熟市人民印刷有限公司			
开　　本	787 毫米×1092 毫米	1/16		
印　　张	19.5			
字　　数	500 千字			
版　　次	2023 年 8 月第 1 版			
印　　次	2023 年 8 月第 1 次			
书　　号	ISBN 978-7-5429-7386-3/F			
定　　价	49.80 元			

如有印订差错,请与本社联系调换

职业教育"十四五"规划教材
财会专业课证岗一体化教材·校企合作系列
编委会名单

主　　　　任　　张红梅　广西金融职业技术学院(广西银行学校)
　　　　　　　　　　　　　　教授
　　　　　　　　　　　　　　副教授

副　主　　任　　徐建宁　北京东大正保科技有限公司
　　　　　　　　　　　　　　(中华会计网校)高级会计师

参编行业专家　（排名不分先后）
　　　　　　　　　　农初勤　广西南宁海翔会计师事务所所长
　　　　　　　　　　　　　　高级会计师
　　　　　　　　　　蒋海娟　广西安驰财务管理有限责任公司　董事长
　　　　　　　　　　黄河景　新道科技股份有限公司　工程师
　　　　　　　　　　李　昕　中联集团教育有限公司　工程师
　　　　　　　　　　李高齐　浙江衡信教育有限责任公司　工程师

学校主要编写人员　（排名不分先后）
　　　　　　　　　　张　祺　陈　园　吴　瑶　苏　梅　李思静
　　　　　　　　　　李　燕　陈苗苗　周平欢　蒙环宁　玉秋兰
　　　　　　　　　　马靖杰　刘　喆　陈　添　陈素萍　蒙丽容

GENERAL PREFACE 总　序

随着"互联网+"的快速发展,教育信息化"十四五"规划提出了职业教育信息化建设的目标任务和重点措施,在线教育、数字化教材已经成为传统教育行业转型的重要方向。开发符合"互联网+"教育的教材,以教育信息化全面推动教育现代化,促进教育公平,提升教育质量,为培养现代化建设所需要的高素质人才提供保障,已成为当前教材建设和改革的重中之重。

广西金融职业技术学院(广西银行学校)作为广西唯一的专门培养财经人才的全日制高等职业教育学校,享有"广西金融人才培养的摇篮"之美誉,其会计专业实力雄厚,有一支业务水平高、教学能力强、专兼结合、双师型结构的优秀教学团队。近年来,学校在大力推进教育教学改革的基础上,在专业建设方面取得明显成效,毕业生就业率达到95%以上,毕业生双证率达到99%以上,地域品牌效应显著,已经成为广西职业院校中会计专业学生规模最大的学校。近年来,学校专任教师依据教学改革成果,结合职业教育人才培养目标和大数据与会计专业群的特点,与用友、新道、中联、百望、浙江衡信、厦门网中网等龙头企业开展校企合作,带动兄弟学校,在专业建设指导委员会的指导下,联合行业、企业专家,推出一套基于"互联网+"教育教学改革理念的课证岗融合的高质量的职业教育"十四五"规划教材。

本套教材校企共研,着重体现课证岗融合和产学合作的特点:

(1)从职业岗位能力培养出发,注重学生职业能力的养成。职业能力培养是职业院校教育的培养目标,财税职业能力围绕学生的职业道德素养养成和职业技能训练来开展。本套教材从大数据与会计职业能力入手,根据现行的准则、政策法规,每个模块把"基础知识""岗位技能""职业素养"等教学目标有机结合,按任务和活动设置职业能力目标,明确工作任务,引导学生有效学习。

(2)关注学生专业技术资格证书、职业技能等级证书的认证需求,立体化特色鲜明。本套教材注重专业技术资格证书、职业技能等级证书相关知识考试的规划和整合,文字通俗易懂,配备各个知识点归纳、比较、总结的图表,以及大量形象化的案例和典型考点等内容,让学生边思边学,边做边学,对于重要事项和考点列有"温馨提示"和"特别提醒"等内容,并配备二维码链接,将教材学习和实训、测试、互动等辅助教学资源紧密结合,实现资源立体化,为教师和学生提供全面的教学支持。

(3)注重学生可持续发展和继续教育的需求。在突出培养学生动手能力的同时,本套教材充分考虑职业院校学生的职业发展需求和综合能力培养,在融合会计专业理论知识的同时兼顾学生继续教育和终身教育的要求,丰富教学资源的内容及其呈现途径,引导学生持续性学习。

(4)注重思政教育。本套教材以教育部《高等学校课程思政建设指导纲要》的文件精神为指引,贯彻执行"课程思政建设是落实立德树人根本任务的战略举措",具体模块教学中渗透职业素养教育,培养学生爱岗敬业、廉洁自律、依法纳税、勤俭节约等素养和品质,教育学生树立正确的人生观和价值观,有助于为学生职业能力发展奠定良好的基础。

（5）校企合作。为了更好地融合"岗课赛证"的知识内容，本套教材由我校与企业共同组织专业老师编写，融合了学校专任老师丰富的教学经验以及企业提供的丰富的题库资源和专业的证书考试指导，校企共同确定教材大纲和编写内容，既满足了学生职业岗位能力培养的需要，又满足了证书考试的需求。

本套教材根据我国现行的企业会计准则体系和税收政策法规编写，不论是课程标准开发，还是项目载体的设计、教学方法的改革和创新，都凝结了编写队伍在会计示范特色专业及实训基地建设中的心血和多年的教学经验。本套教材的出版，将为财会专业职业教育教材建设的不断发展提供新的助力。

张红梅
2023 年 7 月

FOREWORD 前　言

为了实现高等职业教育的培养目标,适应"以能力为中心"与"教、学、练"相结合的高职教学模式,针对高等职业院校会计等专业(群)对纳税实务课程的教学目的和要求,结合作者积累的长期教学和企业在职工作经验,我们编写了这本《税收基础与纳税实务》。

本书以现行的税法和企业会计准则为依据,主要介绍了税务人员和财务人员在实际纳税工作中应掌握的相关知识,如对各税种的基础认知、税费计算、纳税申报内容等。根据不同税种的日常核算要求,我们共整理出8个模块作为主要教学内容,包括税收基础知识、增值税纳税实务、消费税纳税实务、企业所得税纳税实务、个人所得税纳税实务、财产和行为税类纳税实务、其他税种纳税实务、税收征收管理。

本书具有以下特点。

1. "理实一体、学做结合"的创新编写理念

本书以税费计算与纳税申报的工作项目为导向来组织教、学、练的内容,合理运用教学任务和实训任务驱动教学过程,按照"模块导向、任务驱动"模式组织教学,将各税种的理论学习与实训操练相融合,落实了"理实一体、学做结合"的编写理念,有利于培养学生的综合职业能力和素养。

2. 注重德能兼修

以教育部《高等学校课程思政建设指导纲要》的文件精神为指引,

贯彻执行"课程思政建设是落实立德树人根本任务的战略举措",本书在各模块开头设有"考核目标""实践目标""思政目标""知识点思维导图""案例导读",方便教师在具体模块教学中渗透职业素养教育,培养学生爱岗敬业、廉洁自律、依法纳税、勤俭节约等素养和品质,教育学生树立正确的人生观和价值观,有助于为学生职业能力发展奠定良好的基础。

3. 内容新颖,配套资源丰富,实现"岗课赛证"融通

本书以截至2023年5月国家颁布的现行税收法律法规、企业会计准则为编写依据,反映当前税收领域改革和会计发展方向的动态。本书在内容选取上兼顾了初级会计职称考试中"经济法基础"科目的相关内容并辅以考证知识点练习;同时,结合了全国职业院校技能大赛"业财税融合大数据应用""会计实务"赛项的考核范围、考核内容和考核方式,针对大赛的要求整合知识点,实现"岗课赛证"融通,助力学生储备参加"业财税融合大数据应用""会计实务"大赛的知识和技能。

本书配备了授课计划、课程标准、课件、案例、教案、实训练习等丰富的教学资源,方便学生自主学习,同时能帮助使用本书的教师开展教学活动。教师和学生可通过扫描前言中的二维码,获取模拟试题及答案。

本书由多位具备丰富税务授课经验的高职一线教师合作编写完成:陈园(注册会计师、税务师)和玉秋兰(高级经济师、会计师)担任本书的主编,吴瑶、羌秋璐、樊红艺担任本书的副主编。本教材的编写分工如下:樊红艺负责模块1、模块8的编写,玉秋兰负责模块2、模块3

的编写,陈园负责模块 4、模块 5 的编写,吴瑶、麦文龙、陈添、许卉负责模块 6 的编写,羌秋璐负责模块 7 以及 2 套模拟试题及其答案的编写,王夏林负责全书税收政策、税收案例的搜集与编辑,区映映负责全书纳税申报表的搜集与编辑。最后本书由陈园总纂、修改和统稿。

编者已尽最大的努力完善本书,但由于水平有限,本书如存在不当之处,期待广大教师、学生和读者提出建议,并及时反馈给我们,我们会高度重视、及时修改。谢谢!

编 者

2023 年 8 月

扫描下方二维码可获取模拟试题一和模拟试题二相关题目和参考答案:

模拟试题一

模拟试题二

模拟试题一参考答案

模拟试题二参考答案

CONTENTS 目 录

模块 1　税收基础知识 ·· 001
　任务 1.1　税收与税法概述 ·· 002
　任务 1.2　税法原则 ·· 004
　任务 1.3　税法要素 ·· 006
　任务 1.4　税收立法与我国税法体系 ·· 008
　任务 1.5　税收执法 ·· 011
　任务 1.6　税收权利与义务 ·· 012
　模块测试 ·· 013

模块 2　增值税纳税实务 ·· 016
　任务 2.1　纳税有关主体 ·· 018
　任务 2.2　征税范围 ·· 019
　任务 2.3　税率与征收率 ·· 025
　任务 2.4　一般纳税人应纳税额的计算 ··· 028
　任务 2.5　小规模纳税人应纳税额的计算 ··· 037
　任务 2.6　进口货物应纳税额的计算 ·· 038
　任务 2.7　税收优惠 ·· 039
　任务 2.8　征收管理 ·· 041
　任务 2.9　增值税与附加税费申报 ·· 044
　模块测试 ·· 056

模块 3　消费税纳税实务 ·· 062
　任务 3.1　纳税人和税目 ·· 063
　任务 3.2　纳税环节和税率 ·· 065
　任务 3.3　应纳税额的计算 ·· 069
　任务 3.4　征收管理 ·· 075
　任务 3.5　消费税与附加税费申报 ·· 076
　模块测试 ·· 081

模块 4　企业所得税纳税实务 ·· 088
　任务 4.1　企业所得税的认知 ··· 089
　任务 4.2　应纳税所得额的计算 ··· 092
　任务 4.3　税收优惠 ·· 110
　任务 4.4　应纳税额的计算 ·· 113

| 任务 4.5 | 征收管理与纳税申报 | 115 |

模块测试 ………………………………………………………………………………… 135

模块 5 个人所得税纳税实务 …………………………………………………… 140
- 任务 5.1 个人所得税的认知 …………………………………………………… 141
- 任务 5.2 综合所得 ……………………………………………………………… 145
- 任务 5.3 非居民个人工资、薪金所得,劳务报酬所得,稿酬所得和特许权使用费所得的计算 ………………………………………………………………… 156
- 任务 5.4 经营所得 ……………………………………………………………… 158
- 任务 5.5 分类所得 ……………………………………………………………… 161
- 任务 5.6 税收优惠 ……………………………………………………………… 164
- 任务 5.7 征收管理与纳税申报 ………………………………………………… 165

模块测试 ………………………………………………………………………………… 176

模块 6 财产和行为税类纳税实务 ……………………………………………… 181
- 任务 6.1 城镇土地使用税 ……………………………………………………… 183
- 任务 6.2 房产税 ………………………………………………………………… 193
- 任务 6.3 车船税 ………………………………………………………………… 197
- 任务 6.4 印花税 ………………………………………………………………… 207
- 任务 6.5 耕地占用税 …………………………………………………………… 213
- 任务 6.6 资源税 ………………………………………………………………… 217
- 任务 6.7 土地增值税 …………………………………………………………… 224
- 任务 6.8 契税 …………………………………………………………………… 235
- 任务 6.9 环境保护税 …………………………………………………………… 240
- 任务 6.10 烟叶税 ………………………………………………………………… 246
- 任务 6.11 财产和行为税类简并申报 …………………………………………… 248

模块测试 ………………………………………………………………………………… 252

模块 7 其他税种纳税实务 ……………………………………………………… 257
- 任务 7.1 船舶吨税 ……………………………………………………………… 258
- 任务 7.2 城市维护建设税及教育费附加 ……………………………………… 260
- 任务 7.3 关税 …………………………………………………………………… 263
- 任务 7.4 车辆购置税 …………………………………………………………… 269

模块测试 ………………………………………………………………………………… 274

模块 8 税收征收管理 …………………………………………………………… 277
- 任务 8.1 税收征收管理法概述 ………………………………………………… 278
- 任务 8.2 税款征收、税额核定与征收措施 …………………………………… 285
- 任务 8.3 行政管理相对人违法责任、重大税收违法案件信息公布 ………… 290

模块测试 ………………………………………………………………………………… 293

模块 1

税收基础知识

[考核目标]
1. 了解税收与税法
2. 熟悉税收法律关系
3. 掌握税制构成的基本要素
4. 熟悉我国现行税法体系
5. 了解税收执法
6. 了解税收的权利与义务

[实践目标]
1. 建立对税收与税法的整体认知
2. 能够掌握纳税过程的各项基础要素

[思政目标]
1. 树立依法纳税,合法经营的观念
2. 认可国家税收是"取之于民,用之于民"

[知识点思维导图]

```
                    ┌ 税收与税法概述 ┬ 税收与税法的概念
                    │               └ 税收法律关系
                    │
                    ├ 税法原则 ┬ 税法的基本原则
                    │         └ 税法适用原则
                    │
                    │         ┌ 纳税义务人
                    │         │ 征税对象
                    │         │ 税率
                    ├ 税法要素 ┤ 减税、免税
  税收基础知识 ─────┤         │ 纳税环节
                    │         │ 纳税期限
                    │         └ 法律责任
                    │
                    ├ 税收立法与我国现行税法体系 ┬ 税收立法
                    │                           └ 我国现行税法体系
                    │
                    │         ┌ 税收执法权的范围
                    ├ 税收执法 ┤ 税务机构的设置
                    │         └ 税收征收管理范围的划分
                    │
                    └ 税收权利与义务 ┬ 税收权利
                                    └ 税收义务
```

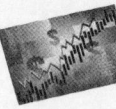

 **案例导读**

国家税务总局义乌市税务局服务外商"走进来",设立了全国首个国际税收服务点,为他们提供"一站式"的涉税服务,设立了多语种的政策直播间,用中、英、俄三种语言直播政策,让他们第一时间了解中国的税费政策。同时,国家税务总局义乌市税务局服务中国商品"走出去",为具有"多品种、小批量"采购特点的市场采购贸易方式,配套了出口货物的免税管理办法,大大激发了外商的采购热情。

以吴娟为代表的重庆市税务系统工作者为了让减税降费落实得更快一点、更好一点、更准一点,他们建立了一套减税降费的核算报表体系,把账算得更明白;推出了全程电子退税,为纳税人节约了近50%的时间;还开发应用了一整套"一表集成"的申报系统,企业所得税平均申报时间由40分钟缩短到了10分钟,努力让减税降费政策直达市场主体。

"生活中,大家对发票并不陌生。一张小小的发票,却关系到国家的税收安全和经济秩序,而我的工作,就是用信息化的手段为'每一张发票'保驾护航。"武汉市税务局增值税发票预警管理团队"张学东工作室"负责人张学东介绍说。近年来,针对发票虚开的新情况,国家税务总局持续运用了大数据建立增值税发票全链条风险快速反应机制,对虚开行为产生了强大震慑,彰显了"零容忍"的态度,在全社会努力营造了公平、透明、可预期的税收环境。

(资料来源:

官莉. 税收如何"取之于民,用之于民"? 纳税人背后有这样一群"税务尖兵"[EB/OL].(2021-07-15)[2023-06-12]. https://baijiahao.baidu.com/s?id=17053417665081189728&wfr=spider&for=pc.)

思考:

阅读上述材料,税收如何"取之于民,用之于民"?

任务1.1 税收与税法概述

一、税收与税法的概念

(一)税收的定义及其基本特征

1. 税收的定义

税收是国家为了满足社会公共需要,凭借政治权力参与社会剩余产品分配,强制地、无偿地取得财政收入的一种固定征收形式。

2. 税收的基本特征

税收的特征包括无偿性、强制性、固定性,即税收的"三性",这"三性"是相互联系、缺一不可的。

税收的无偿性是指国家取得税收收入不需要直接向缴纳的单位和个人付出任何代价。

税收的强制性是指税收这种分配关系是以国家的政治权利为依托的,具体表现为国家以颁布税收有关法令和制度等法定形式来规范、制约、保护和巩固这种分配关系。

税收的固定性是指对什么征税和征多少税是通过法律形式事先规定的,征、纳双方都必须遵守。

(二) 税法的定义及其类别

1. 税法的定义

税法是规定政府与纳税人之间在税款征收和缴纳方面的权利义务关系的法律规范。它既是税务机关向纳税人征税的法律依据,又是纳税人履行纳税义务的法律定则。

2. 税法的类别

税法主要有两类:一类是规定税收权利义务关系的税收实体法。它有两个层次:第一层次是不同的要素构成税种。这些要素是各个税种在立法时必须载明的、不可缺少的基本内容,包括征税对象、纳税人、税率、纳税环节、纳税期限、减免税等。例如,对什么征税,对谁征税,征收多少,什么时间征收以及不依法纳税怎么办等。第二层次是不同的税种构成税收体系。构成税收体系的具体税种包括增值税、消费税、企业所得税、个人所得税等。另一类是规定税收征纳程序方面的税收程序法。任何税种都需要有法定的征纳程序进行规范,如纳税登记、纳税申报、违法处理等。

(三) 税法与税收关系

税法的本质是正确处理国家与纳税人之间因税收而产生的税收法律关系和社会关系,既要保证国家税收收入,也要保护纳税人的权利,两者缺一不可。

税收的本质特征具体体现为税收制度,而税法则是税收制度的法律表现形式。

税法与税收关系的关系可以概括为:有税必有法,无法不成税。

二、税收法律关系

(一) 税收法律关系的构成

税收法律关系构成的三要素及内涵如表 1-1 所示。

表 1-1　　　　　　　　　　税收法律关系构成的三要素及内涵

三要素	内涵
主体	征税主体:国家各级税务、海关 纳税主体:法人、自然人、其他组织等(属地兼属人原则)
客体	征税对象——法律关系主体的权利和义务所共同指向的对象 (1) 物(有形动产、不动产、无形资产) (2) 行为(劳务、服务)
内容	征纳双方各自权利、义务(税法的灵魂、实质)

(二) 税收法律关系的产生、变更与消灭

税收法律关系的产生、变更与消灭由税收法律事实来决定。税收法律事实分为税收法律事件和税收法律行为。税收法律事件是指自然灾害、社会事件可以导致税收减免,从而引起税收法律关系内容的变化;税收法律行为是指纳税人设立即产生税收法律关系,纳税人地址迁移或停业,就会造成税收法律关系的变更或消灭。税收法律关系的保护对权利主体双方是平等的。

【例题 1-1·单选题】下列关于税收法律关系的表述中,正确的是(　　)。

A. 税法是引起法律关系的前提条件,税法可以产生具体的税收法律关系
B. 税收法律关系中权利主体双方法律地位并不平等,双方的权利义务也不对等
C. 代表国家行使征税职责的各级国家税务机关是税收法律关系中的权利主体之一
D. 税收法律关系总体上与其他法律关系一样,都是由权利主体、权利客体两方面构成

【正确答案】 C

【答案解析】 选项 A,税法是引起税收法律关系的前提条件,但税法本身并不能产生具体的税收法律关系;选项 B,税收法律关系中权利主体双方法律地位平等;选项 D,税收法律关系在总体上与其他法律关系一样,都是由权利主体、客体和法律关系内容三方面构成的。

任务 1.2 税法原则

一、税法的基本原则

(一) 税收法定原则

税收法定原则是税法核心基本原则,是税法四大基本原则中最基本的原则。税收法定原则的基本含义可概括为,税法的各类构成要素都必须由法律予以明确规定,税法主体及其权利和义务都必须由法律予以确认,没有法律依据,国家就不能课赋和征收税收,国民也不得被要求缴纳税款。

税收法定原则规定了两个方面的内容,一是法律保留原则,即有关税收实体方面的一切一般的、基本的事实和要素,均必须由法律规定,而不得授权行政机关加以决定或由行政机关自行决定。授权行政机关和由其自行决定的事项,仅为具体的和个别的事项。二是法律优先原则,即法律的效力高于行政立法的效力,税务行政机关违反法律、超越权限所做的决定一律归于无效;同时执法机关对于违反该原则的税收法规、规章等应拒绝予以适用。

(二) 税法公平原则

税法上的公平原则源于法律上的平等原则,它主要包括两个方面的内容:一是税收权利、义务的公平,二是税收负担的公平。税收负担公平是内容,税收权利义务公平是手段,换言之,只有税收权利义务的公平,才有税收负担的公平。税收公平原则要求税收负担必须根据纳税人的负担能力分配,负担能力相等,税负相同;负担能力不等,税负不同。该原则强调禁止不平等对待,禁止对特定纳税人给予歧视性对待,也禁止在没有正当理由情况下对特定纳税人给予特别优惠。

(三) 税收效率原则

税收效率原则要求的是以最小的费用获取最大的税收收入,并利用税收的经济调控作用最大限度地促进经济的发展,或者最大限度地减轻税收对经济发展的妨碍。它包括税收行政效率和税收经济效率两个方面。

税收行政效率可以从征税费用和纳税费用两方面来考察。征税费用是指税务部门在征税过程中所发生的各种费用,如税务机关的房屋、建筑、设备购置和日常办公所需要的费用,税务人员的工薪支出等;纳税费用是纳税人依法办理纳税事务所发生的费用,如纳税人完成纳税申报所花费的时间和交通费用,纳税人雇佣税务顾问、会计师所花费的费用等。

税收经济效率的主旨在于如何通过优化税制,尽可能地减少税收对社会经济的不良影响,或者最大程度地促进社会经济良性发展。

(四) 实质课税原则

实质课税原则要求根据客观事实确定是否符合课税要件,并根据纳税人的真实负担能力决定纳税人的税负,而不能仅考虑相关外观和形式。

【例题1-2·多选题】下列关于税收原则的表述中,正确的有(　　)。
  A. 税收法定原则是税法基本原则中的核心
  B. 税收行政法规的效力优于税收行政规章的效力,体现了法律优位原则
  C. 税收效率原则要求税法的制定要有利于节约税收征管成本
  D. 制定税法时禁止在没有正当理由的情况下给予特定纳税人特别优惠这一做法体现了税收公平原则
【正确答案】 ABCD

二、税法适用原则

税法适用原则包括法律优位原则、法律不溯及既往原则、新法优于旧法原则、特别法优于普通法原则、实体从旧和程序从新原则、程序优于实体原则,具体如表1-2所示。

表1-2　　　　　　　　　　　　税法适用原则

内容	要点
法律优位原则	(1) 含义:法律的效力高于行政立法的效力 (2) 作用:主要处理不同等级税法的关系 (3) 效力低的税法与效力高的体现在税法发生冲突,效力低的税法即是无效(关系:法律＞行政法规＞行政规章)
法律不溯及既往原则	(1) 含义:一部新法实施后,对新法实施之前人们的行为不得适用新法,而只能沿用旧法 (2) 目的:维护税法的稳定性和可预测性
新法优于旧法原则	(1) 含义:新法、旧法对同一事项有不同规定时,新法的效力优于旧法 (2) 目的:避免因法律修订带来新法、旧法对同一事项有不同的规定而给法律适用带来的混乱
特别法优于普通法原则	(1) 含义:对同一事项两部法律分别定有一般和特别规定时,特别规定的效力高于一般规定的效力 (2) 应用:居于特别法地位级别较低的税法,其效力可以高于作为普通法的级别较高的税法(打破等级限制)
实体从旧和程序从新原则	(1) 税收实体法不具备溯及力:税收实体法以纳税义务发生时的税务为准 (2) 税收程序法在特定条件下具备一定的溯及力
程序优于实体原则	(1) 含义:在诉讼发生时,税收程序法优于税收实体法适用 (2) 目的:确保国家课税权的实现,不因争议的发生而影响税款的及时、足额入库

【例题1-3·单选题】2023年6月,某税务稽查局对辖区内一家企业进行税务检查时,发现该企业于2022年6月转增的注册资金按0.5‰的税率缴纳了印花税。检查结束后,检查人员告知该企业可去申请退还印花税已缴纳金额的50%。该检查人员的这一做法遵循的税法使用原则是(　　)。
  A. 税收效率原则　　　　　　　　B. 税收公平原则
  C. 法律不溯及既往原则　　　　　D. 新法优于旧法原则
【正确答案】 D
【答案解析】 根据《关于对营业账簿减免印花税的通知》,2018年5月1日起,对按0.5‰税率贴花的资金账簿减半征收印花税,对按件贴花5元的其他账簿免征印花税。因此在2018年6月起企业应适用新法,不再适用之前旧法0.5‰的规定。

【例题1-4·多选题】下列各项中,属于税法适用原则的有(　　)。
  A. 国内法优于国际法　　　　　　B. 在同一层次法律中,特别法优于普通法

C. 层次高的法律优于层次低的法律　　D. 实体从旧,程序从新

【正确答案】 BCD
【答案解析】 选项A应当是国际法优于国内法。

任务1.3　税法要素

税法最基本的要素包括纳税义务人、征税对象、税率、减免税、纳税环节、纳税期限、法律责任等。

一、纳税义务人

纳税义务人简称纳税人,又称纳税主体,是指税法规定直接负有纳税义务的法人、自然人及其他组织。例如,消费税纳税人是在我境内生产、委托加工和进口应税消费品的单位和个人,车船税的纳税人是在我国境内拥有或管理车辆、船舶的单位和个人。

与纳税人相关的概念还有负税人、扣缴义务人、税务代理人、委托代征人。

负税人是指实际承担税款的单位和个人。纳税人是直接向税务机关缴纳税款的单位和个人。如果纳税人能够通过一定途径把税款转嫁出去,纳税人就不再是负税人;否则,纳税人同时是负税人。

扣缴义务人包括代扣代缴义务人和代收代缴义务人。代扣代缴义务人是指有义务从持有的纳税人收入中扣除其应纳税额并代为缴纳的单位和个人。代收代缴义务人是指有义务从纳税人处收取其应纳税额并代为缴纳的单位和个人。

税务代理人是指在国家有关法律、法规范围内,受纳税人、扣缴义务人的委托,办理涉税服务事项的主体。

委托代征人是指接受税务机关的委托,按照税务机关核发的代征证书的要求,以税务机关的名义向纳税人征收零星税款的单位。

二、征税对象

征税对象是指税收法律关系中征纳双方权利义务共同指向的客体或标的物。征税对象指明对什么征税,是区分不同税种的主要标志,如企业所得税的征税对象是企业的应税所得额,消费税则以特定消费品为征税对象。与征税对象相关的两个概念具体如表1-3所示。

表1-3　　　　　　　　　　与征税对象相关的两个概念

概念	含义	与课税对象的关系	作用或形式
税目	对征税对象分类规定的具体的征税项目。它反映具体的征税范围	对征税对象质的界定	(1)明确具体的征税范围,体现征税广度 (2)贯彻国家税收调节政策需要
税基（计税依据）	是指据以计算征税对象应纳税款的直接数量依据。它解决对征税对象课税的计算问题	对征税对象量的规定	从价计征:即按征税对象的货币价值计算,如增值税 从量计征:即直接按征税对象的自然单位计算,如城镇土地使用税

【例题1-5·单选题】下列各项中,规定具体征税范围、体现征税广度的是(　　)。

A. 税率　　　　　　B. 纳税环节　　　　C. 税目　　　　　　D. 纳税对象

【正确答案】 C

【答案解析】 税目反映具体的征税范围,代表征税的广度。

三、税率

税率是应纳税额与征税对象数量之间的法定比例或额度,它是计算税额的尺度,也是衡量税负轻重与否的重要标志。我国现行税率主要有比例税率、定额税率和累进税率三种类型。

1. 比例税率

比例税率是指对同一征税对象不分数额大小,规定相同的征收比例,如我国企业所得税的现行税率为25%。增值税、房产税、城市维护建设税等采用的也是比例税率。

2. 定额税率

定额税率是指按征税对象确定的计算单位,直接规定一个固定的税额,如我国的车船税、城镇土地使用税等有按照辆、平方米等计税的规定。

3. 累进税率

我国目前采用的累进税率有超额累进税率和超率累进税率两种形式。超额累进税率是将征税对象按数额的大小分成若干等级,每一等级规定一个税率,对每个等级分别计算税款。征税对象数额越大,税率越高。超率累进税率是以征税对象数额的相对率划分若干等级,分别规定相应的差别税率。征税对象的相对率越高,税率越高。

我国现行的税率形式具体如表1-4所示。

表1-4　　　　　　　　　　我国现行的税率形式

税率形式	含义	分类及应用举例
比例税率	是指对同一征税对象,不分数额大小,规定相同的征收比例	(1) 单一比例税率(如车辆购置税) (2) 差别比例税率(如城市维护建设税) (3) 幅度比例税率(如契税)
定额税率	是指按征税对象确定的计算单位,直接规定一个固定的税额	如城镇土地使用税、车船税等
累进税率	是指将征税对象按数额(或相对率)大小分成若干等级,每一等级规定一个税率,税率依次提高	(1) 超额累进税率(如个人所得税) (2) 超率累进税率(如土地增值税)

【例题1-6·多选题】下列各项中,只采用比例税率征收的有(　　)。

A. 增值税　　　　　　　　　　　　B. 消费税
C. 城镇土地使用税　　　　　　　　D. 城市维护建设税

【正确答案】 AD

【答案解析】 消费税采用复合计税,适用比例税率、定额税率;城镇土地使用税采用定额税率。

四、减税、免税

减税、免税是指根据国家政策,对某些纳税人和征税对象通过减征部分税款或免予征税而给予鼓励和照顾的一种特殊规定。

减税、免税的具体形式有三种:其一是税基式减免,即通过缩小计税依据来实现减税、免税。它具体又包括起征点、免征额等。起征点是税法规定的征税对象达到开始征税数额的界限,征税对象的数额未达到起征点的不征税,达到或超过起征点的,则就其全部数额征税。免征额是征税对象总额中免予征税的数额,它是按照税法规定的标准从征税对象总额中预先扣除的数额,免征额的部分不征税,只就超过免征额的部分征税。其二是税率式减免,即通过降低税率来实现减税、免税,包括规定低税率和零税率、暂定照顾性税率等。其三是税额式减免,即通过减少一部分或全部应纳税额,包括全部免征、减半征收、规定减征比例或核定减征额等。

五、纳税环节

纳税环节是指税法规定的征税对象在从生产到消费的流转过程中应当缴纳税款的环节。商品的流转过程包括工业生产、农业生产、货物进出口、农产品采购或发运、商业批发、商业零售等在内的各个环节,具体被确定应当缴纳税款的环节,就是纳税环节。

按照纳税环节的多少,税收制度可以划分为一次课征制和多次课征制。例如,我国现行的消费税实行一次课征制,仅对应税消费品的生产、委托加工、进口或者零售过程中的某一环节缴纳消费税,该商品在其他流通环节不再缴纳消费税;而增值税则实行多次课征制,从商品生产环节到商业零售环节,每一个环节都要就其增值额部分纳税。

六、纳税期限

纳税期限是指每隔固定时间汇总一次纳税义务税额的时间。纳税人的具体纳税期限,由主管税务机关根据纳税人应纳税额的大小分别核定;不能按照固定期限纳税的,可以按次纳税。

纳税期限相关的概念还有纳税义务发生时间和缴库期限。纳税义务发生时间是指应税行为发生的时间。缴库期限是指税法规定的纳税期限界满之时,纳税人将应纳税款缴入国库的期限。

七、法律责任

法律责任一般是指由于违法行为而应当承担的法律后果。违法行为是承担法律责任的前提,而法律制裁是追究法律责任的必然结果。法律制裁又称罚则或违章处理,是对纳税人违反税法的行为所采取的惩罚措施,它是税收强制性特征的具体体现。

任务 1.4　税收立法与我国现行税法体系

一、税收立法

(一) 税收立法原则

税收立法原则体现在以下几个方面:①从实际出发的原则。②公平原则。③民主决策的原则。④原则性与灵活性相结合的原则。⑤法律的稳定性、连续性与废、改、立相结合的原则。

(二) 税收立法权的划分及其现状

1. 税收立法权的划分

我国税收立法权是根据税收执法的级次来划分的,纳税主体、税基和税率等基本法规的立法权放在中央政府,更具体的税收实施规定的立法权给予较低级次政府或政府机构。

2. 税收立法权划分的现状
(1) 中央税、中央与地方共享税以及全国统一实行的地方税的立法权集中在中央。
(2) 依法赋予地方适当的税收立法权。

(三) 税收立法机关

我国税收立法机关及其形式具体如表1-5所示。

表 1-5　　　　　　　　　　　我国税收立法机关及其形式

分类	立法机关	形式	举例①
税收法律	全国人大及其常委会正式立法（截至2023年5月31日,共12个税种完成立法）	法律	《企业所得税法》《个人所得税法》《车船税法》《环境保护税法》《烟叶税法》《船舶吨税法》《耕地占用税法》《车辆购置税法》《城市维护建设税法》《资源税法》《契税法》《印花税法》
	全国人大及其常委会授权立法	暂行条例	《增值税暂行条例》《消费税暂行条例》《土地增值税暂行条例》等
税收法规	国务院——税收行政法规	条例、暂行条例、实施细则	《企业所得税法实施条例》《税收征收管理法实施细则》等
	地方人大（目前只有海南省、民族自治区）——税收地方性法规		—
税收规章	财政部、国家税务总局、海关总署——税收部门规章	办法、规则、规定	《增值税暂行条例实施细则》等
	省级地方政府——税收地方规章		《房产税暂行条例实施细则》等

【例题1-7·单选题】下列税收法律法规中,属于部门规章的是(　　)。

A.《个人所得税法》　　　　　　　　B.《消费税暂行条例》
C.《企业所得税法实施条例》　　　　D.《增值税暂行条例实施细则》

【正确答案】　D

【答案解析】　选项A属于全国人大及其常委会制定的税收法律;选项B属于全国人大或人大常委会授权立法;选项C属于国务院部门制定的税收行政法规。

(四) 税收立法程序

目前我国税收立法程序主要包括以下几个阶段:
(1) 提议阶段:一般由国务院授权其税务主管部门负责。
(2) 审议阶段:税收法律在经国务院审议通过后,以议案的形式提交全国人大或其常委会审议通过,税收法规由国务院负责审议。
(3) 通过阶段:税收法律通过国家主席令发布实施。
(4) 公布阶段:税收行政法规通过国务院总理发布实施。

【例题1-8·多选题】税收立法程序是税收立法活动中必遵循的法定步骤,目前我国税收

---

① 为求形式简洁,表1-5中提到的法律法规均为简称,全称均为《中华人民共和国××法》形式。本书后续出现的相同法律法规、实施条例、实施细则和暂行条例等均用简称表示。

立法程序经过的主要阶段有（　　）。
A. 提议阶段　　　　　　　　　B. 通过阶段
C. 审议阶段　　　　　　　　　D. 公布阶段
【正确答案】　ABCD
【答案解析】　税收立法程序的主要阶段包括提议阶段、审议阶段、通过阶段和公布阶段。

二、我国现行税法体系

（一）税法分类

按照划分标准的不同，税法可以有不同的分类，具体如表1-6所示。

表1-6　　　　　　　不同划分标准下的税法分类

划分标准	税法分类
按税法的基本内容和效力	税收基本法和税收普通法
按税法的职能作用	税收实体法和税收程序法
按税法征收对象	商品和劳务税税法、所得税税法、财产和行为税税法、资源税税法、特定目的税税法
按行使税收管辖权	国内税法、国际税法

（二）现行税法体系

现行税法体系由税收实体法和税收征收管理法律制度构成。

1. 税收实体法

我国目前税收实体法共有18个税种，具体如表1-7所示。

表1-7　　　　　　　我国税收实体法的18个税种

一级分类	二级分类	税种
主体税	商品和劳务税类（间接税）	包括增值税、消费税、关税
	所得税类（直接税）	包括企业所得税、个人所得税
非主体税	财产和行为税类	包括城镇土地使用税、房产税、车船税、印花税、耕地占用税、资源税、土地增值税、契税、环境保护税、烟叶税
	特定目的税类	包括城市维护建设税、车辆购置税、船舶吨税

2. 税收征收管理法律制度

税收征收管理法律制度，包括《中华人民共和国税收征收管理法》《中华人民共和国海关法》和《中华人民共和国进出口关税条例》（以下分别简称《税收征收管理法》《海关法》和《进出口关税条例》）等。税务机关负责征收的税种，其征收管理按照全国人大常委会发布实施的《税收征收管理法》执行；海关负责征收的税种，其征收管理按照《海关法》《进出口关税条例》等有关规定执行。

【例题1-9·多选题】下列各项中，属于我国现行税法的有（　　）。
A. 税收基本法　　　　　　　　B. 企业所得税法
C. 进出口关税条例　　　　　　D. 中央与地方共享税条例

【正确答案】 BC
【答案解析】 我国目前尚未制定税收基本法,也没有出台中央与地方共享税条例。

任务1.5 税 收 执 法

一、税收执法权的范围

税收执法权的范围包括:税款征收、税务检查、行政复议等。

与税收执法权相关的概念还有其他税务管理权。其他税务管理权的范围包括:税务行政处罚、警告(责令限期改正)、行政罚款、停止出口退税权、没收违法所得、收缴发票或者停止发售发票、提请吊销营业执照、通知出境管理机关阻止出境等。

二、税务机构的设置

(1) 中央政府设立国家税务总局(正部级)。
(2) 省及省以下税务机构国家税务局和地方税务局合并。

三、税收征收管理范围的划分

税收征收管理范围的划分具体如表1-8所示。

表1-8　　　　　　　　　　税收征收管理范围的划分

分工	征收和管理范围
海关系统	(1) "2税":关税、船舶吨税 (2) 同时负责代征进出口环节的增值税和消费税
税务系统	(1) "16税":关税、船舶吨税以外的16个税种(表1-7) (2) 同时代征教育费附加、地方教育附加

四、税收收入划分

税收收入划分具体如表1-9所示。

表1-9　　　　　　　　　　税收收入划分

收入划分	税种
中央政府固定收入——中央税	消费税(含进口环节海关代征的部分)、车辆购置税、关税、船舶吨税、海关代征的进口环节增值税等
地方政府固定收入——地方税	城镇土地使用税、耕地占用税、土地增值税、房产税、车船税、契税、烟叶税、环境保护税
中央政府与地方政府共享收入——共享税	增值税、企业所得税、个人所得税
	城市维护建设税、资源税(海洋石油企业缴纳部分归中央政府,其余部分归地方政府)、印花税(证券交易印花税归中央,其他归地方)

【例题1-10·单选题】下列税种中,其收入全部作为中央政府固定收入的是( )。

A. 耕地占用税　　　B. 个人所得税　　　C. 车辆购置税　　　D. 企业所得税

【正确答案】 C

【答案解析】 中央政府固定收入包括消费税(含进口环节海关代征的部分)、车辆购置税、关税、海关代征的进口环节增值税等。

任务1.6　税收权利与义务

一、税收权利

税务行政主体、纳税人、扣缴义务人的权利如表1-10所示。

表1-10　　　　税务行政主体、纳税人、扣缴义务人的权利

征纳双方	权利
税务行政主体（税务机关和税务人员）	负责税收征收管理工作；税务机关依法执行职务，任何单位和个人不得阻挠
纳税人、扣缴义务人	向税务机关了解税收法律、行政法规、纳税程序；依法享有申请减税、免税、退税的权利；享有陈述权、申辩权；依法享有申请行政复议、提起行政诉讼、请求国家赔偿等权利

二、税收义务

税务行政主体、纳税人、扣缴义务人的义务如表1-11所示。

表1-11　　　　税务行政主体、纳税人、扣缴义务人的义务

征纳双方	义务
税务行政主体（税务机关和税务人员）	税务机关应当广泛宣传税收法律、行政法规，普及纳税知识，无偿地为纳税人提供纳税咨询服务；税务机关负责征收、管理、稽查、行政复议人员的职责应当明确，并相互分离、相互制约；为检举人保密；遵守回避制度等
纳税人、扣缴义务人	必须依照法律、行政法规的规定缴纳税款、代扣代缴、代收代缴税款；如实向税务机关提供与纳税和代扣代缴、代收代缴税款有关的信息

【例题1-11·多选题】下列各项中,属于纳税人权利的有(　　)。

A. 要求税务机关保护商业秘密

B. 对税务机关作出的决定,享有陈述权、申辩权

C. 有权控告和检举税务机关、税务人员违法违纪行为

D. 依法申请减免税权

【正确答案】 ABCD

【答案解析】 以上选项都属于纳税人的权利。

模 块 测 试

一、单选题

1. 在税法的构成要素中,区分不同税种的主要标志的要素是( )。
   A. 税率　　　　　　B. 税目　　　　　　C. 税基　　　　　　D. 征税对象
2. 纳税人的权利是建立在其纳税义务基础之上的,处于从属地位,所以税法具有义务性法规的特点,这一特点是由税收的( )特点所决定的。
   A. 强制性、固定性　B. 无偿性、固定性　C. 无偿性、强制性　D. 权利、义务对等
3. 下列关于税法适用原则的表述中,错误的是( )。
   A. 程序优于实体原则是为了确保国家课税权的实现,不因争议的发生而影响税款的及时、足额入库
   B. 根据实体从旧,程序从新原则,实体税法不具备溯及力
   C. 特别法优于普通法原则打破了税法效力等级的限制
   D. 税法适用原则中的法律优位原则明确了税收行政法规的效力高于税收法律的效力
4. 下列关于税收法律关系的陈述中,正确的是( )。
   A. 税收法律关系中享有权利的当事人主要是国家税务机关
   B. 税收法律关系的主体是税收法律关系中最实质的东西,也是税法的灵魂
   C. 税收法律关系的变化主要取决于税收法律事实
   D. 税收法律关系的保护对权利主体双方是不平等的,只保护纳税人的权利
5. 下列关于税收实体法构成要素的说法中,错误的是( )。
   A. 纳税人是税法规定的直接负有纳税义务的单位和个人,也是实际负担税款的单位和个人
   B. 征税对象是税法中规定的征纳双方权利义务共同指向的客体或标的物
   C. 税率是征税对象的征收比例或征收额度,是衡量税负轻重与否的重要标志
   D. 税目反映具体的征税范围,是对课税对象质的界定
6. 采用超额累进税率征收的税种是( )。
   A. 资源税　　　　　B. 土地增值税　　　C. 个人所得税　　　D. 企业所得税
7. 下列税收法律法规中,属于国务院制定的行政法规的是( )。
   A.《个人所得税法》　　　　　　　　　B.《税收征收管理法》
   C.《企业所得税法实施条例》　　　　　D.《北京市房产税暂行条例实施细则》
8. 按照税法的基本内容和效力的不同,税法可以分成( )。
   A. 中央税法与地方税法　　　　　　　B. 税收实体法与税收程序法
   C. 国际税法与国内税法　　　　　　　D. 税收基本法与税收普通法
9. 增值税属于( )税法。
   A. 财产和行为税　　　　　　　　　　B. 资源税
   C. 特定目的税　　　　　　　　　　　D. 商品和劳务税
10. 下列税种中,属于中央政府与地方政府共享收入的是( )。
    A. 关税　　　　　　B. 消费税　　　　　C. 个人所得税　　　D. 土地增值税

二、多选题

1. 税务代理作为民事代理中的一种委托代理，主要特点包括（　　）。
   A. 自愿性　　　　B. 公正性　　　　C. 独立性　　　　D. 强制性
2. 下列原则中，属于税法基本原则的有（　　）。
   A. 税收法定原则　　　　　　　　　B. 实质课税原则
   C. 法律优位原则　　　　　　　　　D. 程序优于实体原则
3. 下列关于税法原则的表述中，正确的有（　　）。
   A. 新法优于旧法原则属于税法的适用原则
   B. 税法主体的权利义务必须由法律加以规定，这体现了税收法定原则
   C. 税法的原则反映税收活动的根本属性，包括税法基本原则和税法适用原则
   D. 税法适用原则中的法律优位原则明确了税收法律的效力高于税收行政法规的效力
4. 下列各项目中，属于我国税收法律关系权利主体的有（　　）。
   A. 各级税务机关　　B. 各级人民政府　　C. 海关　　　　　D. 财政机关
5. 下列关于税法构成要素的说法中，正确的有（　　）。
   A. 税法的构成要素既包括实体性的内容，也包括程序性的内容
   B. 税法的构成要素是所有完善的单行税法都共同具备的
   C. 征税对象、税率、纳税环节、减税免税都属于税法的构成要素
   D. 税法构成要素中，附则一般都规定与该法密切相关的内容，如该法的纳税地点、生效时间等
6. 下列说法中，符合税收立法程序规定的有（　　）。
   A. 税收立法程序是指有权的机关，在制定、认可、修改、补充、废止等税收立法活动中，必须遵循的法定步骤和方法
   B. 目前我国税收立法程序主要包括提议阶段、审议阶段、通过阶段和公布阶段
   C. 税收法律由国务院审议通过后，以国务院总理名义发布实施
   D. 税收法规由国务院负责审议
7. 税收执法权是指税收机关依法征收税款，依法进行税收管理活动的权力，具体包括（　　）。
   A. 税务检查权　　　　　　　　　B. 税务行政复议裁决权及其他税务管理权
   C. 税务稽查权　　　　　　　　　D. 税款征收管理权
8. 下列税种中，属于地方政府收入的税种有（　　）。
   A. 企业所得税　　　B. 契税　　　　C. 车辆购置税　　　D. 烟叶税
9. 下列关于税务机关和纳税人的权利与义务的说法中，正确的有（　　）。
   A. 税务机关依法执行职务，任何单位和个人不得阻挠
   B. 纳税人、扣缴义务人和其他单位应当接受税务机关依法进行的税务检查
   C. 纳税人、扣缴义务人和其他有关单位应当按照国家有关规定如实向税务机关提供与纳税和代扣代缴、代收代缴税款有关的信息
   D. 任何单位和个人都有权检举违反税收法律、行政法规的行为
10. 我国纳税人依法享有纳税人权利，下列各项中，属于纳税人权利的有（　　）。
    A. 依法申请减免税权　　　　　　　B. 控告税务人员的违法违纪行为
    C. 对税务机关作出的决定享有申辩权　D. 要求税务机关为纳税人的商业秘密保密

三、判断题

1. 起征点是指税法规定的计税依据应当征税的数额起点。数额达不到起征点的不征税，达到起征点的，则对超过起征点的部分征税。（　　）

2. 生产规模较小、账册不健全、财务管理和会计核算水平较低、产品零星、税源分散的纳税人适用查定征收方式。（　　）

3. 代扣代缴是指负有代收代缴义务的法定义务人，对纳税人应纳的税款进行代收代缴的方式。（　　）

4. 纳税人取得防伪税控系统开具的专用发票，必须自该专用发票开具之日起180日内到税务机关认证，并在认证通过的次月申报期内，向主管税务机关申报抵扣进项税额。（　　）

5. 纳税人兼营非增值税应税项目的，应分别核算货物或应税劳务的销售额和非增值税应税项目的营业额；未分别核算的，其货物销售和非应税劳务一并征收增值税。（　　）

模块 2

增值税纳税实务

[考核目标]
1. 了解增值税的基本概念和基本规定
2. 掌握增值税一般纳税人的划分
3. 掌握增值税的征税范围和税率
4. 掌握增值税的应纳税额的计算
5. 掌握增值税的税收优惠
6. 熟悉增值税的征收管理
7. 掌握增值税的纳税申报

[实践目标]
1. 能理解增值税的基本规定
2. 能准确计算增值税的应纳税额
3. 能理解并运用增值税的优惠政策
4. 能正确填写增值税纳税申报

[思政目标]
1. 学好税收政策,养成关注国家税收政策和依法纳税的习惯
2. 理解我国增值税的优惠政策,培养爱国主义情怀
3. 关注增值税热点问题,加强诚信纳税责任感
4. 培养良好的职业道德、团结协作精神和协调工作的能力

[知识点思维导图]

增值税纳税实务
- 纳税有关主体
  - 纳税人
  - 扣缴义务人
  - 一般纳税人和小规模纳税人
- 征税范围
  - 销售或者进口货物
  - 提供加工、修理修配劳务
  - 销售服务
  - 销售无形资产或不动产
  - 特殊销售行为
- 税率与征收率
  - 税率
  - 征收率

模块 2　增值税纳税实务

```
                          ┌ 销项税额
          ┌ 一般纳税人应纳税额的计算 ┤ 进项税额
          │                      │ 应纳税额的计算
          │                      └ 简易计税
          │                      ┌ 一般业务
          │ 小规模纳税人应纳税额的计算 ┤ 折让、退回
          │                      │ 购进税控收款机的税额抵免
          │                      └ 销售自己使用过的货物
          │                      ┌ 一般货物组成计税价格
          │ 进口货物应纳税额计算 ┤ 从价计征应税消费品的组成计税价格
          │                      └ 进口增值税税额计算
增值税纳税 │      ┌ 法定免税项目
实务     ┤      │ 营改增"境内"服务免税项目
          │      │ 增值税即征即退
          │ 税收优惠 ┤ 增值税的起征点
          │      │ 税额抵减
          │      │ 加计抵减政策
          │      └ 小规模纳税人普惠性税收优惠
          │      ┌ 纳税义务发生时间
          │ 征收管理 ┤ 纳税地点
          │      │ 纳税期限与纳税申报
          │      └ 增值税专用发票的使用规定
          │              ┌ 增值税与附加税费申报表整合概述
          │ 增值税与附加税费申报 ┤ 整合申报的主要方式
          └              │ 一般纳税人增值税与附加税费整合申报的步骤
                         └ 实操案例——一般纳税人增值税及附加税费申报表填写
```

 案例导读

国家税务总局副局长王道树指出,2022年全年,我国新增减税降费及退税缓税缓费超过4.2万亿元,为助力稳住宏观经济大盘发挥了重要作用。

分行业看,制造业新增减税降费及退税缓税缓费近1.5万亿元,占比35%左右,是受益最明显的行业。同时,餐饮、零售、文化旅游、交通运输等受疫情影响较大的服务业,新增减税降费及退税缓税缓费超8 700亿元。

分企业规模看,小微企业和个体工商户是受益主体,新增减税降费及退税缓税缓费超1.7万亿元,占总规模的比重约4成;近8成个体工商户在2022年无需缴纳税款。

系列税费支持政策,为广大市场主体"输血""活血"。国家税务总局对10万户重点税源企业调查显示,2022年企业每百元营业收入税费负担下降2.7%,其中受疫情影响较大的交通运输业、住宿餐饮业分别下降15.4%和14.2%,负担显著减轻。

(资料来源:
金雪竹. 2022年我国送出超4.2万亿元税费政策"红包"[EB/OL]. (2023-02-01)[2023-06-13]. http://www.chinatax.gov.cn/chinatax/n810214/n810641/n2985871/n2985918/c101807/c5183936/content.html.)

思考：

(1) 增值税的征税范围有哪些？

(2) 我国增值税减税降费及退税缓税缓费优惠政策有哪些？

任务 2.1 纳税有关主体

《增值税暂行条例》规定了增值税的纳税人以及扣缴义务人。在中华人民共和国境内销售货物、劳务、服务、无形资产或者不动产，以及进口货物的单位和个人，为增值税的纳税义务人，简称纳税人。

一、纳税人

在中华人民共和国境内销售货物或者加工、修理修配劳务（以下简称劳务），销售服务、无形资产、不动产以及进口货物的单位和个人，为增值税的纳税人，应当缴纳增值税。

特殊情况下纳税人的确定：①单位以承包、承租、挂靠方式经营的，一般情况以承包人为纳税人；承包人以发包人名义对外经营并由发包人承担相关法律责任的，以该发包人为纳税人。②资管产品运营过程中发生的增值税应税行为，以资管产品管理人为增值税纳税人。

二、扣缴义务人

中华人民共和国境外的单位或者个人在境内销售劳务，在境内未设有经营机构的，以其境内代理人为扣缴义务人。在境内没有代理人的，以购买方为扣缴义务人。

三、一般纳税人和小规模纳税人

（一）分类标准

一般纳税人是指年应征增值税销售额超过小规模纳税人标准的纳税人。小规模纳税人是指年应征增值税销售额为 500 万元及以下，并且会计核算不健全，不能按规定报送有关税务资料的增值税纳税人。

年应征增值税销售额是指纳税人在连续不超过 12 个月或 4 个季度的经营期内累计应征增值税销售额，包括纳税申报销售额、稽查查补销售额、纳税评估调整销售额。

会计核算健全是指纳税人能够按照国家统一会计制度的规定设置账簿，根据合法、有效凭证核算增值税的销项税额、进项税额和应纳税额。

（二）分类依据

一般纳税人与小规模纳税人分类依据如表 2-1 所示。

表 2-1　　　　　　　　一般纳税人与小规模纳税人分类依据

项目	一般纳税人	小规模纳税人
标准	超过小规模纳税人标准	年应征增值税销售额为 500 万元及以下

(续表)

项目	一般纳税人	小规模纳税人
特殊情况	小规模纳税人会计核算健全,可以申请登记为一般纳税人	(1) 其他个人(非个体户) (2) 非企业性单位 (3) 不经常发生应税行为的企业 其他个人(非个体户)必须按小规模纳税人纳税,非企业性单位、不经常发生应税行为的企业可以选择按小规模纳税人纳税
计税规定	执行税款抵扣制;可以使用增值税专用发票	(1) 简易征税:使用增值税普通发票 (2) 小规模纳税人(其他个人除外)发生应税行为需要开具增值税专用发票,可以自愿使用增值税发票管理系统自行开具

【例题2-1·多选题】根据增值税法律制度的规定,下列关于纳税人认定标准的表述中,正确的有(   )。
  A. 纳税人应税服务年销售额超过500万元的为一般纳税人
  B. 年应税销售额超过500万元的非个体经营者的个人,属于一般纳税人
  C. 纳税人按照应税服务年销售额大小的不同,可以划分为一般纳税人和小规模纳税人
  D. 纳税人应税服务年销售额未超过500万元的为小规模纳税人
【正确答案】 ACD

(三) 纳税人登记管理

除非国家税务总局另有规定,纳税人一经登记为一般纳税人后,不得转为小规模纳税人。

增值税纳税人年应税销售额超过规定的小规模纳税人标准,应当向主管税务机关办理一般纳税人登记。

任务2.2 征税范围

增值税的征税范围包括在我国境内销售或者进口货物,提供加工、修理修配劳务及销售服务、无形资产或者不动产。

一、销售或者进口货物

货物是指有形动产,包括电力、热力、气体以及电力公司向发电企业收取的过网费。有偿是指从购买方取得货币、货物或者其他经济利益。进口是指申报进入中国海关境内的应税货物。

【例题2-2·多选题】下列各项中,按照销售货物征收增值税的有(   )。
  A. 销售电力   B. 销售热力   C. 销售天然气   D. 销售商铺
【正确答案】 ABC
【答案解析】 选项ABC,货物是指"有形动产",包括电力、热力、气体;选项D,按照"销售不动产"征收增值税。

二、提供加工、修理修配劳务

加工是指受托加工货物,即委托方提供原料及主要材料,受托方按照委托方的要求,制造

货物并收取加工费的业务;修理修配是指受托对损伤和丧失功能的货物进行修复,使其恢复原状和功能的业务。

应注意,单位或个体工商户聘用的员工为本单位或雇主提供加工、修理修配劳务不包括在内。

三、销售服务

服务包括交通运输服务、邮政服务、电信服务、建筑服务、金融服务、现代服务和生活服务。

(一)交通运输服务

交通运输服务是指利用运输工具将货物或者旅客送达目的地,使其空间位置得到转移的业务活动。它包括陆路运输服务、水路运输服务、航空运输服务和管道运输服务。

出租车公司向使用本公司自有出租车的出租车司机收取的管理费用,属于陆路运输服务。

水路运输的程租、期租业务属于水路运输服务;航空运输的湿租业务属于航空运输服务。水路运输的光租业务、航空运输的干租业务属于现代服务——租赁服务。

程租、期租、光租、湿租、干租的定义

【例题 2-3·案例题】甲运输公司发生两项业务:①承接了客户的租车业务,提供车辆及司机;②提供国庆节自驾游车辆出租业务。其中,业务①按交通运输服务征收增值税。业务②按现代服务——租赁服务(有形动产租赁服务)征收增值税。

(二)邮政服务

邮政服务是指中国邮政集团公司及其所属邮政企业提供邮件寄递、邮政汇兑和机要通信等邮政基本服务的业务活动。邮政服务包括邮政普遍服务、邮政特殊服务、其他邮政服务。邮政储蓄业务按金融服务缴纳增值税。

邮政服务的内容如表 2-2 所示。

表 2-2　　　　　　　　　　　邮政服务的内容

税目子目	项目内容
邮政普遍服务	函件、包裹等邮件寄递,以及邮票发行、报刊发行和邮政汇兑等业务活动
邮政特殊服务	义务兵平常信函、机要通信、盲人读物和革命烈士遗物的寄递等业务活动
其他邮政服务	邮册等邮品销售、邮政代理等活动

(三)电信服务

电信服务是指利用有线、无线的电磁系统或者光电系统等各种通信网络资源,提供语音通话服务,传送、发射、接收或者应用图像、短信等电子数据和信息的业务活动。

电信服务包括基础电信服务和增值电信服务。基础电信服务主要利用固网、移动网、互联网提供语音通话服务,以及出租出售宽带、波长等网络元素等。增值电信服务主要包括提供短信、电子数据和信息传输及应用服务、互联网接入服务、卫星电视信号落地转接服务等。

(四)建筑服务

建筑服务是指各类建筑物、构筑物及其附属设施的建造、修缮、装饰,线路、管道、设备、设施等的安装以及其他工程作业的业务活动。建筑服务包括工程服务、安装服务、修缮服务、装饰服务、其他建筑服务。建筑服务的内容如表 2-3 所示。

表 2-3　建筑服务的内容

税目子目	项目内容
工程服务	新建、改建各种建筑物、构筑物的工程作业
安装服务	(1) 生产设备、动力设备、起重设备、运输设备、传动设备、医疗实验设备以及其他各种设备、设施的装配、安置工程作业 (2) 包括固话、有线电视、宽带、水、电、燃气、暖气等收取的安装费、初装费、扩容费等
修缮服务	对建筑物、构筑物进行修补、加固、养护、改善,使之恢复原来的使用价值或延长其使用期限的工程作业 注意:需关注其与有形动产的加工、修理修配劳务的区别
装饰服务	对建筑物、构筑物进行修饰装修,使之美观或者具有特定用途的工程作业
其他建筑服务	如钻井(打井)、拆除建筑物、平整土地、园林绿化等。物业服务企业为业主提供的装修服务,按照建筑服务缴纳增值税。纳税人将建筑施工设备出租给他人使用并配备操作人员的,按照建筑服务缴纳增值税

(五) 金融服务

金融服务是指经营金融保险的业务活动。金融服务包括贷款服务、直接收费金融服务、保险服务和金融商品转让。金融服务的内容如表 2-4 所示。

表 2-4　金融服务的内容

税目子目	项目内容
贷款服务	各种占用、拆借资金取得的收入、融资性售后回租、罚息、票据贴现、押汇、转贷等业务取得的利息及利息性质的收入 注意:以货币投资收取固定利润或保底利润按照金融服务贷款服务缴纳增值税;融资性售后回租属于金融服务——贷款服务;融资租赁属于现代服务租赁服务
直接收费金融服务	提供货币兑换、账户管理、电子银行、信用卡、信用证、财务担保、资产管理、信托管理、基金管理、金融交易场所(平台)管理、资金结算、资金清算、金融支付等服务,而直接取得的收入
保险服务	人身保险服务和财产保险服务
金融商品转让	转让外汇、有价证券、非货物期货和其他金融商品(基金、信托、理财产品等各类资产管理产品和各种金融衍生品)的所有权取得的收入

(六) 现代服务

现代服务是指围绕制造业、文化产业、现代物流产业等提供技术性、知识性服务的业务活动。现代服务包括研发和技术服务、信息技术服务、文化创意服务、物流辅助服务、租赁服务、鉴证咨询服务、广播影视服务、商务辅助服务和其他现代服务。现代服务的内容如表 2-5 所示。

表 2-5　现代服务的内容

税目子目	项目内容
研发和技术服务	研发服务、合同能源管理服务、工程勘察勘探服务、专业技术服务(如气象服务、地震服务、海洋服务、测绘服务、城市规划、环境与生态监测服务等专项技术服务)
信息技术服务	软件服务、电路设计及测试服务、信息系统服务、业务流程管理服务和信息系统增值服务
文化创意服务	设计服务、知识产权服务、广告服务和会议展览服务
物流辅助服务	航空服务、港口码头服务、货运客运场站服务、打捞救助服务、仓储服务、装卸搬运服务和收派服务

(续表)

税目子目		项目内容
租赁服务	融资租赁服务	有形动产融资租赁、不动产融资租赁
	经营租赁服务	有形动产经营租赁、不动产经营租赁
	\multicolumn{2}{l}{车辆停放服务、道路通行服务(过路、过桥、过闸费)属于不动产经营租赁服务;将动产、不动产上的广告位出租,属于经营租赁服务;融资性售后回租属于金融服务贷款服务}
鉴证咨询服务		认证服务、鉴证服务和咨询服务,如:会计税务法律鉴证、工程监理、资产评估、环境评估、房地产土地评估、建筑图纸审核、医疗事故鉴定等
广播影视服务		广播影视节目的制作服务、发行服务和播映服务
商务辅助服务		企业管理服务、经纪代理服务、人力资源服务、安全保护服务,如金融代理、知识产权代理、货物运输代理、代理报关、法律代理、房地产中介、婚姻中介、代理记账、拍卖等
其他现代服务		上述8项现代服务以外的服务,如: (1)纳税人安装运行后的电梯提供的维修保养服务 (2)为客户办理退票而向客户收取的退票费、手续费等

【例题2-4·多选题】下列各项中,应按照"交通运输服务"计缴增值税的有(　　)。

A. 程租　　　　B. 期租　　　　C. 湿租　　　　D. 车辆停放服务

【正确答案】 ABC

【答案解析】 选项D,按照"不动产经营租赁服务"缴纳增值税。

【例题2-5·单选题】下列各项中,应按照"现代服务"计缴增值税的是(　　)。

A. 经营租赁服务　　B. 融资性售后回租　　C. 保险服务　　D. 旅游服务

【正确答案】 A

【答案解析】 选项B,按照"金融服务贷款服务"缴纳增值税;选项C,按照"金融服务"缴纳增值税;选项D,按照"生活服务"缴纳增值税。

(七)生活服务

生活服务是指为满足城乡居民日常生活需求提供的各类服务活动,包括文化体育服务、教育医疗服务、旅游娱乐服务、餐饮住宿服务、居民日常服务和其他生活服务。生活服务的内容如表2-6所示。

表2-6　　　　　　　　　　生活服务的内容

税目子目	项目内容
文化体育服务	文艺表演、比赛、档案馆的档案管理、文物及非物质遗产保护、提供游览场所等;纳税人在游览场所经营索道、摆渡车、电瓶车、游船等取得的收入,按照"文化体育服务"缴纳增值税
教育医疗服务	教育服务是指提供学历教育服务、非学历教育服务、教育辅助服务的业务活动。医疗服务是指提供医学检查、诊断、治疗、康复、预防、保健、接生、计划生育、防疫服务等方面的服务
旅游娱乐服务	旅游服务和娱乐服务
餐饮住宿服务	纳税人以长(短)租形式出租酒店式公寓并提供配套服务的,按照住宿服务缴纳增值税;提供餐饮服务的纳税人销售的外卖食品,也按此项目缴纳增值税
居民日常服务	市容市政管理、家政、婚庆、养老、殡葬、护理、美容美发、按摩、桑拿、沐浴、洗染、摄影扩印等服务
其他生活服务	上述服务以外的生活服务,如植物养护服务

四、销售无形资产或不动产

(一) 销售无形资产

销售无形资产是指转让无形资产所有权或者使用权的业务活动,包括技术、商标、著作权、商誉、自然资源使用权(包括土地使用权)和其他权益性无形资产(如连锁经营权、代理权、网络游戏虚拟道具、域名、肖像权、冠名权、转会费等)。

(二) 销售不动产

销售不动产是指转让不动产所有权的业务活动。不动产是指不能移动或者移动后会引起性质、形状改变的财产,包括建筑物、构筑物等。在转让建筑物或者构筑物时一并转让其所占土地的使用权的,按照销售不动产缴纳增值税。

五、特殊销售行为

(一) 视同销售

视同销售货物是指在会计上不作为销售核算,而在税收上作为销售、确认收入计缴税费的商品的转移行为。《增值税暂行条例实施细则》规定,单位或者个体工商户的下列行为,视同销售货物。

1. 委托代销行为

委托代销行为是指受货物所有人委托而进行销售的一种行为。委托代销行为一般包括:①单位或者个体工商户将货物交付其他单位或者个人代销;②单位或者个体工商户销售代销货物。

2. 货物异地移送

货物异地移送是指设有两个以上机构并实行统一核算的纳税人,单位或者个体工商户将货物从一个机构移送至其他机构用于销售,但相关机构设在同一县(市)的除外。

3. 将自产或委托加工的货物用于非增值税应税项目

单位或者个体工商户将自己生产或委托加工的货物用于不征收增值税的项目,需要视同销售,缴纳增值税。

4. 将自产、委托加工、购进的货物用于非生产性支出项目

以下将自产、委托加工、购进的货物用于非生产性支出的,需视同销售,缴纳增值税。

(1) 单位或者个体工商户将自产、委托加工的货物用于集体福利或者个人消费。

(2) 单位或者个体工商户将自产、委托加工或者购进的货物作为投资,提供给其他单位或者个体工商户。

(3) 单位或者个体工商户将自产、委托加工或者购进的货物分配给股东或者投资者。

(4) 单位或者个体工商户将自产、委托加工或者购进的货物无偿赠送其他单位或者个人。

【例题2-6·单选题】根据增值税法律制度的规定,企业发生的下列行为中,不属于视同销售货物行为的是( )。

A. 将购进的货物作为投资提供给其他单位 B. 将购进的货物用于集体福利
C. 将委托加工的货物分配给股东 D. 将自产的货物用于个人消费

【正确答案】 B

【答案解析】 选项A,外购货物"对外"(用于投资),视同销售;选项B,外购货物"对内"(用于集体福利),进项税额不得抵扣;选项CD,自产和委托加工的货物,无论"对内、对外"均

视同销售。

5. 视同销售服务、无形资产或不动产

以下情形需视同销售服务、无形资产或不动产。

（1）单位或者个体工商户向其他单位或者个人无偿提供服务；但用于公益事业或者以社会公众为对象的除外。

（2）单位或者个人向其他单位或者个人无偿转让无形资产或者不动产；但用于公益事业或者以社会公众为对象的除外。

（3）财政部和国家税务总局规定的其他情形。

【例题 2-7·单选题】下列业务中，不属于增值税视同销售的是(   )。

A. 单位无偿向其他企业提供建筑服务　　B. 单位无偿为公益事业提供建筑服务
C. 单位无偿为关联企业提供建筑服务　　D. 单位以自产的建筑材料对外投资

【正确答案】　B

【答案解析】　单位或个体工商户向其他单位或个人无偿提供服务视同销售，但用于公益事业或以社会公众为对象除外。

（二）混合销售与兼营销售

1. 混合销售

混合销售是指纳税人的一项销售行为既涉及服务又涉及货物。

从事货物的生产、批发或者零售的单位和个体工商户的混合销售行为，按照销售货物缴纳增值税；其他单位和个体工商户的混合销售行为，按照销售服务缴纳增值税。

销售活动板房、机器设备、钢结构件等自产货物提供的建筑、安装服务，不属于混合销售，应分别核算、计征。

2. 兼营销售

兼营销售是指纳税人兼营货物、劳务、服务、无形资产或者不动产的销售行为。适用不同税率或者征收率的，应当分别核算适用不同税率或者征收率的销售额；未分别核算的，从高适用税率。

混合销售与兼营销售的区别如表 2-7 所示。

表 2-7　　　　　　　　混合销售与兼营销售的区别

类型	行为特征	判定标准	税务处理	举例
混合销售	一项销售行为	经营主体是指从事货物生产、批发或零售的纳税人	混合销售——按销售货物纳税，税率为13%	甲超市销售家电同时提供送货上门服务
		经营主体是指从事其他行业的纳税人	混合销售——按销售服务纳税，税率为6%	乙歌舞厅所提供娱乐服务同时销售烟、酒、饮料
兼营销售	多元化经营	增值税不同税目混业经营，不发生在同一项销售行为中	分别核算分别缴纳；未分别核算从高适用税率	丙购物中心既销售商品，又提供餐饮服务

特殊情况：一般纳税人销售活动板房、机器设备、钢结构件等自产货物的同时，提供建筑安装服务，不属于混合销售，应分别核算货物和建筑服务的销售额，分别适用不同的税率或征收率。

【例题 2-8·多选题】根据增值税法律制度的规定，下列各项中，不属于混合销售行为的有(   )。

A. 美容店提供美容服务的同时销售美容产品
B. 餐饮业提供餐饮服务的同时销售酒水
C. 销售自产的机器设备的同时提供安装服务
D. 销售自产的钢结构件的同时提供安装服务

【正确答案】 CD
【答案解析】 选项AB属于混合销售,经营主体美容店(餐饮公司)以提供美容(餐饮)服务为主,应当按照"生活服务"缴纳增值税;选项CD,纳税人销售活动板房、机器设备、钢结构件等自产货物的同时提供建筑、安装服务,不属于混合销售,应"分别核算"货物和建筑服务的销售额,"分别适用"不同的税率或者征收率。

(三)不征收增值税的特殊规定

(1) 代为收取的同时满足以下条件的政府性基金或者行政事业性收费不征收增值税,主要有:①由国务院或者财政部批准设立的政府性基金,由国务院或者省级人民政府及其财政、价格主管部门批准设立的行政事业性收费;②收取时开具省级以上(含省级)财政部门监(印)制的财政票据;③所收款项全额上缴财政。

(2) 单位或者个体工商户聘用的员工为本单位或者雇主提供取得工资的服务(非经营活动)不征收增值税。

(3) 单位或者个体工商户为员工提供应税服务(非经营活动)不征收增值税。

(4) 各党派、工会、共青团、妇联、中科协、青联、台联、侨联收取党费、团费、会费,以及政府间国际组织收取会费,属于非经营活动,不征收增值税。

(5) 存款利息不征收增值税。

(6) 被保险人获得的保险赔付不征收增值税。

(7) 财政部和国家税务总局规定的其他不征收增值税的情形。

(8) 纳税人根据国家指令无偿提供的铁路运输服务、航空运输服务,属于以公益活动为目的的服务,不征收增值税。

(9) 房地产主管部门或者其指定机构、公积金管理中心、开发企业以及物业管理单位代收的住宅专项维修资金不征收增值税。

(10) 纳税人在资产重组过程中,通过合并、分立、出售、置换等方式,将全部或者部分实物资产以及与其相关联的债权、负债和劳动力一并转让给其他单位和个人,不属于增值税的征税范围,其中涉及的货物转让、不动产、土地使用权转让行为,不征收增值税。

【例题2-9·单选题】下列各项收入中,不征收增值税的是(   )。
A. 被保险人获得的保险赔付
B. 纳税人取得的财政补贴收入
C. 贷款利息收入
D. 销售代销货物取得的收入

【正确答案】 A
【答案解析】 被保险人获得的保险赔付不征收增值税。

任务2.3 税率与征收率

增值税一般纳税人在一般计税方法下适用四种情况的比例税率:第一种是基本税率;第二

种是较低税率;第三种是低税率;第四种是出口货物、劳务、服务或者无形资产适用的零税率。一般纳税人特殊情况下采用简易计税方法适用征收率。小规模纳税人缴纳增值税采用简易计税方法适用征收率。

一、税率

(一) 基本税率13%

适用基本税率13%的情形包括:销售和进口适用9%税率的货物以外的货物;提供加工、修理修配劳务;有形动产租赁服务。

(二) 较低税率9%

适用税率9%的销售或进口的货物包括:①粮食等农产品、食用植物油、食用盐;②自来水、暖气、冷气、热水、煤气、石油液化气、天然气、二甲醚、沼气、居民用煤炭制品;③图书、报纸、杂志、音像制品、电子出版物;④饲料、化肥、农药、农机、农膜。

适用税率9%的服务、无形资产和不动产包括:提供交通运输服务、邮政服务、基础电信服务、建筑服务、不动产租赁服务,销售不动产,转让土地使用权。

(三) 低税率6%

适用税率6%的服务、无形资产和不动产包括:提供增值电信服务、金融服务、现代服务(租赁除外)、生活服务,销售无形资产(转让土地使用权除外)。

(四) 零税率

适用零税率的情形包括:①纳税人出口货物,税率为0;但是,国务院另有规定的除外。②境内单位和个人跨境销售国务院规定范围内的服务、无形资产,税率为0。

增值税的税率类型和适用范围如表2-8所示。

表2-8 增值税的税率类型和适用范围

税率类型	税率	适用范围
基本税率	13%	销售或进口货物;提供应税劳务;提供动产租赁服务
较低税率	9%	列举货物;提供交通运输服务、邮政服务、基础电信服务、建筑服务、不动产租赁服务,销售不动产,转让土地使用权
低税率	6%	提供现代服务(租赁除外)、增值电信服务、金融服务、生活服务,销售无形资产(转让土地使用权除外)
零税率	0	出口货物、劳务、境内单位和个人发生的跨境应税行为

【例题2-10·单选题】下列各项增值税服务中,增值税税率为13%的是(　　)。

A. 邮政服务　　　　　　　　　　B. 交通运输服务
C. 有形动产租赁服务　　　　　　D. 增值电信服务

【正确答案】 C

【答案解析】 选项AB,适用9%的税率;选项D,适用6%的税率。

二、征收率

(一) 适用3%征收率的情形

1. 小规模纳税人

小规模纳税人一般的应税行为适用3%征收率。但是,有特殊情况的,另按其规定。

2. 一般纳税人

一般纳税人适用3%征收率的情形如表2-9所示。

表2-9　　　　　　　　　　一般纳税人适用3%征收率的情形

适用情形	具体内容	
3%征收率	寄售商店代销寄售物品、典当业销售死当物品	
销售自产货物可选择按照3%征收率纳税的货物	①自来水;②县级及以下小型水力发电单位生产的电力;③用微生物、血液或组织等制成的生物制品;④建筑用和生产建筑材料所用的砂、土、石料;⑤以自己采掘的砂、土、石料或其他矿物连续生产的砖、瓦、石灰;⑥商品混凝土	选择简易办法后,36个月内不得变更
可选择按照3%征收率纳税的服务	①公共交通运输服务;②动漫产品的设计、制作服务,以及在境内转让动漫版权;③电影放映服务;④仓储服务;⑤装卸搬运服务;⑥收派服务;⑦文化体育服务;⑧以营改增试点前取得的有形动产,提供的有形动产经营租赁服务;⑨营改增试点前签订的,尚未执行完毕的有形动产租赁合同	

(二) 依照3%征收率减按2%征收的情形

依照3%征收率减按2%征收的情形如表2-10所示。

表2-10　　　　　　　　依照3%征收率减按2%征收的情形

应税项目		计算方法
销售旧货(二手车除外)		含税售价÷(1+3%)×2%
销售自己使用过的购入时不得抵扣且未抵扣过进项税的固定资产	(1) 小规模纳税人 (2) 2009年1月1日以前购入的固定资产 (3) 2013年8月1日以前购入的小汽车、摩托车和游艇(2车1艇)	

(三) 适用5%征收率的情形

适用5%征收率的情形如表2-11所示。

表2-11　　　　　　　　　　适用5%征收率的情形

身份		项目	
小规模纳税人	非房地产开发企业	转让、出租其取得的不动产(不含个人出租住房)	
	房地产开发企业	销售自行开发的房地产项目	
一般纳税人	非房地产开发企业	转让、出租其于2016年4月30日前取得的不动产且选择简易方法计税的	
	房地产开发企业	销售自行开发的房地产老项目且选择简易方法计税的	
个人出售住房	购买年限<2年		全额
	购买年限≥2年	北京、上海、广州、深圳的非普通住房	差额
		其他	免征

【例题2-11·多选题】根据增值税法律制度的规定,一般纳税人提供的下列服务中,可以选择适用简易计税方法计税的有(　　)。

A. 装卸搬运服务　　B. 公交客运服务　　C. 住宿服务　　D. 文化体育服务

【正确答案】　ABD

【答案解析】　选项C,适用6%的税率,不能选择简易计税方法。

任务2.4 一般纳税人应纳税额的计算

增值税的计税方法,主要包括一般计税方法和简易计税方法。我国目前对增值税一般纳税人增值税的计算通常情况下采用一般计税方法,某些特殊情况下采用或者选择采用简易计税方法;目前我国小规模纳税人增值税的计算采用简易计税方法。

增值税一般纳税人在一般计税方法下的应纳税额等于本期销项税额减去本期进项税额。应纳税额的计算公式为:

$$应纳增值税税额＝当期销项税额－当期准予抵扣进项税额$$

一、销项税额

销项税额是指纳税人销售货物,提供加工、修理修配劳务,销售服务、无形资产或者不动产按照销售额和增值税税率计算并收取的增值税税额。销项税额的计算公式为:

$$销项税额＝(不含增值税)销售额×适用税率＝含增值税销售额÷(1＋适用税率)×适用税率$$

(一) 一般销售业务销售额的确定

销售额为纳税人发生应税销售行为收取的全部价款和价外费用,但是不包括收取的销项税额。销售额的计算公式为:

$$销售额＝全部价款＋价外费用$$

其中,价外费用包括:价外向购买方收取的手续费、补贴、基金、集资费、返还利润、奖励费、违约金、滞纳金、延期付款利息、赔偿金、代收款项、代垫款项、包装费、包装物租金、储备费、优质费、运输装卸费以及其他各种性质的价外收费。

价外费用不包括:

(1) 向购买方收取的销项税额。

(2) 受托加工应征消费税的消费品所代收代缴的消费税。

(3) 同时符合以下条件的代垫运费包括:①承运者的运费发票开给购货方;②纳税人将该项发票转交给购货方。

(4) 同时符合一定条件代为收取的政府性基金或者行政事业性收费。

(5) 销售货物的同时代办保险等而向购买方收取的保险费,以及向购买方收取的代购买方缴纳的车辆购置税、车辆牌照费。

(6) 以委托方名义开具发票代委托方收取的款项。

【例题2-12·单选题】甲公司为增值税一般纳税人,20×2年5月,提供设计服务取得含增值税价款为636万元,另收取手续费10.6万元。已知增值税税率为6%。计算甲公司当月该笔业务销项税额的下列算式中,正确的是(   )。

A. [636＋10.6÷(1＋6%)]×6%　　B. 636÷(1＋6%)×6%

C. 636×6%　　D. (636＋10.6)÷(1＋6%)×6%

【正确答案】 D

【答案解析】 提供设计服务收取的奖励费属于价外费用,需要并入销售额计征增值税,价款和价外费用均为含税价,需要价税分离,换算为不含税价格。

(二)视同销售业务销售额的确定

纳税人销售价格明显偏低且无正当理由或者偏高且不具有合理商业目的的,或视同销售的货物而无销售额的,按下列顺序确定销售额:

(1)按纳税人最近时期同类货物、服务、无形资产或者不动产的平均销售价格确定。
(2)按其他纳税人最近时期同类货物、服务、无形资产或者不动产的平均销售价格确定。
(3)以上方法均不能确定,可按组成计税价格确定销售额:

从价计征非应税消费品的组成计税价格公式为:

$$组成计税价格=成本\times(1+成本利润率)$$

从价计征应税消费品的组成计税价格公式为:

$$组成计税价格=成本\times(1+成本利润率)\div(1-消费税税率)$$

【例题2-13·单选题】甲公司为增值税一般纳税人,20×2年5月,将100件自产货物发给职工作为福利。该货物成本为904元/件,甲公司同类货物含增值税售价为1 356元/件。已知增值税税率为13%。计算甲公司当月该笔业务增值税销项税税额的下列算式中,正确的是( )。

A. $100\times1\,356\times13\%$
B. $100\times1\,356\div(1+13\%)\times13\%$
C. $100\times904\times13\%$
D. $100\times904\div(1+13\%)\times13\%$

【正确答案】 B

【答案解析】 将自产货物用于集体福利或个人消费视同销售,纳税人视同销售货物而无销售额的,应首先按纳税人最近时期同类货物的平均销售价格确定,其次按市场价格确定,再次按组成计税价格确定。本题纳税人最近时期同类货物的含税售价为1 356元/件是明确的,应当使用同类货物价格计税,不需要组成计税价格;同类货物的单价为含税金额的需要换算为不含税金额。

(三)特殊销售方式下销售额的确定

1. 包装物押金

纳税人为销售货物而出租出借包装物收取的押金,单独记账核算的,时间在1年内又未过期的,不并入销售额征税;对收取的包装物押金,逾期(超过12个月)后并入销售额征税。对销售啤酒、黄酒以外的其他酒类产品收取的包装物押金,无论是否返还以及会计上如何核算,均应并入当期销售额征税;啤酒、黄酒包装物押金按是否逾期处理。

包装物押金增值税的税务处理如表2-12所示。

表2-12　　　　　　　　　包装物押金增值税的税务处理

产品	取得时	逾期时
酒类产品以外的其他货物	×	√
白酒、其他酒	√	×
啤酒、黄酒	×	√

注:表中√表示征税,×表示不征税。

应税包装物押金一般为含税收入,需要换算成不含税,不含税包装物押金的计算公式为:

不含税包装物押金＝逾期押金÷(1＋税率)

2. 折扣销售、销售折扣、销售折让与销售退回

(1) 折扣销售,在会计上又称商业折扣,它是指销货方在销售货物时,因购货方购货数量较大或与销售方有特殊关系等原因而给予对方价格上的优惠(直接打折)。如果在同一张发票的金额栏上分别注明原销售额和折扣额,可按折扣后的余额作为计税销售额。

(2) 销售折扣,在会计上又称现金折扣,如:10天内付款,货款折扣为2%(2/10);20天内付款,折扣为1%(1/20);30天内付款款,无折扣(N/30)。销售折扣是销货方在销售货物或提供应税劳务后,为了鼓励购货方及早偿还货款而协议许诺给予购货方的一种折扣优待。销售折扣不得从销售额中扣除。

(3) 销售折让是指货物销售后,由于其品种、质量等原因而给予购买方的补偿,是原来销售额的减少,折让额可以从销售额中减除。销售退回是指由于发出产品的品种、规格或质量不符合合同要求,购买方将部分或全部产品退回销售单位。因销售折让、中止或退回而退还给购买方的增值税税额,应当从当期的销项税额中扣减。销售折让与销售退回要按规定开具红字增值税专用发票。

折扣销售、销售折扣、销售折让与销售退回的具体规定如表2-13所示。

表2-13 折扣销售、销售折扣、销售折让与销售退回的具体规定

销售方式	具体规定		
折扣销售(商业折扣)	销售额和折扣额在同一张发票上分别注明	均记录在金额栏	按折扣后的销售额征收增值税
		销售额记录在"金额"栏,折扣额记录在"备注"栏	不得从销售额中减除折扣额
	销售额和折扣额分别开具发票		不得从销售额中减除折扣额
销售折扣(现金折扣)	全额计税,即销售折扣不能从销售额中扣除		
销售折让与销售退回	按规定开具红字增值税专用发票		从发生退回或折让当期的销项税额中扣减
	未按规定开具红字增值税专用发票的		不得扣减销项税额或者销售额

【例题2-14·单选题】甲公司为增值税一般纳税人,20×2年5月,销售货物开具的增值税专用发票注明的金额为300万元,在同一张发票金额栏注明的折扣金额共计50万元,为鼓励买方及早付款,给出现金折扣"2/10,1/20,N/30",买方于第30天付款。甲公司上述业务销项税额为(   )万元。

A. 32.5 B. 32.11 C. 39 D. 38.61

【正确答案】 A

【答案解析】 上述业务销项税额＝(300－50)×13%＝32.5(万元)。

3. 以旧换新

(1) 非金银首饰。按新货物的同期销售价格确定销售额,不得扣减旧货物的收购价格。新货物的销售价格等于实际收取的价款加上旧货物的收购价格。

(2) 金银首饰。按销售方"实际收取"的不含增值税的全部价款确定销售额。实际收取的

价款等于新货物的销售价格减去旧货物的收购价格。

【例题 2-15·计算题】 某商业零售企业为增值税一般纳税人，20×2 年 4 月，采用以旧换新方式销售玉石首饰，旧玉石首饰作价为 78 万元，实际收取新旧首饰差价款共计 90 万元。要求：计算销项税额。

【正确答案】 销项税额＝(78＋90)÷(1＋13%)×13%＝19.33(万元)

4. 以物易物

以物易物双方都应作购销处理，以各自发出的货物核算销售额并计算销项税额，以各自收到的货物按规定核算购货额并计算进项税额。

5. 差额计税

常见行业差额计税项目、计算公式及适用范围如表 2-14 所示。

表 2-14　　　常见行业差额计税项目、计算公式及适用范围

项目	计算公式	适用范围
金融商品转让	销售额＝卖出价－买入价	适用一般纳税人，但不得开具增值税专用发票
旅游服务	销售额＝全部价款＋价外费用－住宿费、餐饮费、交通费、签证费、门票费、地接费	
销售不动产	销售额＝全部价款＋价外费用－土地出让金	适用房地产开发企业中的一般纳税人（选择简易计税方法的房地产老项目除外）
建筑服务	销售额＝全部价款＋价外费用－分包费	适用执行简易征收办法的纳税人

【例题 2-16·单选题】 甲公司为增值税一般纳税人，20×2 年 5 月，转让金融商品卖出价为 106 万元，该金融商品买入价为 90.1 万元，上一纳税期转让金融商品出现负差为 6.36 万元。已知增值税税率为 6%。计算甲公司当月金融商品转让增值税销项税额的下列算式中，正确的是(　　)。

A. 106÷(1＋6%)×6%　　　　　B. (106－90.1－6.36)÷(1＋6%)×6%
C. (106－90.1)×6%　　　　　　D. 106×6%

【正确答案】 B

【答案解析】 金融商品转让按照卖出价扣除买入价后的余额为销售额；转让金融商品的负差可以结转下一纳税期，但不得转入下一会计年度。

二、进项税额

进项税额是指纳税人购进货物、加工修理修配劳务、服务、无形资产或者不动产，支付或者负担的增值税税额。

(一) 准予抵扣的进项税额

准予抵扣的进项税额抵扣方法及分类如表 2-15 所示。

表 2-15　　　准予抵扣的进项税额抵扣方法及分类

抵扣方法	分类
凭票抵扣	法定扣税凭证上的增值税税额

(续表)

抵扣方法	分类
计算抵扣	购入农产品的抵扣
	购入境内旅客运输服务的抵扣
	支付道路、桥、闸通行费的抵扣

1. 凭票抵扣

凭票抵扣进项税额的情形主要有以下几种。

(1) 从销售方取得的增值税专用发票(含税控机动车销售统一发票)上注明的增值税税额。

(2) 从海关取得的海关进口增值税专用缴款书上注明的增值税税额。

(3) 纳税人购进服务、无形资产或不动产,取得的增值税专用发票上注明的增值税税额为进项税额,准予从销项税额中抵扣。

(4) 纳税人从境外单位或者个人购进劳务、服务、无形资产或者境内的不动产,从税务机关或者扣缴义务人取得的代扣代缴税款的完税凭证上注明的增值税税额。

2. 农产品的抵扣政策

(1) 购进农产品取得增值税专用发票或海关进口增值税专用缴款书的,凭票抵扣进项税额。

(2) 从适用3%征收率的小规模纳税人处购入农产品,取得增值税专用发票以及购进免税农产品,取得或开具农产品收购(销售)发票根据用途分别适用规定的扣除率计算抵扣进项税额。

后续用于生产或委托加工成13%税率的货物适用的扣除率为0。

后续用于生产或委托加工成9%税率的货物或6%税率的服务适用9%的扣除率。

农产品进项税额的计算公式为:

$$进项税额 = 买价(金额) \times 扣除率(9\% 或 10\%)$$

【例题2-17·案例题】甲公司从乙公司购入一批苹果,甲公司计算取得不同凭证抵扣税额的情况如表2-16所示。

表2-16 甲公司取得不同凭证抵扣税额的计算

乙公司性质	取得凭证	金额	准予抵扣税额	
			清洗包装后直接出售	加工成苹果罐头出售
一般纳税人	增值税专用发票	价款为100万元,税款为9万元	凭票抵扣为9万元	抵扣金额共计10万元(其中凭票抵扣9万元,加计抵扣1万元)
境外机构	进口增值税专用缴款书			
小规模纳税人	增值税专用发票	价款为100万元,税款为3万元	计算抵扣为9万元(100×9%)	计算抵扣为10万元(100×10%)
农业生产者	农产品收购(销售)发票	买价为100万元		

3. 购入境内旅客运输服务的抵扣政策

购入境内旅客运输服务取得抵扣税凭证及抵扣政策如表2-17所示。

表 2-17　　　　　　购入境内旅客运输服务取得抵扣税凭证及抵扣政策

取得的抵扣凭证	抵扣政策
增值税电子普通发票	发票上注明的税额(凭票抵扣)
注明旅客身份信息的航空运输电子客票行程单	(票价+燃油附加费)÷(1+9%)×9% 注意:计算中不包括代收的机场建设费
注明旅客身份信息的铁路车票	票面金额÷(1+9%)×9%
注明旅客身份信息的公路、水路等其他客票	票面金额÷(1+3%)×3%

4. 支付的道路、桥、闸通行费的抵扣政策

过路费、过桥费、过闸费属于道路通行服务,为现代服务业租赁业。

2018年7月1日后,凭"公路通行费增值税电子普通发票"上注明的税额抵扣。可抵扣的进项税额的计算公式为:

$$高速公路通行费可抵扣进项税额=通行费发票上注明的金额÷(1+3\%)×3\%$$

$$一级公路、二级公路、桥、闸通行费可抵扣进项税额=通行费发票上注明的金额÷(1+5\%)×5\%$$

【例题 2-18·多选题】根据增值税法律制度的规定,一般纳税人购进货物、服务取得的下列合法凭证中,属于增值税扣税凭证的有(　　)。

A. 农产品销售发票

B. 增值税专用发票

C. 注明旅客身份信息的国内航空运输电子客票行程单

D. 海关进口增值税专用缴款书

【正确答案】　ABCD

【答案解析】　可以用于抵扣的凭证包括增值税专用发票、机动车销售统一发票、海关进口增值税专用缴款书、农产品收购发票、农产品销售发票、完税凭证、收费公路通行费增值税电子普通发票、国内旅客运输服务的增值税电子普通发票。

(二) 不得抵扣的进项税额

1. 不再产生后续销项税额

不再产生后续销项税额的情形主要是指用于简易计税方法计税项目、免征增值税项目、集体福利或者个人消费的购进货物、劳务、服务、无形资产和不动产。

不得抵扣的固定资产、无形资产、不动产,仅指"专用"于上述项目的固定资产、无形资产(不包括其他权益性无形资产)、不动产。纳税人购入的固定资产、无形资产、不动产,专用于上述项目的,不得抵扣进项税额;纳税人购入的固定资产、无形资产、不动产,兼用于上述项目的,可以抵扣进项税额。

【例题 2-19·案例题】甲企业购入(或租入)一栋楼房,既用于生产经营,又用于职工宿舍,进项税额准予抵扣;甲企业购入(或租入)一栋楼房,专门用于职工宿舍,进项税额不得抵扣。

一般纳税人"兼营"简易计税方法计税项目、免税项目而无法划分不得抵扣的进项税额的,按照下列公式计算不得抵扣的进项税额:

$$不得抵扣的进项税额=当期无法划分的全部进项税额×(当期简易计税方法计税项目销售额+免征增值税项目销售额)÷当期全部销售额$$

【例题 2-20·单选题】甲公司为增值税一般纳税人,20×2年5月,销售应税药品不含增

值税的销售额为100万元,销售免税药品销售额为50万元,当月购入生产用原材料一批,取得的增值税专用发票上注明税款为6.8万元。已知应税药品与免税药品无法划分耗料情况,应税药品适用税率为13%。则该甲公司当月应纳增值税的下列计算列式中,正确的是( )。

A. $100×13\%-6.8$
B. $100×13\%-6.8×100÷(100+50)$
C. $(100+50)×13\%-6.8$
D. $(100+50)×13\%-6.8×100÷(100+50)$

【正确答案】 B

【答案解析】 纳税人兼营免税项目或免征增值税项目无法准确划分不得抵扣的进项税额部分,需按公式计算不得抵扣的进项税额,不得抵扣的进项税额=$6.8×50÷(100+50)$=2.27(万元),应纳税额=$100×13\%-(6.8-2.27)$=8.47(万元)。

2. 非正常损失

非正常损失是指因管理不善造成被盗、丢失、霉烂变质的损失及被执法部门依法没收、销毁、拆除的货物或不动产。以下非正常损失项目不得抵扣增值税进项税额。

(1) 非正常损失的购进货物,以及相关的加工修理修配劳务和交通运输服务。

(2) 非正常损失的在产品、产成品所耗用的购进货物(不包括固定资产)、加工修理修配劳务和交通运输服务。

(3) 非正常损失的不动产,以及该不动产所耗用的购进货物、设计服务和建筑服务。

(4) 非正常损失的不动产在建工程(纳税人新建、改建、扩建、修缮、装饰不动产)所耗用的购进货物、设计服务和建筑服务。

3. 营改增特殊项目

(1) 购进的贷款服务、餐饮服务、居民日常服务和娱乐服务,有关进项税额不得抵扣。

(2) 纳税人接受贷款服务向贷款方支付的与该笔贷款直接相关的投融资顾问费、手续费、咨询费等,其进项税额不得从销项税额中抵扣。

4. 会计核算不健全

一般纳税人会计核算不健全,不能够准确提供税务资料,或应当办理一般纳税人资格登记而未办理的,按照13%税率征收增值税,不得抵扣进项税额,不得使用增值税专用发票。

【例题2-21·多选题】根据增值税法律制度的规定,企业下列项目的进项税额不得从销项税额中抵扣的有( )。

A. 外购货物用于个人消费
B. 生产应税产品购入的原材料
C. 因管理不善变质的购进商品
D. 因管理不善被盗的产成品所耗用的购进原材料

【正确答案】 ACD

【答案解析】 选项A,外购的货物用于个人消费不属于视同销售,进项税额不得抵扣;选项CD,非正常损失的购进货物,非正常损失的在产品、产成品所耗用的购进货物进项税额不得抵扣。

(三) 扣减进项税额的规定——进项税额转出

1. 一般情况

(1) 一般情况下进项税额转出等于已抵扣进项税额。

【例题2-22·计算题】20×2年4月,甲公司已认证抵扣原材料的进项税额为100万元;

5月,该原材料的10%部分发生非正常损失。请计算甲公司转出的进项税额。

【正确答案】 转出的进项税额＝100×10%＝10(万元)。

(2) 进项税额转出等于不含税价款乘以增值税税率。

【例题2-23·计算题】甲建材公司于20×2年4月外购一批原材料(税率为13%),取得的增值税专用发票上注明价款为100万元,已认证抵扣;5月,将该批原材料用于建设职工食堂。请计算甲建材公司5月转出的进项税额。

【正确答案】 转出的进项税额＝100×13%＝13(万元)

2. 购入免税农产品

(1) 用于生产或委托加工13%税率的货物,计算公式为：

$$进项税额转出＝成本÷(1-10\%)×10\%$$

(2) 用于生产或委托加工9%税率的货物或6%税率的服务,计算公式为：

$$进项税额转出＝成本÷(1-9\%)×9\%$$

【例题2-24·计算题】20×2年5月,丙公司从农业生产者手中购入免税农产品成本为100万元(假设该农产品未来直接出售),因管理不善,导致腐烂变质,请计算丙公司转出的进项税额。

【正确答案】 转出的进项税额＝100÷(1-9%)×9%＝9.89(万元)

3. 固定资产、无形资产、不动产

固定资产、无形资产、不动产进项税额转出的有关公式为：

$$进项税额转出＝固定资产、无形资产、不动产净值×适用税率\ 或者\ 进项税额转出＝已抵扣进项税额×净值率$$
$$净值率＝(净值÷原值)×100\%$$

上述固定资产、无形资产、不动产净值是指纳税人根据财务会计制度计提折旧或摊销后的余额。

【例题2-25·计算题】丁公司于20×2年5月购入一台设备,增值税专用发票上注明的买价为100万元,增值税税额为13万元;20×2年7月,因管理不善烧毁,烧毁时已计提折旧为20万元。请计算丁公司转出的进项税额。

【正确答案】 转出的进项税额＝(100-20)×13%＝10.4(万元)。

(四) 转增进项税额的规定——进项税额转入

不得抵扣且未抵扣进项税额的固定资产、无形资产、不动产,发生用途改变,用于允许抵扣进项税额的应税项目,可在改变用途的次月,依据合法有效的增值税扣税凭证,计算可抵扣的进项税额。可抵扣的进项税额计算公式为：

$$可抵扣的进项税额＝固定资产、无形资产、不动产净值÷(1+适用税率)×适用税率\ 或者\ 可抵扣的进项税额＝增值税扣税凭证注明或计算的进项税额×净值率$$
$$净值率＝(净值÷原值)×100\%$$

【例题2-26·计算题】甲公司将原来用于职工活动中心的电脑改用于生产车间,该批电脑购入时取得的增值税专用发票上注明的价款为10万元,增值税税额为1.3万元。截至变更用途时,该批电脑已计提折旧为6.78万元。请计算甲公司应转增进项税额。

【正确答案】 应转增进项税额＝(10+1.3-6.78)÷(1+13%)×13%＝0.52(万元)。

三、应纳税额的计算

应纳增值税税额的计算公式为：

$$应纳增值税税额＝当期销项税额－当期准予抵扣进项税额$$

【例题 2-27·案例题】甲公司是增值税一般纳税人，从事小汽车的生产、销售。20×2 年 5 月，甲公司发生下列业务：

(1) 购进修理配件一批，取得增值税专用发票上注明的价款为 50 万元，增值税税额为 6.5 万元；支付运费为 2 万元(不含税)，已取得增值税专用发票。

(2) 购入原材料一批，取得增值税专用发票上注明的价款为 5 000 万元，增值税税额为 650 万元。

(3) 本月销售自产小汽车取得含税销售额为 28 250 万元，开具普通发票。

(4) 将自产 A 型小汽车 1 辆作为投资入股提供给其他单位，每辆成本为 15 万元，同类车型每辆平均售价为 22 万元(不含税)。

(5) 仓库因保管不善丢失一批上月购进的配件，该批零配件账面成本为 10.5 万元，其中含运输费成本为 0.5 万元，购进零配件和支付运输费的进项税额均已于上月抵扣。

已知：购进货物增值税税率为 13%，交通运输服务增值税税率为 9%，取得进项发票均已经认证抵扣。

要求：

(1) 计算甲公司业务(1)的进项税额。

(2) 计算甲公司业务(2)的进项税额。

(3) 计算甲公司业务(3)的销项税额。

(4) 计算甲公司业务(4)的销项税额。

(5) 计算甲公司业务(5)的进项税额转出的税额。

(6) 计算甲公司 5 月应缴纳的增值税税额。

【正确答案】

业务(1)的进项税额＝6.5＋2×9%＝6.68(万元)

业务(2)的进项税额＝650(万元)

业务(3)的销项税额＝28 250÷(1＋13%)×13%＝3 250(万元)

业务(4)的销项税额＝22×13%＝2.86(万元)

业务(5)的进项税额转出的税额＝(10.5－0.5)×13%＋0.5×9%＝1.3＋0.045＝1.345(万元)

甲公司 5 月应缴纳的增值税税额＝3 250＋2.86－(6.68＋650－1.345)＝2 597.53(万元)

四、简易计税

根据现行规定，一般纳税人可以选择按照简易办法计算缴纳增值税的，主要有以下四种情形：①一般纳税人销售自产货物；②特定行业一般纳税人销售特定货物；③一般纳税人销售自己使用过的物品；④营改增试点一般纳税人的特定应税服务。具体的范围可参考任务 2.3 中的"征收率"。其计算公式为：

$$应纳税额＝不含税销售额×征收率$$

【例 2-28·计算题】 甲公司销售一台机器设备取得含税价款为 10 万元。该机器设备于 2007 年购进使用,购入时原价为 200 万元,甲公司未放弃减税政策。计算甲公司应该缴纳的增值税税额。

【正确答案】 一般纳税人销售自己使用过的购入时不得抵扣且未抵扣过进项税的固定资产,依照 3% 的征收率减按 2% 征收。因此:应缴纳的增值税税额 = 100 000 ÷ (1 + 3%) × 2% = 1 941.75(元)。

任务 2.5 小规模纳税人应纳税额的计算

目前我国小规模纳税人增值税的计算采用简易计税方法。

一、一般业务

小规模纳税人一般的应税行为适用 3% 的征收率。但是有特殊情况的,另按其规定。

小规模纳税人应纳税额的计算公式如下:

$$应纳税额 = 不含税销售额 \times 征收率$$
$$不含税销售额 = 含税销售额 \div (1 + 征收率)$$

二、折让、退回

纳税人适用简易计税方法计税的,因销售折让、中止或者退回而退还给购买方的销售额,应当从当期销售额中扣减。扣减当期销售额后仍有余额造成多缴的税款,可以从以后的应纳税额中扣减。

小规模纳税人发生销售折让、中止或者退回,应当开具红字增值税发票。

三、购进税控收款机的税额抵免

小规模纳税人购进税控收款机的税额抵免按照以下规则进行税额抵免:

(1) 可凭购进税控收款机取得的增值税专用发票上注明的增值税税额,抵免当期应纳增值税。

(2) 可凭普通发票上注明的价款,依下列公式计算可抵免的税额:

$$可抵免的税额 = 价款 \div (1 + 适用税率) \times 适用税率$$

当期应纳税额不足抵免的,未抵免部分可在下期继续抵免。

四、销售自己使用过的货物

小规模纳税人(其他个人除外)销售自己使用过的货物税务处理及计税公式如表 2-18 所示。

表 2-18　　小规模纳税人销售自己使用过的货物税务处理及计税公式

销售业务	税务处理	计税公式
销售自己使用过的固定资产	减按 2% 征收率征收增值税	增值税 = 售价 ÷ (1 + 3%) × 2%
销售自己使用过的固定资产以外的物品	按 3% 征收率征收增值税	增值税 = 售价 ÷ (1 + 3%) × 3%

【例题2-29·单选题】甲超市为增值税小规模纳税人,20×2年第四季度,取得零售商品收入为103 000元,将一批外购商品无偿赠送给灾区,该批商品的含税价格为721元。已知增值税征收率为3%。计算超市第四季度应缴纳增值税税额的下列算式中,正确的是(　　)。

A. [103 000+721÷(1+3%)]×3% B. (103 000+721)×3%

C. [103 000÷(1+3%)+721]×3% D. (103 000+721)÷(1+3%)×3%

【正确答案】　D

【答案解析】　小规模纳税人适用简易征收办法,零售商品销售额为含税销售额,外购货物"对外"(用于投资、赠送、分配股利)视同销售,甲超市第四季度应缴纳增值税税额=(103 000+721)÷(1+3%)×3%=3 021(元)。

任务2.6　进口货物应纳税额的计算

对报关进口的货物,以进口货物的收货人或办理报关手续的单位和个人为进口货物的纳税人。

只要是报关进境的应税货物,不论是自行采购用于贸易,还是自用;不论是购进,还是国外捐赠。不再区分一般纳税人和小规模纳税人。进口货物的适用税率有13%、9%等。

进口货物应纳税额的计算公式为:

$$进口增值税税额 = 组成计税价格 \times 增值税税率$$

一、一般货物组成计税价格

一般货物组成计税价格的计算公式为:

$$组成计税价格 = 关税完税价格 + 关税$$

二、从价计征应税消费品的组成计税价格

从价计征应税消费品的组成计税价格公式为:

$$组成计税价格 = 关税完税价格 + 关税 + 消费税 = (关税完税价格 + 关税) \div (1 - 消费税比例税率)$$

三、进口增值税税额计算

进口增值税税额的计算公式为:

$$进口增值税税额 = 组成计税价格 \times 增值税税率$$

完税价格包括货价、货物运抵我国关境内输入地点起卸前的包装费、运费、保险费和其他劳务费等。

需要说明的是,进口环节缴纳的增值税作为国内销售环节的进项税额抵扣。

【例题2-30·单选题】甲公司为增值税一般纳税人,20×2年5月进口一批货物,海关审定的关税完税价格为113万元。已知增值税税率为13%,关税税率为10%。计算甲公司当月该笔业务应缴纳增值税税额的下列算式中,正确的是(　　)。

A. 113×(1+10%)÷(1+13%)×13%　　B. 113÷(1+13%)×13%
C. 113×(1+10%)×13%　　D. 113×13%

【正确答案】 C
【答案解析】 进口一般货物应纳税额=关税完税价格×(1+关税税率)×增值税税率。

【例题2-31·计算题】丙为增值税一般纳税人,20×2年5月进口一批货物,买价为85万元,到海关前的运费及保险费共计5万元,关税率为10%。请计算进口环节丙应缴纳的增值税。

【正确答案】 关税完税价格=85+5=90(万元),组成计税价格=90+90×10%=99(万元),进口环节缴纳增值税=99×13%=12.87(万元)。

任务2.7　税　收　优　惠

针对增值税这一税种,我国出台了很多减税降费的优惠政策,这一系列税收优惠政策对助力稳住宏观经济大盘发挥了重要作用。

一、法定免税项目

我国税法规定的免征增值税的项目包括:①农业生产者销售的自产农产品。②避孕药品和用具。③古旧图书。④直接用于科学研究、科学试验和教学的进口仪器、设备。⑤外国政府、国际组织"(不包括外国企业)无偿援助的进口物资和设备。⑥由残疾人的组织直接进口供残疾人专用的物品。⑦对残疾人个人提供的加工、修理修配劳务免征增值税。⑧销售的自己(指其他个人)使用过的物品。

纳税人销售货物或者应税劳务适用免税规定的,可以放弃免税,依照《增值税暂行条例》的规定缴纳增值税。放弃免税后,36个月内不得再申请免税。

【例题2-32·单选题】根据增值税法律制度的规定,下列各项中,免征增值税的是(　　)。
A. 张三销售1年内购进的住房
B. 李四销售自己使用过的电脑
C. 甲医疗设备公司进口供残疾人使用的轮椅
D. 超市销售购进的小麦

【正确答案】 B
【答案解析】 选项A,个人将购买不足2年的住房对外销售的,按照5%的征收率全额缴纳增值税;选项B,销售的自己(指其他个人)使用过的物品免征增值税;选项C,由"残疾人的组织"直接进口供残疾人专用的物品免征增值税,营利性企业进口不免征;选项D,农业生产者销售的"自产"农产品免征增值税,一般纳税人销售非自产农产品适用9%的税率。

二、营改增"境内"服务免税项目

营改增"境内"服务免税项目包括以下项目:
(1) 托儿所、幼儿园提供的保育和教育服务。

(2) 养老机构提供的养老服务。
(3) 殡葬服务。
(4) 婚姻介绍服务。
(5) 家政服务企业由员工制家政服务员提供家政服务取得的收入。
(6) 提供社区养老、托育、家政等服务的机构提供以上服务取得的收入。
(7) 从事学历教育的学校提供的教育服务。
(8) 学生勤工俭学提供的服务。
(9) 纪念馆、博物馆、文化馆、文物保护单位管理机构、美术馆、展览馆、书画院、图书馆在自己的场所提供文化体育服务取得的第一道门票收入。
(10) 医疗机构提供的医疗服务。
(11) "四技合同"(技术转让合同、技术开发合同、技术咨询合同、技术服务合同)。
(12) 个人转让著作权。
(13) 个人销售自建自用住房。
(14) 福利彩票、体育彩票的发行收入。
(15) 残疾人员本人为社会提供的服务。
(16) 残疾人福利机构提供的育养服务。
(17) 农业机耕、排灌、病虫害防治、植物保护、农牧保险以及相关技术培训业务,家禽、牲畜、水生动物的配种和疾病防治。

【例题 2-33·单选题】下列各项中,不属于增值税免税项目的是(   )。
A. 学生勤工俭学提供的服务　　　　B. 婚姻机构提供的婚姻介绍服务
C. 企业进口玩具　　　　　　　　　D. 个人转让著作权
【正确答案】 C
【答案解析】 选项 ABD,免征增值税;选项 C,按照进口货物适用 13% 的税率计征增值税。

三、增值税即征即退

一般纳税人提供管道运输服务、有形动产融资租赁服务与有形动产融资性售后回租服务,对实际税负超过 3% 的部分实行增值税即征即退政策。

四、增值税的起征点

(一) 适用对象

增值税的起征点适用范围限于个人,且不适用于登记为一般纳税人的个体工商户。

(二) 起征点

(1) 按期纳税:月销售额 5 000 元至 20 000 元(含本数)。
(2) 按次纳税:每次(日)销售额 300 元至 500 元(含本数)。

五、税额抵减

增值税纳税人于 2011 年 12 月 1 日以后初次购买增值税税控系统专用设备(包括分开票机)所支付的费用,可凭购买增值税税控系统专用设备取得的增值税专用发票,在增值税应纳税额中全额抵减(抵减额为价税合计额),不足抵减的可结转下期继续抵减。非初次购买所支付的费用由纳税人自行负担。

六、加计抵减政策

自2023年1月1日至2023年12月31日,增值税加计抵减政策按照以下规定执行:

(1)允许生产性服务业纳税人按照当期可抵扣进项税额加计5%抵减应纳税额。生产性服务业纳税人是指提供邮政服务、电信服务、现代服务、生活服务取得的销售额占全部销售额的比重超过50%的纳税人。

(2)允许生活性服务业纳税人按照当期可抵扣进项税额加计10%抵减应纳税额。生活性服务业纳税人是指提供生活服务取得的销售额占全部销售额的比重超过50%的纳税人。

(3)纳税人适用加计抵减政策的其他有关事项,按照《关于深化增值税改革有关政策的公告》(财政部 税务总局 海关总署公告2019年第39号)、《关于明确生活性服务业增值税加计抵减政策的公告》(财政部 税务总局公告2019年第87号)等有关规定执行。

七、小规模纳税人普惠性税收优惠

(1)自2023年1月1日至2023年12月31日,对月销售额10万元以下(含本数)的增值税小规模纳税人,免征增值税。

(2)自2023年1月1日至2023年12月31日,增值税小规模纳税人适用3%征收率的应税销售收入,减按1%征收率征收增值税;适用3%预征率的预缴增值税项目,减按1%预征率预缴增值税。

(3)适用增值税差额征税政策的小规模纳税人,以计算差额后的销售额确定是否可以享受规定的免征增值税政策。

任务2.8 征 收 管 理

一、纳税义务发生时间

不同销售方式下纳税义务发生时间如表2-19所示。

表2-19　　　　　　　　　　不同销售方式下纳税义务发生时间

销售方式		纳税义务发生时间
直接收款		收到销售款或取得索取销售款凭据的当天
托收承付、委托收款		发出货物"并"办妥托收手续的当天
赊销、分期收款		书面合同约定的收款日期的当天,无合同或有合同无约定,为货物发出的当天
预收货款	货物	货物发出的当天,生产工期超过12个月的,为收到预收款或书面合同约定的收款日期的当天
	租赁服务	收到预收款的当天
委托代销		收到代销清单或全部、部分货款的当天,未收到代销清单及货款,为发出货物满180天的当天
金融商品转让		所有权转移的当天

(续表)

销售方式	纳税义务发生时间
视同销售	货物移送、转让完成或权属变更的当天
进口	报关进口的当天
扣缴义务	纳税义务发生的当天

需要说明的是,如果开票在先,纳税义务发生时间为开具发票的当天。

【例题2-34·单选题】根据增值税法律制度的规定,下列关于增值税纳税义务发生时间的表述中,正确的是( )。

A. 委托他人代销货物的,为货物发出的当天
B. 从事金融商品转让的,为金融商品所有权转移的当天
C. 采用预收货款方式销售货物,货物生产工期不超过12个月的,为收到预收款的当天
D. 金融商品转让,为收到款项的当天

【正确答案】 B

【答案解析】 选项A,委托其他纳税人代销货物,为收到代销单位的代销清单或者收到全部或部分货款的当天;选项C,采取预收货款方式销售货物,为货物发出的当天,但生产销售生产工期超过12个月的大型机械设备、船舶、飞机等货物,为收到预收款或者书面合同约定的收款日期的当天;选项D,金融商品转让,所有权转移的当天。

二、纳税地点

不同纳税人类型申报纳税的地点如表2-20所示。

表2-20　　　　　不同纳税人类型申报纳税的地点

纳税人类型			申报纳税地点
固定户	一般情况		机构所在地
	总分机构不在同一县(市)		分别申报
			经批准,可以由总机构汇总向总机构所在地的税务机关申报
	外出经营	报告外出经营事项	机构所在地
		未报告	销售地或劳务发生地;没申报的,由其"机构所在地"税务机关补征税款
非固定户			销售地或劳务发生地
其他个人提供建筑服务,销售或者租赁不动产,转让自然资源使用权			建筑服务发生地、不动产所在地、自然资源所在地
进口			报关地海关

三、纳税期限与纳税申报

(一)纳税期限

增值税的纳税期限分别为1日、3日、5日、10日、15日、1个月或1个季度。纳税人不能按期纳税的,可以按次纳税。

以1个季度为纳税期限适用于小规模纳税人、银行、财务公司、信托投资公司、信用社。

(二) 纳税申报

纳税人以 1 个月或 1 个季度为纳税期的,期满之日起 15 日内申报纳税。

纳税人以 1 日、3 日、5 日、10 日、15 日为纳税期的,期满之日起 5 日内预缴税款,于次月 1 日起 15 日内申报纳税并结清上月税款。

纳税人进口货物,自海关填发海关进口增值税专用缴款书之日起 15 日内缴纳税款。

四、增值税专用发票的使用规定

(一) 联次及用途

增值税专用发票联次及用途如表 2-21 所示。

表 2-21　　　　　　　　　　增值税专用发票联次及用途

基本联次	持有方	用途
发票联	购买方	核算采购成本和增值税进项税额的记账凭证
抵扣联		报送税务机关认证和留存备查的扣税凭证
记账联	销售方	核算销售收入和增值税销项税额的记账凭证

(二) 最高开票限额管理

最高开票限额由区县税务机关依法审批。一般纳税人申请增值税专用发票最高开票限额不超过 10 万元的,主管税务机关不需要事前进行实地查验。

(三) 一般纳税人不得领购开具增值税专用发票的情形

一般纳税人有以下情形之一的,不得领购开具增值税专用发票:

(1) 会计核算不健全,不能向税务机关准确提供增值税销项税额、进项税额、应纳税额数据及其他有关增值税税务资料的。

(2) 有《税收征收管理法》规定的税收违法行为,拒不接受税务机关处理的。

(3) 有涉及发票的税收违法行为,经税务机关责令限期改正而仍未改正的。

(四) 一般纳税人不得开具增值税专用发票的情形

一般纳税人属于下列情形之一的,不得开具增值税专用发票:

(1) 向消费者个人销售货物、提供应税劳务或者销售服务、无形资产、不动产的。

(2) 销售增值税免税项目,法律、法规及国家税务总局另有规定的除外。

(3) 部分适用增值税简易征收政策规定的。

(4) 法律、法规及国家税务总局规定的其他情形。

一般纳税人向小规模纳税人销售货物可以开具增值税专用发票。自 2020 年 2 月 1 日起,纳入增值税小规模纳税人自开增值税专用发票试点的小规模纳税人需要开具增值税专用发票的,可以通过新系统自行开具,主管税务机关不再为其代开。

【例题 2-35·多选题】一般纳税人发生的下列业务中,不得开具增值税专用发票的有(　　)。

A. 会计师事务所向消费者个人提供咨询服务　　B. KTV 向消费者个人提供餐饮服务

C. 甲超市向消费者个人销售家用电器　　D. 装修公司向一般纳税人提供装修服务

【正确答案】　ABC

【答案解析】　向消费者个人销售货物或者应税劳务的,不得开具增值税专用发票。

(五)虚开发票

虚开发票是指不如实开具发票的一种舞弊行为,包括纳税单位和个人为了达到偷税的目的或者购货单位为了某种需要在商品交易过程中开具发票时,在商品名称、商品数量、商品单价以及金额上采取弄虚作假的手法,甚至利用比较熟悉的关系,虚构交易事项虚开发票。

(1)任何单位和个人不得有下列虚开发票行为:①为他人、为自己开具与实际经营业务情况不符的发票。②让他人为自己开具与实际经营业务情况不符的发票。③介绍他人开具与实际经营业务情况不符的发票。

(2)违反《中华人民共和国发票管理办法》规定虚开发票的处罚:①由税务机关没收违法所得;虚开金额在1万元以下的,可以并处5万元以下的罚款;虚开金额超过1万元的,并处5万元以上5万元以下的罚款。②构成犯罪的,依法追究刑事责任。

任务2.9 增值税与附加税费申报

一、增值税与附加税费申报表整合概述

2021年7月9日,国家税务总局发布了《关于增值税 消费税与附加税费申报表整合有关事项的公告》(国家税务总局公告2021年第20号,以下简称《公告》),规定自2021年8月1日起,全面推行增值税、消费税分别与附加税费申报表整合工作。增值税与附加税费申报表整合,一般纳税人增值税纳税申报表在原主表中增加了城市维护建设税、教育费附加、地方教育附加三个附加税费相关栏次,并增加一张附表,体现附加税费的明细申报情况,申报表的表名也增加了"附加税费"字样,调整为《增值税及附加税费申报表(一般纳税人适用)》。纳税人在申报增值税时,应一并申报附征的城市维护建设税、教育费附加和地方教育附加等附加税费。增值税与附加税费申报表整合的含义,就是将原有的《增值税纳税申报表(一般纳税人适用)》《增值税纳税申报表(小规模纳税人适用)》《增值税预缴税款表》和与《城市维护建设税教育费附加地方教育附加申报表》整合,启用《增值税及附加税费申报表(一般纳税人适用)》《增值税及附加税费申报表(小规模纳税人适用)》《增值税及附加税费预缴表》。简单而言就是申报表整合后,附加税费随着主税使用同一张申报表,申报一次完成,不再单独使用各自的申报表申报纳税。

二、整合申报的主要方式

网上申报是目前普遍采用的纳税申报方式。因此,我们主要通过学习网上申报来掌握一般纳税人增值税与附加税费整合申报操作。本书主要以广西壮族自治区增值税与附加税费整合申报网上报税操作方法为例,说明整合网上申报的基本步骤。

小规模纳税人增值税及附加税(费)申报操作步骤与一般纳税人增值税及附加税(费)申报登录操作基本相同,这里不再赘述。

三、一般纳税人增值税与附加税费整合申报的步骤

1. 登录电子税务局

一般纳税人可以直接进行网上申报,首先要登录电子税务局网站,登录后,点击"我要办税",登录企业账号,如图2-1、图2-2所示。

图 2-1　网上电子税务局(广西壮族自治区电子税务局)登录界面 1

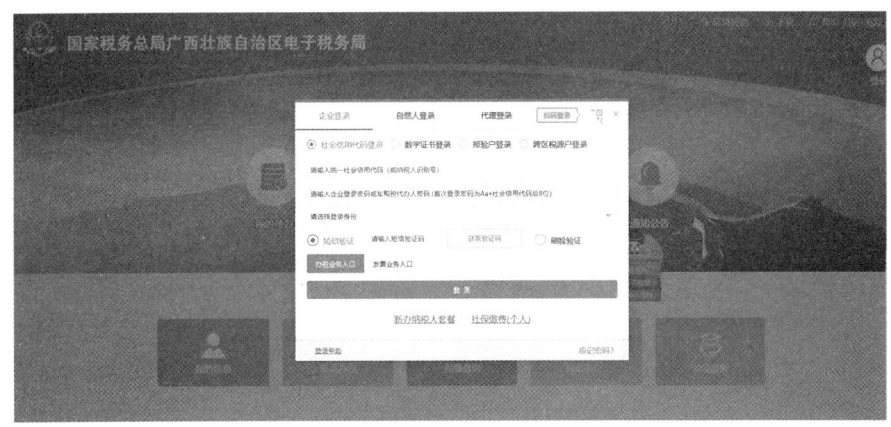

图 2-2　网上电子税务局(广西壮族自治区电子税务局)登录界面 2

2. 填写申报表

(1) 进入之后,在税务申报界面,选择需要申报的税种,点击"我要办税",然后选择"增值税及附加税(费)申报",如图 2-3 所示。

图 2-3　网上电子税务局(广西壮族自治区电子税务局)"我要办税"界面

(2) 进入"增值税及附加税(费)申报"页面,点击"一键读取",系统会自动提取进项税、销项税的数据,如图 2-4 所示。为了避免比对不通过,纳税人一定先要核对开票系统的开票数据,准确无误后再读取数据。

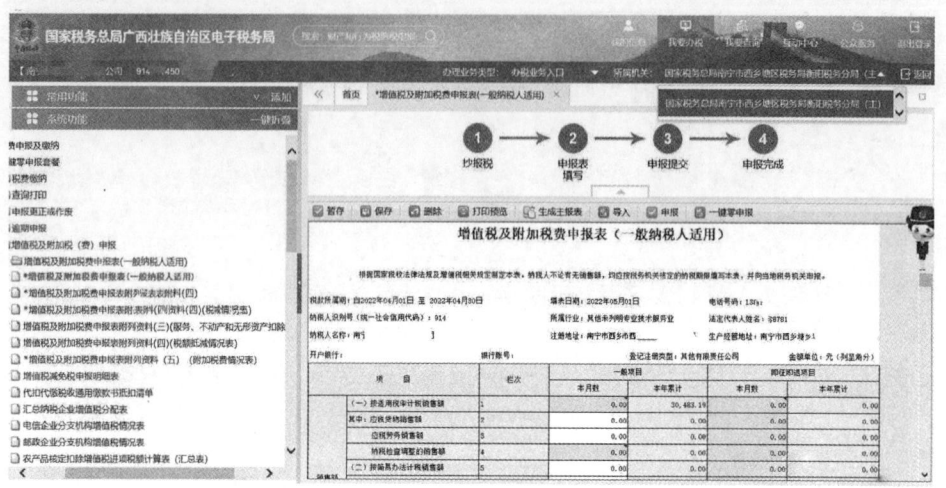

图 2-4　增值税及附加税费申报表(一般纳税人适用)申报表界面

(3) 进入"增值税及附加税(费)申报",填写申报表。报表分为主表和附表,办税人员需要对报表本期数据一一核对清楚,核对无误,点击"保存"。完成所有报表核对后,点击"下一步",弹出申报结果。如果本期有需要缴纳税款的,点击"缴税",进入缴税界面,清缴税款。即完成纳税申报。

四、实操案例——一般纳税人增值税及附加税费申报表填写

1. 企业基本资料

企业名称:广西恒创科技有限公司

法人代表:张三

企业注册及经营地址:广西壮族自治区南宁市西乡塘区相贤路 35 号

联系方式:0771-2566666

纳税人识别号:910489430284900108

经营范围:主营各类办公室设备,电脑、打印机销售

注册资金:贰佰万元(200 万元)

注册时间:2016 年 2 月 1 日

行业性质:商业

开户银行:建设银行大学路支行

开户行账户:45060809888302900886

税务登记:核定为一般纳税人

20×2 年 5 月,广西恒创科技有限公司的主要经济业务有:

(1) 20×2 年 5 月 03 日,向 A 公司销售电脑一批,不含税价款为 14 000 元,增值税税额为 1 820 元。货已发,货款已经通过银行转账收取。

(2) 20×2 年 5 月 15 日,银行存款转账支付办公室电费,取得增值税专用发票,不含税价

款为 1 840 元,增值税税额为 239.2 元,取得增值税专用发票已经完成认证。

(3) 20×2 年 5 月 15 日,银行存款转账支付办公室水费,取得增值税专用发票,不含税价款为 205 元,增值税税额为 18.45 元,且已经完成认证。

(4) 20×2 年 5 月 16 日,向 B 公司销售电脑一批,不含税价款为 70 000 元,增值税税额为 9 100 元。货已发,货款已经通过银行转账收取。

(5) 20×2 年 5 月 18 日,向 C 商行销售电脑一批,不含税价款为 110 000 元,增值税税额为 14 300 元。货已发,货款已经通过银行转账收取。

(6) 20×2 年 5 月 20 日,向 D 公司购买办公用纸,取得增值税专用发票,不含税价款为 3 500 元、增值税税额为 455 元,已通过银行转账付款。纸盒、纸箱已验收入库。取得的增值税专用发票已经完成认证。

(7) 20×2 年 5 月 21 日,收到广西航天信息科技有限公司开具的防伪税控技术维护费发票增值税普通发票一张,金额为 330.00 元,款已付。

请根据案例所给资料,填写增值税及附加税费申报表。

解析:我国税法规定自 2021 年 8 月 1 日起,全面推行增值税分别与附加纳税人在申报增值税税时,应一并申报附征的城市维护建设税、教育费附加和地方教育附加。具体填表情况如表 2-22 至表 2-28 所示。

表 2-22　　　　　　　　增值税及附加税费申报表附列资料(二)
（本期进项税额明细）

税款所属时间:自 20×2 年 5 月 1 日至 20×2 年 5 月 31 日

纳税人名称:(公章)广西恒创科技有限公司　　　　　　　　　　　　　　　金额单位:元(列至角分)

一、申报抵扣的进项税额				
项目	栏次	份数	金额	税额
(一)认证相符的增值税专用发票	1=2+3	3	5 545	712.65
其中:本期认证相符且本期申报抵扣	2		5 545	712.65
前期认证相符且本期申报抵扣	3			
(二)其他扣税凭证	4=5+6+7+8a+8b			
其中:海关进口增值税专用缴款书	5			
农产品收购发票或者销售发票	6			
代扣代缴税收缴款凭证	7		—	—
加计扣除农产品进项税额	8a		—	—
其他	8b			
(三)本期用于购建不动产的扣税凭证	9			
(四)本期用于抵扣的旅客运输服务扣税凭证	10			
(五)外贸企业进项税额抵扣证明	11		—	—
当期申报抵扣进项税额合计	12=1+4+11	3	5 545	712.65

(续表)

二、进项税额转出额		
项目	栏次	税额
其中:免税项目用	14	
集体福利、个人消费	15	
非正常损失	16	
简易计税方法征税项目用	17	
免抵退税办法不得抵扣的进项税额	18	
纳税检查调减进项税额	19	
红字专用发票信息表注明的进项税额	20	
上期留抵税额抵减欠税	21	
上期留抵税额退税	22	
异常凭证转出进项税额	23a	
其他应作进项税额转出的情形	23b	

三、待抵扣进项税额				
项目	栏次	份数	金额	税额
(一)认证相符的增值税专用发票	24	—	—	—
期初已认证相符但未申报抵扣	25			
本期认证相符且本期未申报抵扣	26			
期末已认证相符但未申报抵扣	27			
其中:按照税法规定不允许抵扣	28			
(二)其他扣税凭证	29=30至33之和			
其中:海关进口增值税专用缴款书	30			
农产品收购发票或者销售发票	31			
代扣代缴税收缴款凭证	32			
其他	33			
	34			

四、其他				
项目	栏次	份数	金额	税额
本期认证相符的增值税专用发票	35	3	5 545	712.65
代扣代缴税额	36	—	—	

表 2-23　　　　　　　　　　　增值税及附加税费申报表
（一般纳税人适用）

根据国家税收法律法规及增值税相关规定制定本表。纳税人不论有无销售额，均应按税务机关核定的纳税期限填写本表，并向当地税务机关申报。

税款所属时间：自 20×2 年 5 月 1 日至 20×2 年 5 月 31 日　　　金额单位：元（列至角分）

纳税人识别号（统一社会信用代码）：910489430284900108　　　所属行业：商贸

纳税人名称：广西恒创科技有限公司		法定代表人姓名	张三	注册地址	广西壮族自治区南宁市西乡塘区相贤路 35 号	生产经营地址	广西壮族自治区南宁市西乡塘区相贤路 35 号
开户银行及账号		建设银行大学路支行 45060809888302900886		登记注册类型	一般纳税人	电话号码：0771-2566666	

	项目	栏次	一般项目		即征即退项目	
			本月数	本年累计	本月数	本年累计
销售额	（一）按适用税率计税销售额	1	194 000.00			
	其中：应税货物销售额	2	194 000.00			
	应税劳务销售额	3				
	纳税检查调整的销售额	4				
	（二）按简易办法计税销售额	5				
	其中：纳税检查调整的销售额	6				
	（三）免、抵、退办法出口销售额	7			—	—
	（四）免税销售额	8				
	其中：免税货物销售额	9				
	免税劳务销售额	10				
税款计算	销项税额	11	25 220.00			
	进项税额	12	712.65			
	上期留抵税额	13				
	进项税额转出	14				
	免、抵、退应退税额	15			—	—
	按适用税率计算的纳税检查应补缴税额	16				
	应抵扣税额合计	17=12+13-14-15+16	712.65	—	—	—
	实际抵扣税额	18（如 17<11，则为 17，否则为 11）	712.65			
	应纳税额	19=11-18	24 507.35			
	期末留抵税额	20=17-18			—	—
	简易计税办法计算的应纳税额	21				
	按简易计税办法计算的纳税检查应补缴税额	22			—	—
	应纳税额减征额	23	330.00			
	应纳税额合计	24=19+21-23	24 177.35			

(续表)

项目		栏次	一般项目		即征即退项目	
			本月数	本年累计	本月数	本年累计
税款缴纳	期初未缴税额(多缴为负数)	25				
	实收出口开具专用缴款书退税额	26			—	—
	本期已缴税额	27＝28＋29＋30＋31				
	① 分次预缴税额	28			—	—
	② 出口开具专用缴款书预缴税额	29			—	—
	③ 本期缴纳上期应纳税额	30				
	④ 本期缴纳欠缴税额	31				
	期末未缴税额(多缴为负数)	32＝24＋25＋26－27	24 177.35			
	其中:欠缴税额(≥0)	33＝25＋26－27			—	—
	本期应补(退)税额	34＝24－28－29	24 177.35			
	即征即退实际退税额	35	—	—		
	期初未缴查补税额	36			—	—
	本期入库查补税额	37			—	—
	期末未缴查补税额	38＝16＋22＋36－37			—	—
附加税费	城市维护建设税本期应补(退)税额	39	1 692.41		—	—
	教育费附加本期应补(退)费额	40	725.32		—	—
	地方教育附加本期应补(退)费额	41	483.55		—	—

声明:此表是根据国家税收法律法规及相关规定填写的,本人(单位)对填报内容(及附带资料)的真实性、可靠性、完整性负责。

纳税人(签章): 年 月 日

经办人: 经办人身份证号: 代理机构签章: 代理机构统一社会信用代码:	受理人: 受理税务机关(章): 受理日期: 年 月 日

表 2-24

增值税及附加税费申报表附列资料（一）
（本期销售情况明细）

税款所属时间：自 20×2 年 5 月 1 日至 20×2 年 5 月 31 日

纳税人名称：（公章）：广西恒创科技有限公司

金额单位：元（列至角分）

项目及栏次		开具增值税专用发票		开具其他发票		未开具发票		纳税检查调整		合计		价税合计	服务、不动产和无形资产扣除项目本期实际扣除金额	扣除后	
		销售额	销项（应纳）税额	销售额	销项（应纳）税额	销售额	销项（应纳）税额	销售额	销项（应纳）税额	销售额	销项（应纳）税额			含税（免税）销售额	销项（应纳）税额
		1	2	3	4	5	6	7	8	9=1+3+5+7	10=2+4+6+8	11=9+10	12	13=11−12	14=13÷(100%+税率或征收率)×税率或征收率
一、一般计税方法计税	全部征税项目	1 13%税率的货物及加工修理修配劳务	194 000	25 220	—	—	—	—	—	—	194 000	25 220				
		2 13%税率的服务、不动产和无形资产														
		3 9%税率的货物及加工修理修配劳务														
		4 9%税率的服务、不动产和无形资产														
		5 6%税率														
	其中：即征即退项目	6 即征即退货物及加工修理修配劳务	—	—	—	—	—	—	—	—			—	—	—	—
		7 即征即退服务、不动产和无形资产	—	—	—	—	—	—	—	—			—	—	—	—

（续表）

项目及栏次		开具增值税专用发票		开具其他发票		未开具发票		纳税检查调整		合计		价税合计	服务、不动产和无形资产扣除项目本期实际扣除金额	扣除后	
		销售额	销项（应纳）税额	销售额	销项（应纳）税额	销售额	销项（应纳）税额	销售额	销项（应纳）税额	销售额	销项（应纳）税额			含税（免税）销售额	销项（应纳）税额
		1	2	3	4	5	6	7	8	9=1+3+5+7	10=2+4+6+8	11=9+10	12	13=11−12	14=13÷(100%+税率或征收率)×税率或征收率
二、简易计税方法计税	全部征税项目	6%征收率 8														
		5%征收率的货物加工修理修配劳务 9a														
		5%征收率的服务、不动产和无形资产 9b											—	—	—	—
		4%征收率 10											—	—	—	—
		3%征收率的货物加工修理修配劳务 11											—	—	—	—
		3%征收率的服务、不动产和无形资产 12											—	—	—	—
		预征率 ％ 13a											—	—	—	—
		预征率 ％ 13b											—	—	—	—
		预征率 ％ 13c											—	—	—	—
	其中：即征即退项目	即征即退货物及加工修理修配劳务 14		—	—	—	—	—	—	—	—	—	—	—	—
		即征即退服务、不动产和无形资产 15		—	—	—	—	—	—	—	—	—	—	—	—

(续表)

项目及栏次		开具增值税专用发票		开具其他发票		未开具发票		纳税检查调整		合计		价税合计	服务、不动产和无形资产本期实际扣除金额	扣除后	
		销售额	销项(应纳)税额	销售额	销项(应纳)税额	销售额	销项(应纳)税额	销售额	销项(应纳)税额	销售额	销项(应纳)税额			含税(免税)销售额	销项(应纳)税额
		1	2	3	4	5	6	7	8	9=1+3+5+7	10=2+4+6+8	11=9+10	12	13=11−12	14=13÷(100%+税率或征收率)×税率或征收率
三、免抵退税	16 货物及加工修理修配劳务	—	—	—	—	—	—	—	—	—	—	—	—	—	—
	17 服务、不动产和无形资产	—	—	—	—	—	—	—	—	—	—	—	—	—	—
四、免税	18 货物及加工修理修配劳务	—	—	—	—	—	—	—	—	—	—	—	—	—	—
	19 服务、不动产和无形资产	—	—	—	—	—	—	—	—	—	—	—	—	—	—

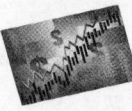

表 2-25　　　　　　　　增值税及附加税费申报表附列资料(三)
(服务、不动产和无形资产扣除项目明细)

税款所属时间:自 20×2 年 5 月 1 日至 20×2 年 5 月 31 日

纳税人名称:(公章)广西恒创科技有限公司　　　　　　　　　　　　　　金额单位:元(列至角分)

项目及栏次		本期服务、不动产和无形资产价税合计额(免税销售额)	服务、不动产和无形资产扣除项目				
			期初余额	本期发生额	本期应扣除金额	本期实际扣除金额	期末余额
		1	2	3	4=2+3	5(5≤1且5≤4)	6=4-5
13%税率的项目	1						
9%税率的项目	2						
6%税率的项目(不含金融商品转让)	3						
6%税率的金融商品转让项目	4						
5%征收率的项目	5						
3%征收率的项目	6						
免抵退税的项目	7						
免税的项目	8						

表 2-26　　　　　　　　增值税及附加税费申报表附列资料(四)
(税额抵减情况表)

税款所属时间:自 20×2 年 5 月 1 日至 20×2 年 5 月 31 日

纳税人名称:(公章)广西恒创科技有限公司　　　　　　　　　　　　　　金额单位:元(列至角分)

一、税额抵减情况

序号	抵减项目	期初余额	本期发生额	本期应抵减税额	本期实际抵减税额	期末余额
		1	2	3=1+2	4≤3	5=3-4
1	增值税税控系统专用设备费及技术维护费	0	330	330	330	0
2	分支机构预征缴纳税款					
3	建筑服务预征缴纳税款					
4	销售不动产预征缴纳税款					
5	出租不动产预征缴纳税款					

二、加计抵减情况

序号	加计抵减项目	期初余额	本期发生额	本期调减额	本期可抵减额	本期实际抵减额
		1	2	3	4=1+2-3	5
6	一般项目加计抵减额计算					
7	即征即退项目加计抵减额计算					
8	合计					

表 2-27 增值税及附加税费申报表附列资料(五)
(附加税费情况表)

税(费)款所属时间：自 20×2 年 5 月 1 日至 20×2 年 5 月 31 日

纳税人名称:(公章)广西恒创科技有限公司　　　　　　　　　　　金额单位:元(列至角分)

税(费)种		计税(费)依据			税(费)率(%)	本期应纳税(费)额	本期减免税(费)额		试点建设培育产教融合型企业		本期已缴税(费)额	本期应补(退)税(费)额
		增值税税额	增值税免抵税额	留抵退税本期扣除额			减免性质代码	减免税(费)额	减免性质代码	本期抵免金额		
		1	2	3	4	5=(1+2-3)×4	6	7	8	9	10	11=5-7-9-10
城市维护建设税	1	24 177.35			7%	1 692.41		—		—		1 692.41
教育费附加	2	24 177.35			3%	725.32						725.32
地方教育附加	3	24 177.35			2%	483.55						483.55
合计	4	—	—	—		2 901.28						2 901.28
本期是否适用试点建设培育产教融合型企业抵免政策		□是 □否				当期新增投资额				5		
						上期留抵可抵免金额				6		
						结转下期可抵免金额				7		
可用于扣除的增值税留抵退税额使用情况						当期新增可用于扣除的留抵退税额				8		
						上期结存可用于扣除的留抵退税额				9		
						结转下期可用于扣除的留抵退税额				10		

表 2-28 增值税减免税申报明细表

税款所属时间：自 20×2 年 5 月 1 日至 20×2 年 5 月 31 日

纳税人名称(公章):广西恒创科技有限公司　　　　　　　　　　　金额单位:元(列至角分)

一、减税项目

减税性质代码及名称	栏次	期初余额	本期发生额	本期应抵减税额	本期实际抵减税额	期末余额
		1	2	3=1+2	4≤3	5=3-4
合计	1					
财税〔2012〕15 号 财政部 国家税务总局关于增值税税控系统专用设备和技术维护费用抵减增值税税额有关政策的通知	2	0	330	330	330	0
	3					
	4					
	5					
	6					

(续表)

免税性质代码及名称	栏次	二、免税项目				
		免征增值税项目销售额	免税销售额扣除项目本期实际扣除金额	扣除后免税销售额	免税销售额对应的进项税额	免税额
		1	2	3=1-2	4	5
合 计	7					
出口免税	8			—	—	—
其中:跨境服务	9			—	—	—
	10					
	11					—
	12					—
	13					
	14					—
	15					—
	16					—

模块测试

课后练习

一、单选题

1. 根据增值税法律制度的规定,年应税销售额在一定标准以下的纳税人为小规模纳税人。该标准是(　　)万元。
   A. 50　　　　　　B. 80　　　　　　C. 500　　　　　　D. 80 000

2. 根据增值税法律制度的规定,下列纳税人中,属于增值税一般纳税人的是(　　)。
   A. 年销售额为 400 万元的从事货物生产的个体工商户
   B. 年销售额为 550 万元的从事货物批发的企业
   C. 年销售额为 400 万元的从事货物生产的企业
   D. 年销售额为 600 万元的从事货物零售的其他个人

3. 纳税人以货币投资收取固定利润或保底利润按照(　　)税目征收增值税。
   A. 金融服务贷款服务　　　　　　B. 金融服务直接收费金融服务
   C. 金融服务保险服务　　　　　　D. 金融服务金融商品转让

4. 根据增值税法律制度的规定,下列各项中,不属于建筑服务的是(　　)。
   A. 租赁服务　　　B. 改建房屋　　　C. 设施的装配　　　D. 装修商铺

5. 根据增值税法律制度的规定,下列行为中,不属于视同销售货物征收增值税的是(　　)。
   A. 将外购货物分配给投资者　　　　B. 将外购货物用于集体福利
   C. 将外购货物无偿赠送他人　　　　D. 将外购货物作为投资提供给个体工商户

6. 下列各项增值税服务中,增值税税率为13%的是( )。
   A. 金融服务
   B. 销售不动产
   C. 有形动产租赁服务
   D. 交通服务

7. 甲公司为增值税一般纳税人,于20×2年5月销售产品一批,取得不含税销售额1万元,同时向对方收取包装物租金100元。已知增值税税率为13%。则计算甲公司本月增值税销项税额的下列算式中,正确的是( )。
   A. $(10\,000+100)\div(1+13\%)\times13\%$
   B. $10\,000\times13\%$
   C. $10\,000\times13\%+100\div(1+13\%)\times13\%$
   D. $(10\,000+100)\times13\%$

8. 甲公司为增值税一般纳税人,20×2年5月,将一批生产的产品发给员工作为员工福利,甲公司并无同类产品销售价格,其他公司也无同类货物。已知该批产品的生产成本为10万元,甲公司的成本利润率为10%,该产品适用的增值税税率为13%。则计算甲公司当月增值税销项税额的下列算式中正确的是( )。
   A. $10\times13\%$
   B. $10\times(1+10\%)\div(1-13\%)\times13\%$
   C. $10\times(1+10\%)\times13\%$
   D. $10\times(1+10\%)\div(1+13\%)\times13\%$

9. 甲公司为增值税一般纳税人,20×2年5月,销售啤酒取得含税价款226万元,另收取包装物租金1.13万元、包装物押金3.39万元。已知增值税适用税率为13%。计算甲公司当月上述业务增值税销项税额的下列算式中,正确的是( )。
   A. $(226+1.13)\div(1+13\%)\times13\%$
   B. $226\div(1+13\%)\times13\%$
   C. $226\times13\%$
   D. $(226+1.13+3.39)\div(1+13\%)\times13\%$

10. 甲商贸公司为增值税一般纳税人,20×2年5月,采取折扣方式销售产品一批,该批产品不含税销售额为33 200元,因购买数量大,给予购买方10%的价格优惠,销售额和折扣额在同一张发票上的金额栏上分别注明。已知增值税税率为13%。计算甲商贸公司当月该笔业务增值税销项税额的下列算式中,正确的是( )。
    A. $33\,200\times(1-10\%)\div(1-13\%)\times13\%$
    B. $33\,200\times(1-10\%)\times13\%$
    C. $33\,200\times13\%$
    D. $33\,200\div(1-13\%)\times13\%$

11. 甲商场为一般纳税人,20×2年5月,销售新型电视机50台,每台含税价格为5 650元;采取以旧换新方式销售同型号电视机20台,收回的旧电视机每台作价226元,实际每台收取款项为5 424元。计算甲公司当月增值税销项税额的下列算式中,正确的是( )。
    A. $[50\times5\,650+20\times(5\,424-226)]\times13\%$
    B. $(50\times5\,650+20\times5\,424)\div(1+13\%)\times13\%$
    C. $(50+20)\times5\,650\div(1+13\%)\times13\%$
    D. $(50\times5\,650+20\times5\,424)\times13\%$

12. 根据增值税法律制度的规定,下列各项中,可以从销项税额中抵扣进项税额的是( )。
    A. 购进生产用水费所支付的增值税税款
    B. 购进用于个人消费的材料所支付的增值税税款
    C. 因管理不善被盗材料所支付的增值税税款
    D. 购进用于集体福利所支付的增值税税款

13. 甲公司为增值税小规模纳税人，20×2年5月，销售商品取得含税销售额16 480元，购入商品取得普通发票注明金额10 000元。已知增值税征收率为3%。当月应缴纳增值税税额的下列算式中，正确的是（　　）。

　　A. 16 480÷（1+3%）×3%－10 000×3%　　B. 16 480×3%

　　C. 16 480×3%－10 000×3%　　D. 16 480÷（1+3%）×3%

14. 根据增值税法律制度的规定，纳税人销售货物适用免税规定的，可以放弃免税。放弃免税后，在一定期限内不得再申请免税。该期限为（　　）个月。

　　A. 36　　B. 48　　C. 42　　D. 54

15. 根据增值税法律制度的规定，企业下列项目的进项税额可以从销项税额中抵扣的是（　　）。

　　A. 外购货物用于个人消费

　　B. 生产应税产品购入的原材料

　　C. 因管理不善变质的购进商品

　　D. 因管理不善被盗的产成品所耗用的购进原材料

16. 一般纳税人发生的下列业务中，可以开具增值税专用发票的是（　　）。

　　A. 会计师事务所向消费者个人提供咨询服务

　　B. KTV向消费者个人提供餐饮服务

　　C. 甲超市向消费者个人销售家用电器

　　D. 装修公司向一般纳税人提供装修服务

17. 根据增值税法律制度的规定，下列关于增值税纳税义务发生时间的表述中，正确的是（　　）。

　　A. 委托他人代销货物的，为货物发出的当天

　　B. 从事金融商品转让的，为金融商品所有权转移的当天

　　C. 采用预收货款方式销售货物，货物生产工期不超过12个月的，为收到预收款的当天

　　D. 金融商品转让，为收到款项的当天

18. 下列各项中，不属于增值税免税项目的是（　　）。

　　A. 学生勤工俭学提供的服务　　B. 婚姻机构提供的婚姻介绍服务

　　C. 企业进口玩具　　D. 个人转让著作权

19. 甲公司为增值税一般纳税人，于20×2年5月进口货物一批，海关审定的关税完税价格为116万元。已知增值税税率为13%，关税税率为10%。计算甲公司当月该笔业务应缴纳增值税税额的下列算式中，正确的是（　　）。

　　A. 116×（1+10%）÷（1+13%）×13%　　B. 116÷（1+13%）×13%

　　C. 116×（1+10%）×13%　　D. 116×13%

20. 乙公司为增值税一般纳税人，于20×2年5月进口高档收表，海关审定关税完税价格为1 000万元，已缴纳关税100万元。已知增值税税率为13%，消费税税率为20%。计算甲外贸公司当月该笔业务应缴纳增值税税额的下列算式中，正确的是（　　）。

　　A. （1 000+100）÷（1－20%）×13%　　B. 1 000÷（1－20%）×13%

　　C. 1 000×13%　　D. （1 000+100）×13%

二、多选题

1. 根据增值税法律制度的规定，下列有关应税服务的范围表述正确的有（　　）。

A. 航空地面服务属于航空运输服务
B. 航空运输的湿租业务属于航空运输服务
C. 远洋运输的程租、期租业务,属于水路运输服务
D. 出售带宽属于基础电信服务

2. 根据增值税法律制度的规定,下列选项中,属于增值税征税范围的有(   )。
A. 销售电力   B. 进口木材
C. 饮料加工厂提供加工劳务   D. 会计咨询服务公司提供会计咨询服务

3. 根据增值税法律制度的规定,下列各项中应视同销售计算增值税的有(   )。
A. 甲企业将外购的一批原材料用于在建工程
B. 乙企业将外购的饮料用于员工福利
C. 丙商场为服装厂代销服装
D. 丁企业将外购的商品无偿赠与他人

4. 根据增值税法律制度的规定,一般纳税人销售的下列购进货物中,适用9%税率的有(   )。
A. 手机   B. 铅笔   C. 农产品   D. 食盐

5. 下列各项中,属于增值税价外费用的有(   )。
A. 销项税额
B. 优质费
C. 包装物租金
D. 受托加工应征消费税的消费品所代收代缴的消费税

6. 增值税纳税人取得的下列经营收入,在并入销售额计算销项税额时需换算为不含税销售额的有(   )。
A. 小规模纳税人开具的普通发票   B. 商业企业零售收入
C. 逾期包装物押金收入   D. 向购买方收取的各项价外收入

7. 根据增值税法律制度的规定,下列关于包装物押金和租金的说法中,正确的有(   )。
A. 对销售啤酒而收取的1年以上的押金,无论是否退还均并入销售额征税
B. 包装物押金是含税收入,在并入销售额征税时,需要先将该押金换算为不含税收入,再计算应纳增值税款
C. 包装物押金不同于包装物租金,包装物租金属于价外费用,在销售货物时随同货款一并计算增值税款
D. 对销售啤酒、黄酒以外的其他酒类产品而收取的包装物押金,无论是否返还以及会计上如何核算,均应并入当期销售额征收增值税

8. 根据增值税法律制度的规定,下列项目涉及的进项税额不得从销项税额中抵扣的有(   )。
A. 用于适用简易计税方法计税项目的应税劳务
B. 非正常损失的购进货物及相关的交通运输服务
C. 接受的餐饮服务
D. 购进自用的应征消费税的摩托车、汽车、游艇

9. 根据增值税法律制度的规定,下列各项中,外购货物进项税额准予从销项税额中抵扣的有(   )。

A. 将外购货物无偿赠送给客户 B. 将外购货物作为投资提供给联营单位
C. 将外购货物分配给股东 D. 将外购货物用于招待客户

10. 根据增值税法律制度的规定,下列各项中,属于免征增值税项目的有( )。
A. 养老机构提供的养老服务 B. 装修公司提供的装饰服务
C. 婚介所提供的婚姻介绍服务 D. 托儿所提供的保育

三、判断题

1. 单位或者个体工商户聘用的员工为本单位或雇主提供加工、修理修配劳务,属于增值税征税范围。 ( )
2. 不动产融资租赁和不动产经营性租赁业务均按照现代服务征收增值税。 ( )
3. 某公司将该商业广场商铺的外墙出租给一家广告公司用于发布公告,该经营业务取得的收入应按照"文化创意服务广告服务"的税目缴纳增值税。 ( )
4. 甲公司为小规模纳税人,转让其取得的不动产,按照3%的征收率征收增值税。
( )
5. 包装物押金均属于价外费用,在销售货物时随同货款一并计算增值税税款。 ( )
6. 纳税人发生服务中止、购进货物退回、销售折让而收回的增值税税额,不得从当期进项税额中扣减。 ( )
7. 现金折扣(销售折扣)的折扣额不得从销售额中扣除,折扣额应计入财务费用。 ( )
8. 销售方的销售收入是按商业折扣前的价格来计算销售额的。 ( )
9. 小规模纳税人销售货物或者应税劳务,实行按销售额和征收率计算应纳税额的简易办法,取得专用发票可以抵扣进项税额。 ( )
10. 增值税属于价外税,计算销项税额时,销售额中不应含有增值税款。 ( )

四、计算题

1. 乙食品公司是增值税一般纳税人,20×2年6月发生下列业务:
(1) 购入食品加工添加剂一批,取得增值税普通发票,价款为20 000元,增值税税款为2 600元。
(2) 从农民手中收购大豆一批,取得税务机关规定的收购凭证上注明收购款为15 000元(购买的大豆未来直接销售);支付运输费,取得增值税专用发票注明的价款为600元。
(3) 从小规模纳税人处购买原材料一批,取得税务机关代开的增值税专用发票注明价款为200 000元。
(4) 销售以玉米为原料生产的食用植物油,取得含税收入为43 600元;销售淀粉取得含税收入为22 600元。

该公司取得进项发票均已经认证抵扣。
要求:根据上述资料,计算下列小题。
(1) 计算乙食品公司业务(1)的进项税额。
(2) 计算乙食品公司业务(2)的进项税额。
(3) 计算乙食品公司业务(3)的进项税额。
(4) 计算乙食品公司业务(4)的销项税额。
(5) 计算乙食品公司6月应缴纳的增值税税额。

2. 丙公司是增值税一般纳税人,主要从事交通运输服务,20×2年7月发生下列业务:
(1) 向境内乙公司提供货物运输服务,取得含增值税运费收入为763万元;向境内丙公司提供客户运输服务,取得含增值税税额的运费收入为 54.5 万元。

(2) 提供国际运输服务,取得不含税运费收入为 30 万元。

(3) 销售本公司使用过的客运汽车,取得含税收入为 103 000 元,该客车为 2017 年购入。

(4) 购买汽油,取得值税专用发票注明税额为 60 万元;购买柴油,取得增值税普通发票,发票上记载的价税合计为 11.3 万元。

已知:交通运输服务税率为 9%;销售自己使用过的不得抵扣且未抵扣进项税额的固定资产,按照简易办法依照 3% 的征收率减按 2% 征收增值税。取得的增值税专用发票均已认证抵扣。

要求:根据上述资料,计算下列小题。

(1) 计算丙公司业务(1)的销项税额。

(2) 计算丙公司业务(2)的销项税额。

(3) 计算丙公司业务(3)的销项税额。

(4) 计算丙公司业务(4)的进项税额。

(5) 计算丙公司 7 月应缴纳的增值税税额。

3. 丁公司为增值税一般纳税人,20×2 年 8 月发生如下业务:

(1) 从境外进口一批小汽车,海关审定的成交价格为 500 万元;运抵我国关境内输入地点起卸前的包装费为 10 万元、运输费为 15 万元、保险费为 2 万元。企业按规定已缴纳进口环节的各项税金,并取得关税完税凭证。

(2) 当月在境内销售自产小汽车 1 000 辆,取得不含税收入为 15 000 万元。

(3) 当月购进原材料,取得增值税专用发票上注明的价款为 6 000 万元,增值税税款为 78 万元;为购进材料支付运费,取得运输公司开具的增值税专用发票注明价款为 100 万元。取得的增值税专用发票均已认证抵扣。

已知:关税税率为 20%,消费税税率为 9%,销售货物增值税税率为 13%,交通运输服务增值税税率为 9%。

要求:根据上述资料,计算下列小题。

(1) 计算丁公司业务(1)的进口环节的关税税额和增值税税额。

(2) 计算丁公司业务(2)的增值税税额。

(3) 计算丁公司业务(3)的增值税税额。

(4) 计算丁公司 8 月应缴纳的增值税税额。

模块 3

消费税纳税实务

[考核目标]
1. 了解消费税纳税义务人
2. 掌握消费税的税目
3. 熟悉消费税的征税范围、税率
4. 掌握消费税应纳税额的计算
5. 熟悉消费税的征收管理
6. 熟悉消费税的纳税申报

[实践目标]
1. 能熟悉消费税税目和税率
2. 能确定消费税的征税范围、税率
3. 能准确计算消费税的应纳税额
4. 能正确填写消费税纳税申报

[思政目标]
1. 理解我国消费税设置目的是引导消费方向,保证国家财政收入
2. 结合消费税税目特点和有关知识,让学生建立环保健康意识
3. 引导学生树立正确消费观,养成勤俭节约的生活习惯

[知识点思维导图]

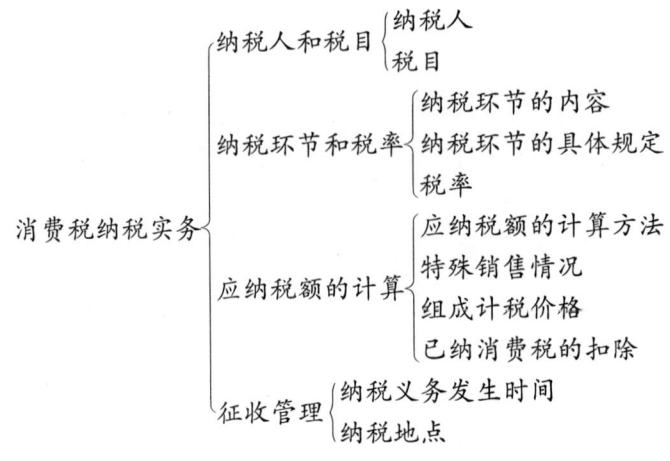

消费税纳税实务 ⎰ 消费税与附加税费申报 ⎰ 整合申报概述
　　　　　　　　　　　　　　　　　整合申报的主要方式
　　　　　　　　　　　　　　　　　整合申报的步骤
　　　　　　　　　　　　　　　　　实操案例——消费税与附加税费申报表填写

案例导读

　　一家公司购买超豪华小汽车(价格大于130万元)宾利车后按照卖方的要求支付了高达37万元的消费税,事后得知消费税的纳税主体应当为销售方,对方却直接将这笔税费转嫁到了购车者的头上,并称为"代扣代缴"。得知真相后,该公司以不当得利为由将宾利车销售方北京某汽车贸易公司告上法院,要求返还这笔税费。

　　(资料来源:
　　张蕾.买豪车引发诉讼,37万消费税该谁负担?律师表明一个观点[EB/OL].(2018-06-05)[2023-06-14]. https://baijiahao.baidu.com/s?id=1602410166270233111.)

　　思考:
　　(1) 37万元的超豪华小汽车宾利车的消费税到底该谁负担?
　　(2) 超豪华小汽车宾利车需要在哪些环节缴纳消费税?

任务3.1　纳税人和税目

　　消费税是对我国境内从事生产、委托加工和进口应税消费品,以及销售特定消费品的单位和个人,就其销售额或销售数量,在特定环节征收的一种税,即对特定的消费品和消费行为征收的一种税。我国征收消费税的目的是调节产品结构、引导消费方向、保证国家财政收入。消费税与增值税在设定的目的、对象等方面都有不同。增值税与消费税的征税比较如表3-1所示。

表3-1　　　　　　　　　增值税与消费税的征税比较

税种	目的	对象	计税基础	纳税环节
增值税	避免重复征税	所有货物	价外税	多环节
消费税	限制	特定货物	价内税	单一环节

一、纳税人

在我国境内生产、委托加工和进口消费品的单位和个人,以及国务院确定销售规定的消费品的其他单位和个人,为消费税的纳税人。

二、税目

我国消费税税目确定的原则主要是引导消费、保护环境、持续发展。税目的设定主要考虑以下几个方面:

(1) 一些过度消费会对身心健康、社会秩序、生态环境等方面造成危害的特殊消费品，如烟、酒、鞭炮、焰火等。

(2) 非生活必需品，如高档化妆品、贵重首饰及珠宝玉石等。

(3) 高能耗及高档消费品，如摩托车、小汽车、游艇、高档手表和高尔夫球及球具等。

(4) 不可再生和替代的稀缺资源消费品，如成品油。

消费税税目具体如表 3-2 所示。

表 3-2　　　　　　　　　　消费税税目

税目	子目	注释
烟	(1) 卷烟 (2) 雪茄烟 (3) 烟丝	卷烟(甲类、乙类) (1) 复合计税 (2) 批发环节加征消费税
酒	(1) 白酒 (2) 黄酒 (3) 啤酒(无醇啤酒、果啤) (4) 其他酒	(1) 不同酒征收消费税的计税方法不同 (2) 娱乐业、饮食业自制啤酒 (3) 调味料酒不征消费税
高档化妆品 (2016年10月1日起)	高档美容、修饰类化妆品、高档护肤类化妆品和成套化妆品(10元/毫升或15元/片及以上)	舞台、戏剧、影视演员化妆用的上妆油、卸妆油、油彩、发胶和头发漂白剂等，不属于本税目征收范围
贵重首饰及珠宝玉石	包括翡翠、珍珠、宝石、宝石坯等	金银首饰、钻石及钻石饰品，零售环节征收消费税
鞭炮、焰火	火药接药引线制成的爆炸品	体育上用的发令纸、鞭炮引线不属于应税消费品
成品油	(1) 汽油 (2) 柴油 (3) 石脑油 (4) 溶剂油 (5) 航空煤油 (6) 润滑油 (7) 燃料油	(1) 免税：符合条件的纯生物柴油；成品油生产过程中，作燃料、动力及原料消耗掉的自产成品油 (2) 变压器油、导热类油等绝缘油类产品，不征收消费税 (3) 催化料、焦化料属于燃料油
摩托车	轻便摩托车、摩托车(两轮、三轮)	缸容量250毫升(不含)以下的小排量摩托车不征消费税
小汽车	(1) 乘用车 (2) 中轻型商用客车 (3) 超豪华小汽车(零售不含增值税价格130万元及以上)	(1) 电动汽车、沙滩车、雪地车、卡丁车、高尔夫球车不征消费税 (2) 企业购进货车或厢式货车改装生产的商务车、卫星通信车等专用汽车不征消费税 (3) 企业购进乘用车或中轻型商用客车整车改装生产的汽车，征收消费税
高尔夫球及球具		包括球包、球杆(杆头、杆身和握把)、球袋
高档手表		不含增值税每只10 000元及以上
游艇(机动艇)		长度范围在8米至90米，用于水上运动和休闲娱乐等非营利活动的各类机动艇
木制一次性筷子		不包括其他木筷
实木地板		包括实木复合地板、实木指接地板、未经涂饰素板、漆饰地板

(续表)

税目	子目	注释
电池	(1) 原电池 (2) 蓄电池 (3) 燃料电池 (4) 太阳能电池 (5) 其他电池	对无汞原电池、金属氢化物镍蓄电池、锂原电池、锂离子蓄电池、太阳能电池、燃料电池和全钒液流电池免征消费税
涂料		(1) 包括：液体或固体材料 (2) 免税：施工状态下挥发性有机物含量低于420 克/升(含)的涂料

【例题3-1·多选题】下列各项中属于消费税征税范围的有(　　)。
A. 葡萄酒　　　　B. 调味料酒　　　　C. 白酒　　　　D. 啤酒
【正确答案】 ACD
【答案解析】 消费税税目中的"酒"，包括白酒、啤酒、黄酒、其他酒，不包括"调味料酒"。

任务3.2　纳税环节和税率

一、纳税环节的内容

消费税纳税环节如表3-3所示。

表3-3　　　　　　　　　　　消费税纳税环节

适用情形	纳税环节		适用应税消费品	是否单一环节纳税
一般情况	生产		金银首饰、铂金首饰、钻石及钻石饰品以外的其他应税消费品	√
	委托加工			
	进口			
特殊规定	销售	零售	金银首饰、铂金首饰、钻石及钻石饰品	√
			超豪华小汽车	×(加征)
		批发	卷烟	×(加征)

注：表中√表示单一环节征税，×表示非单一环节征税。

【例题3-2·单选题】下列各项中，应征收消费税的是(　　)。
A. 超市零售啤酒　　　　　　　　　　B. 甲公司销售自产电动汽车
C. 地板厂销售自产实木地板　　　　　D. 百货公司零售高档化妆品
【正确答案】 C
【答案解析】 选项AD，在生产、委托加工、进口环节征收消费税，零售环节不征；选项B，不属于消费税的征税范围

二、纳税环节的具体规定

(一) 生产应税消费品
生产应税消费品用于直接对外销售的,于销售时纳税。

(二) 移送使用应税消费品
(1) 用于连续生产应税消费品的,移送使用时不纳税,待生产的最终应税消费品销售时纳税。

(2) 用于连续生产非应税消费品的,移送使用时纳税,生产的最终非应税消费品销售时不再纳税。

(3) 用于其他方面的应税消费品(在建工程、管理部门、非生产机构、提供劳务、馈赠、赞助、集资、广告、样品、职工福利、奖励),视同销售,于移送使用时纳税。

(三) 委托加工应税消费品

1. 委托加工行为判定
委托加工行为判定依据如表 3-4 所示。

表 3-4　　　　　委托加工行为判定依据

应税行为	判定依据
委托加工	委托方提供原料和主要材料,受托方只收取加工费和代垫部分辅助材料
受托方销售自产应税消费品	(1) 由受托方提供原材料生产的应税消费品 (2) 受托方先将原材料卖给委托方,然后再接受加工的应税消费品 (3) 由受托方以委托方名义购进原材料生产的应税消费品

如果出现下列情形,无论纳税人在财务上如何处理,都不得作为委托加工应税消费品,而应按销售自产应税消费品缴纳消费税,这些情形为:

(1) 受托方提供原材料生产的应税消费品。

(2) 受托方先将原材料卖给委托方,然后再接受加工的应税消费品。

(3) 受托方以委托方名义购进原材料生产的应税消费品。

2. 委托加工业务的税务处理
不同身份受托方委托加工业务税务处理如表 3-5 所示。

表 3-5　　　　　不同身份受托方委托加工业务税务处理

受托方身份	税务处理
单位	由受托方在向委托方交货时代收代缴消费税
个人	由委托方收回后自行缴纳消费税

3. 委托方收回后的税务处理
委托方收回后的税务处理如表 3-6 所示。

表 3-6　　　　　委托方收回后的税务处理

用途	税务处理
用于连续生产应税消费品	所缴纳的消费税税款准予按规定抵扣
直接出售	以不高于受托方的计税价格出售的,为直接出售,不再缴纳消费税

(续表)

用途	税务处理
以高于受托方的计税价格出售	按规定申报缴纳消费税,在计税时准予扣除受托方已代收代缴的消费税

(四) 进口应税消费品

单位和个人进口应税消费品,于报关进口时缴纳消费税。

(五) 销售应税消费品

1. 零售环节征收消费税——金银首饰、铂金首饰、钻石及钻石饰品

(1) 金银首饰仅限于金、银以及金基、银基合金首饰和金基、银基合金的镶嵌首饰,在介绍消费税时也包括铂金首饰、钻石及钻石饰品,但不包括镀金首饰和包金首饰。

(2) 金银首饰在零售环节缴纳消费税,生产环节无需缴纳。

(3) 对既销售金银首饰,又销售非金银首饰的生产、经营单位,应将两类商品划分清楚,分别核算销售额。凡划分不清楚或不能分别核算的,在生产环节销售的,一律从高适用税率征收消费税;在零售环节销售的,一律按金银首饰征收消费税。

【例题 3-3·案例题】甲首饰店,既生产销售金银首饰又生产销售珠宝玉石首饰,未分别核算,则全部销售额按生产销售珠宝玉石首饰计征消费税。

(4) 金银首饰连同包装物一起销售的,无论包装物是否单独计价,也无论会计上如何核算,均应并入金银首饰的销售额,计征消费税。

(5) 带料加工的金银首饰,应按受托方销售同类金银首饰的销售价格确定计税依据征收消费税,没有同类金银首饰销售价格的,按照组成计税价格计算纳税。

2. 零售环节加征消费税——超豪华小汽车

(1) 界定:单价在 130 万元(不含增值税)以上。

(2) 纳税人:将超豪华小汽车销售给消费者的单位和个人。

(3) 税务处理为对超豪华小汽车,在生产(进口)环节按现行税率征收消费税的基础上,在零售环节加征消费税,税率为 10%。

3. 批发环节加征消费税——卷烟

(1) 烟草批发企业将卷烟销售给零售单位的,要再征一道消费税。烟草批发企业将卷烟销售给其他烟草批发企业的,不缴纳消费税。

纳税人兼营卷烟批发和零售业务的应当分别核算,未分别核算的按照全部销售额、销售数量计征批发环节消费税。

(2) 加征税率——复合计征。卷烟的复合计税适用比例税率 11% 和定额税率 0.005 元/支。

三、税率

(一) 基本规定

(1) 比例税率为 1%~56%,适用于绝大多数应税消费品。

(2) 定额税率适用于黄酒、啤酒、成品油。

(3) 定额税率和比例税率相结合的复合税率适用于卷烟和白酒。

【例题 3-4·多选题】下列应税消费品中,采取比例税率和定额税率复合征收形式的有

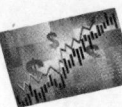

(　　)。

　　A. 白酒　　　　　B. 烟丝　　　　　C. 卷烟　　　　　D. 啤酒

【正确答案】 AC

【答案解析】 选项B,执行比例税率;选项D,执行定额税率。

(二) 最高税率的运用

(1) 纳税人兼营不同税率的应税消费品未分别核算的,按最高税率征税。

(2) 纳税人将应税消费品与非应税消费品以及适用税率不同的应税消费品组成成套消费品销售的,应根据成套消费品的销售金额按应税消费品中适用最高税率的消费品税率征税。

(3) 纳税人将非应税消费品与应税消费品组成成套消费品销售的,依销售额全额计算消费税。套装与礼盒无单独核算要求,均从高适用税率。消费税税率表如表3-7所示。

表3-7　　　　　　　　　　消费税税率表

应税消费品名称	比例税率	定额税率
一、烟		
1. 卷烟		
(1) 工业		
① 甲类卷烟(调拨价每条70元及以上(不含增值税))	56%	每支0.003元
② 乙类卷烟(调拨价每条70元以下(不含增值税))	36%	每支0.003元
(2) 商业批发	11%	每支0.005元
2. 雪茄烟	36%	
3. 烟丝	30%	
4. 电子烟		
(1) 工业	36%	
(2) 商业批发	11%	
二、酒		
1. 白酒	20%	每500克0.5元
2. 黄酒		每吨240元
3. 啤酒		
(1) 甲类啤酒(出厂价格每吨3 000元及以上(不含增值税))		每吨250元
(2) 乙类啤酒(出厂价格每吨3 000元以下(不含增值税))		每吨220元
4. 其他酒	10%	
三、高档化妆品	15%	
四、贵重首饰及珠宝玉石		
1. 金银首饰、铂金首饰和钻石及钻石饰品	5%	
2. 其他贵重首饰和珠宝玉石	10%	
五、鞭炮、焰火	15%	
六、成品油		
1. 汽油		每升1.52元
2. 柴油		每升1.20元

(续表)

应税消费品名称	比例税率	定额税率
3. 航空煤油		每升1.20元
4. 石脑油		每升1.52元
5. 溶剂油		每升1.52元
6. 润滑油		每升1.52元
7. 燃料油		每升1.20元
七、摩托车		
1. 气缸容量(排气量,下同)=250毫升	3%	
2. 气缸容量＞250毫升	10%	
八、小汽车		
1. 乘用车		
(1) 气缸容量(排气量,下同)≤1.0升	1%	
(2) 1.0升＜气缸容量≤1.5升	3%	
(3) 1.5升＜气缸容量≤2.0升	5%	
(4) 2.0升＜气缸容量≤2.5升	9%	
(5) 2.5升＜气缸容量≤3.0升	12%	
(6) 3.0升＜气缸容量≤4.0升	25%	
(7) 气缸容量＞4.0升	40%	
2. 中轻型商用客车	5%	
3. 超豪华小汽车	10%	
九、高尔夫球及球具	10%	
十、高档手表	20%	
十一、游艇	10%	
十二、木制一次性筷子	5%	
十三、实木地板	5%	
十四、电池	4%	
十五、涂料	4%	

注：
(1) 根据《财政部 海关总署 税务总局关于对电子烟征收消费税的公告》(2022年第33号)规定,自2022年11月1日起对电子烟征收消费税。
(2) 电子烟的计量单位为盒。

任务3.3 应纳税额的计算

一、应纳税额的计算方法

消费税实行从价定率计税、从量定额计税,或者从价定率和从量定额复合计税三种计征办法,计税依据一般为销售额、销售量。

消费税应纳税额的计算方法及公式如表 3-8 所示。

表 3-8　　　　　　　　消费税应纳税额的计算方法及公式

计税方法	计算公式
从价定率计税	应纳税额＝销售额×比例税率 销售额(含消费税、不含增值税)
从量定额计税(啤酒、黄酒、成品油)	应纳税额＝销售数量×定额税率
复合计征(白酒、卷烟)	应纳税额＝销售额×比例税率＋销售数量×定额税率

(一)从价定率

1. 计算公式

从价定率消费税应纳税额的计算公式为：

$$消费税应纳税额＝销售额\times税率$$

2. 销售额的确定

销售额是纳税人销售应税消费品向购买方收取的全部价款和价外费用。

这里的销售额为不含税销售额,与计算增值税销项税额中的销售额一致。

【例题 3-5·单选题】20×2 年 5 月,甲公司销售了 3 000 支自产的高尔夫球杆,不含增值税单价为 1 500 元/支;销售自产的高尔夫球包 500 个,不含增值税单价为 1 000 元/个;销售自产的高尔夫球帽 100 顶,不含增值税单价为 150 元/顶。已知高尔夫球及球具消费税税率为 10%,计算甲公司当月上述业务应缴纳消费税税额的下列算式中,正确的是(　　)。

A.(3 000×1 500＋100×150)×10%

B.(3 000×1 500＋500×1 000)×10%

C.(3 000×1 500＋500×1 000＋100×150)×10%

D.3 000×1 500×10%

【正确答案】　B

【答案解析】　高尔夫球及球具的消费税征税范围包括高尔夫球、高尔夫球杆及高尔夫球包(袋)、高尔夫球杆的杆头、杆身和握把,不包括高尔球帽。

(二)从量定额

1. 计算公式

从量定额消费税的计算公式为：

$$应纳税额＝应税消费品的销售数量\times单位税额$$

2. 销售数量的确定

不同情形下的销售数量确定依据如下：

(1)销售应税消费品的,为应税消费品的销售数量。

(2)自产自用应税消费品的,为应税消费品的移送使用数量。

(3)委托加工应税消费品的,为纳税人收回的应税消费品数量。

(4)进口应税消费品的,为海关核定的应税消费品进口征税数量。

【例题 3-6·单选题】20×2 年 5 月,甲酒厂生产了 150 吨黄酒,销售了 100 吨,取得不含增值税销售额300万元,增值税税额为39万元。甲酒厂当月销售黄酒消费税计税依据为( )。

A. 339万元　　　　B. 300万元　　　　C. 150吨　　　　D. 100吨

【正确答案】 D

【答案解析】 黄酒执行定额税率,从量计征消费税,应税消费品的销售数量为计税依据。

(三) 复合计征

复合计征消费税的计算公式为:

$$应纳税额＝销售额×比例税率＋销售数量×定额税率$$

【例题3-7·单选题】20×2年5月,甲酒厂销售2吨自产白酒,取得含增值税销售额为22 600元。已知增值税税率为13%,消费税比例税率为20%,定额税率为0.5元/500克。计算甲酒厂当月销售自产白酒应缴纳消费税税额的下列算式中,正确的是( )。

A. 22 600×20%＋2×2 000×0.5

B. 22 600÷(1＋13%)×20%

C. 22 600×20%

D. 22 600÷(1＋13%)×20%＋2×2 000×0.5

【正确答案】 D

【答案解析】 白酒复合计征消费税,应纳税额＝销售额×比例税率＋销售数量×定额税率;题目中的销售额为含增值税金额,应当换算为不含税金额计算从价税额。

二、特殊销售情况

(一) 非独立核算门市部销售

纳税人通过自设非独立核算门市部销售的自产应税消费品,应当按照门市部对外销售额或者销售数量征收消费税。

(二) "换、抵、投"的有关规定

纳税人用于换取生产资料和消费资料(换)、抵偿债务(抵)和投资入股(投)等方面的应税消费品,应当以纳税人同类应税消费品的最高销售价格作为计税依据计算消费税。

【例题3-8·单选题】甲公司为增值税一般纳税人,20×2年5月,将1辆生产成本为5万元的自产小汽车用于抵偿债务,同型号小汽车含增值税平均售价为11.3万元/辆,含增值税最高售价为13.56万元/辆。已知增值税税率为13%,消费税税率为5%。计算甲公司当月该笔业务应缴纳消费税税额的下列算式中,正确的是( )。

A. 5×5%　　　　　　　　　　　B. 11.3÷(1＋13%)×5%

C. 5×(1＋5%)×5%　　　　　　D. 13.56÷(1＋13%)×5%

【正确答案】 D

【答案解析】 "换、抵、投"按最高销售价格计征消费税;商品销售额含增值税,应当换算为不含税销售额。

(三) 包装物押金的税务处理

(1) 应税消费品连同包装物销售的,无论包装物是否单独计价,也不论在会计上如何核算,均应并入应税消费品的销售额中征收消费税。

(2) 包装物押金一般在收取时不并入销售额中征税。但对逾期未收回的包装物不再退还的和已收取 1 年以上的押金,应并入应税消费品的销售额,按应税消费品适用税率征收消费税。

(3) 既作价随同应税消费品销售的,又另外收取的包装物押金,凡纳税人在规定的期限内不予退还的,均应并入应税消费品的销售额,按照应税消费品的适用税率征收消费税。

(4) 酒类产品生产企业销售酒类产品(不包括啤酒、黄酒)而收取的包装物押金,无论押金是否返还及会计上如何核算,均应并入酒类产品销售额中征收消费税。

(5) 而对啤酒、黄酒的包装物押金,由于消费税是从量计征,包装物押金即使逾期,也不存在计征消费税的问题。

包装物押金的消费税税务处理如表 3-9 所示。

表 3-9　　　　　　　　　包装物押金的消费税税务处理

包装物押金	增值税		消费税	
	取得时	逾期时	取得时	逾期时
一般货物	×	√	×	√
白酒、其他酒	√	×	√	×
啤酒、黄酒	×	√	×	×

注:表中√表示征税,×表示不征税。

【例题 3-9·计算题】甲家具厂为增值税一般纳税人,20×2 年 5 月,生产销售实木地板取得不含税收入为 40 000 元,收取包装物押金为 2 340 元(未逾期),实木地板消费税税率为 5%。

要求:计算甲家具厂上述业务应纳消费税税额。

【正确答案】　甲家具厂应纳消费税税额=40 000×5%=2 000(元)。

(四) 品牌使用费

白酒生产企业向商业销售单位收取的品牌使用费应并入白酒的销售额中缴纳消费税。

(五) 以旧换新

1. 非金银首饰

非金银首饰的以旧换新,以新货物的销售额作为消费税的计税基础,不扣减旧货物的回收价格。

2. 金银首饰

金银首饰的以旧换新,按实际收取的不含增值税的全部价款征收消费税。

三、组成计税价格

(一) 自产自用环节

1. 用于连续生产应税消费品的——不纳消费税

例如:甲卷烟厂生产的烟丝,用于本厂连续生产卷烟,只对生产销售的卷烟征收消费税,用于连续生产卷烟的烟丝不缴纳消费税。

2. 用于其他方面

移送使用时缴纳消费税用于其他方面,主要有下列情形:

(1) 连续生产非应税消费品。

(2) 在建工程、管理部门、非生产机构、提供劳务。

(3) 馈赠、赞助、集资、广告、样品、职工福利、奖励等。

3. 自产自用应税消费品的计税依据和应纳税额计算

自产自用应税消费品按照纳税人生产的同类消费品的销售价格计算纳税。需要说明的是,一般销售情况按平均销售价格;但是换、抵、投业务按最高销售价格。

若没有同类消费品销售价格的,按照组成计税价格计算纳税。

从价计征应税消费品的组成计税价格公式为:

$$组成计税价格 = 成本 \times (1 + 成本利润率) \div (1 - 消费税比例税率)$$

从价计征应税消费品的应纳消费税税额的计算公式为:

$$应纳消费税税额 = 组成计税价格 \times 消费税比例税率$$

复合计征应税消费品的组成计税价格公式为:

$$组成计税价格 = [成本 \times (1 + 成本利润率) + 自产自用数量 \times 消费税定额税率] \div (1 - 消费税比例税率)$$

复合计征应税消费品应纳消费税税额的计算公式为:

$$应纳消费税税额 = 组成计税价格 \times 消费税比例税率 + 自产自用数量 \times 消费税定额税率$$

【例题 3-10·单选题】 20×2 年 5 月,乙工厂将一批自产高档化妆品用于对外投资,该批高档化妆品生产成本为 1 700 元,无同类高档化妆品销售价格。已知消费税税率为 15%,成本利润率为 5%。计算乙工厂当月该笔业务应缴纳消费税税额的下列算式中,正确的是( )。

A. $1\,700 \times (1 + 5\%) \times 15\%$
B. $1\,700 \times (1 + 5\%) \div (1 - 15\%) \times 15\%$
C. $1\,700 \div (1 - 15\%) \times 15\%$
D. $1\,700 \times 15\%$

【正确答案】 B

【答案解析】 自产自用的应税消费品用于对外投资等,于移送使用时缴纳消费税;纳税人视同销售应税消费品,应当按照纳税人生产的同类消费品的销售价格计算纳税,没有同类消费品销售价格的,按照组成计税价格计算纳税。高档化妆品为从价计征消费税的产品,组成计税价格 = 成本 ×(1 + 成本利润率)÷(1 - 消费税比例税率);应纳消费税 = 组成计税价格 × 消费税比例税率。

(二) 委托加工环节

委托加工环节按照受托方的同类消费品的销售价格计算纳税。没有同类消费品销售价格的,按照组成计税价格计算纳税。

一般应税消费品组成计税价格的计算公式为:

$$组成计税价格 = (材料成本 + 加工费) \div (1 - 消费税比例税率)$$

一般应税消费品应纳消费税税额的计算公式为:

$$应纳消费税税额 = 组成计税价格 \times 消费税比例税率$$

复合计征应税消费品组成计税价格的计算公式为:

$$组成计税价格 = (材料成本 + 加工费 + 委托加工数量 \times 消费税定额税率) \div (1 - 消费税比例税率)$$

复合计征应纳消费税税额的计算公式为:

$$应纳消费税 = 组成计税价格 \times 消费税比例税率 + 委托加工数量 \times 消费税定额税率$$

委托加工应税消费品是指委托方提供原料和主要材料,受托方只收取加工费和代垫部分辅助材料加工的应税消费品。加工费是指受托方加工应税消费品向委托方收取的全部费用（包括代垫的辅助材料实际成本）。

（三）进口环节

进口环节按照组成计税价格计算纳税。

一般应税消费品组成计税价格的计算公式为：

$$组成计税价格 = （关税完税价格 + 关税） \div （1 - 消费税比例税率）$$

一般应税消费品应纳消费税税额的计算公式为：

$$应纳消费税 = 组成计税价格 \times 消费税比例税率$$

复合计征应税消费品组成计税价格的计算公式为：

$$组成计税价格 = （关税完税价格 + 关税 + 进口数量 \times 消费税定额税率） \div （1 - 消费税比例税率）$$

复合计征应税消费品消费税税额的计算公式为：

$$应纳消费税 = 组成计税价格 \times 消费税比例税率 + 进口数量 \times 消费税定额税率$$

需要说明的是，进口应税消费品同时涉及缴纳进口环节增值税，组成计税价格与消费税相同。

【例题 3-11·单选题】20×2 年 5 月，甲公司进口一批葡萄酒，海关审定关税完税价格为 54 000 元。已知消费税税率为 10%，关税税率为 5%。计算甲公司当月该笔业务应缴纳消费税税额的下列算式中，正确的是（　　）。

A. $54\,000 \times (1 + 5\%) \div (1 - 10\%) \times 10\%$　　B. $54\,000 \times (1 - 5\%) \div (1 - 10\%) \times 10\%$

C. $54\,000 \times (1 - 5\%) \times (1 + 10\%) \times 10\%$　　D. $54\,000 \times (1 + 5\%) \times (1 + 10\%) \times 10\%$

【正确答案】　A

【答案解析】　进口从价计征消费税的应税消费品，进口环节应缴纳的消费税 = 组成计税价格 × 消费税比例税率 = （关税完税价格 + 关税） ÷ （1 - 消费税比例税率） × 消费税比例税率。

四、已纳消费税的扣除

用外购和委托加工收回应税消费品，连续生产应税消费品，在计征消费税时，可以按当期生产领用数量计算准予扣除外购和委托加工的应税消费品已纳消费税税款。

（一）扣除范围

已纳消费税的扣除范围包括以下方面：

（1）以外购或委托加工收回的已税烟丝为原料生产的卷烟。

（2）以外购或委托加工收回的已税高档化妆品原料生产的高档化妆品。

（3）以外购或委托加工收回的已税珠宝、玉石原料生产的贵重首饰及珠宝、玉石。

（4）以外购或委托加工收回的已税鞭炮、焰火原料生产的鞭炮、焰火。

（5）以外购或委托加工收回的已税杆头、杆身和握把为原料生产的高尔夫球杆。

（6）以外购或委托加工收回的已税木制一次性筷子原料生产的木制一次性筷子。

（7）以外购或委托加工收回的已税实木地板原料生产的实木地板。

（8）以外购或委托加工收回的已税石脑油、润滑油、燃料油为原料生产的成品油。

（9）以外购或委托加工收回的已税汽油、柴油为原料生产的汽油、柴油。

（二）计算公式

当期准予扣除的应税消费品已纳税款的计算公式为：

当期准予扣除的应税消费品已纳税款＝当期生产领用数量×单价×应税消费品的适用税率

【例题3-12·单选题】 甲公司下列经营行为中，外购应税消费品已纳消费税税额准予从应纳消费税税额中扣除的是（　　）。

A. 外购已税酒精生产配制酒
B. 外购已税溶剂油为原料生产成品油
C. 外购已税烟丝生产卷烟
D. 外购已税电池生产应税摩托车

【正确答案】 C

【答案解析】 选项AD，允许进行已纳消费税扣除的税目不包括酒、摩托车、小汽车、高档手表、游艇、电池、涂料；选项B，外购已税"石脑油、润滑油、燃料油"为原料生产的成品油，允许扣除外购时已缴纳的消费税。

任务3.4　征收管理

一、纳税义务发生时间

纳税义务发生时间的有关规定如下：

(1) 纳税人销售应税消费品的，其纳税义务发生时间和增值税的规定相同。
(2) 纳税人自产自用应税消费品的，为移送使用的当天。
(3) 纳税人委托加工应税消费品的，为纳税人提货的当天。
(4) 纳税人进口应税消费品的，为报关进口的当天。

【例题3-13·单选题】 下列关于消费税纳税义务发生时间的表述中，不正确的是（　　）。

A. 委托加工应税消费品的，为纳税人提货的当天
B. 自产自用应税消费品的，为移送使用的当天
C. 进口应税消费品的，为报关进口的当天
D. 采取托收承付方式销售应税消费品的，为收到货款的当天

【正确答案】 D

【答案解析】 采取托收承付和委托银行收款方式的，为发出应税消费品并办妥托收手续的当天。

二、纳税地点

（一）委托加工的应税消费品

1. 受托方为单位

受托方为单位的，由受托方向机构所在地或居住地的税务机关解缴。

2. 受托方为个人

受托方为个人的，由委托方向机构所在地的税务机关解缴。

(二) 外地交易的有关规定

纳税人到外县(市)销售或者委托外县(市)代销自产应税消费品的,于应税消费品销售后,向机构所在地或者居住地"税务机关申报纳税。

【例题3-14·多选题】甲公司为增值税一般纳税人,机构所在地在A市。20×2年5月,在B市销售货物一批;在C市海关报关进口货物一批;接受D市客户委托加工应缴纳消费税的货物一批。下列关于甲公司上述业务纳税地点的表述中,正确的有( )。

A. 委托加工货物应向D市税务机关申报缴纳增值税
B. 委托加工货物应向A市税务机关解缴代收的消费税
C. 进口货物应向C市海关申报缴纳增值税
D. 销售货物应向B市税务机关申报缴纳增值税

【正确答案】 BCD

【答案解析】 选项AB,委托加工应税消费品,除了受托方是个人,应由受托方(甲公司)向机构所在地税务机关解缴税款;选项C,进口货物应向报关地海关申报纳税;选项D,固定业户(甲公司)应当向其机构所在地或者居住地税务机关申报纳税。

任务3.5 消费税与附加税费申报

一、整合申报概述

2021年7月9日,国家税务总局发布了《公告》(《公告》内容详见任务2.9增值税与附加税费申报),规定自2021年8月1日起,全面推行增值税、消费税分别与附加纳税人在申报增值税、消费税时,应一并申报附征的城市维护建设税、教育费附加和地方教育附加等附加税费。

纳税人在申报消费税时,应一并申报附征的城市维护建设税、教育费附加和地方教育附加等附加税费。消费税分别与附加税费申报表整合的含义,就是将原有的《消费税纳税申报表》与《城市维护建设税 教育费附加 地方教育附加申报表》整合,启用《消费税及附加税费申报表》。简单说就是申报表整合后,附加税费随着主税使用同一张申报表,申报一次完成,不再单独使用各自的申报表申报纳税。

二、整合申报的主要方式

网上申报是目前普遍采用的纳税申报方式。因此,我们主要通过学习网上申报来掌握消费税与附加税费整合申报操作。本书主要以广西壮族自治区消费税与附加税费整合申报网上报税操作方法为例,说明整合网上申报的基本步骤。

三、整合申报的步骤

1. 登录电子税务局

一般纳税人可以直接进行网上申报,报税首先要登录电子税务局网站,登录后,点击"我要办税",登入企业账号,如图3-1、图3-2所示。

图 3-1 网上电子税务局(广西壮族自治区电子税务局)登录界面 1

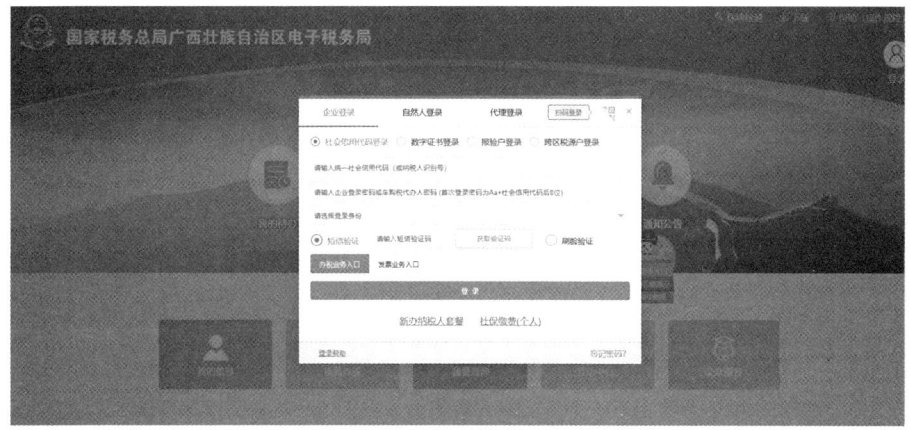

图 3-2 网上电子税务局(广西壮族自治区电子税务局)登录界面 2

2. 填写申报表

(1) 进入之后,在税务申报界面,选择需要申报的税种,点击"我要办税",然后选择"税费申报及缴纳",消费税及附加税费申报如图 3-3 所示。

图 3-3 网上电子税务局(广西壮族自治区电子税务局)"消费税及附加税费申报表"界面

(3) 进入"消费税及附加税(费)申报"页面,填写相关申报表,如图 3-4 所示。

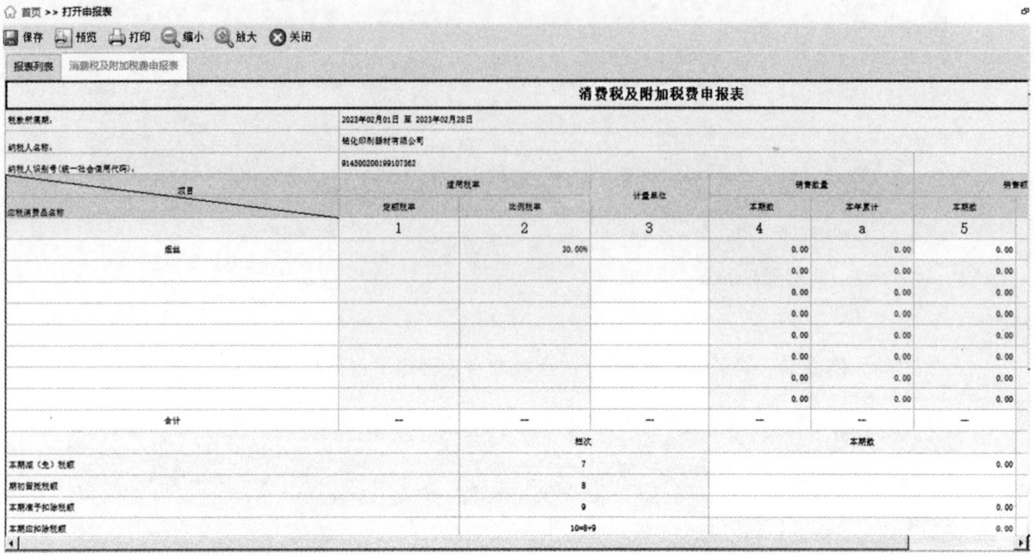

图 3-4 "消费税及附加税费申报表"界面

(3) 进入"消费税及附加税(费)申报",填写申报表。报表分为主表和附表,办税人员需要对报表本期数据一一核对清楚,核对无误,点击"保存"。完成所有报表核对后,点击"下一步",弹出申报结果。如果本期有需要缴纳税款的,点击"缴税",进入缴税界面,清缴税款。即完成纳税申报。

四、实操案例——消费税与附加税费申报表填写

1. 企业基本资料

企业名称:广西田园涂料有限公司

法人代表:王五

企业注册及经营地址:广西壮族自治区南宁市西乡塘区相贤路 37 号

联系方式:0771-2533333

纳税人识别号:910489430284900220

经营范围:主营涂料的生产销售

注册资金:贰佰万元(200 万元)

注册时间:2018 年 2 月 1 日

行业性质:生产制造业

开户银行:建设银行大学路支行

开户行账户:45060809888305509870

税务登记:核定为一般纳税人

20×2 年 5 月,广西田园涂料有限公司的主要经济业务如下:

(1) 20×2 年 5 月 3 日,向 A 公司销售一批自主生产的涂料,开具增值税专用发票一张,不含税价款为 5 000 元,增值税税额 650 元,款项未收回。

(2) 20×2 年 5 月 4 日,向 B 公司销售销售一批自主生产的石墨粉涂料,开具增值税专用

发票一张,不含税价款为14 000元,增值税税额为1 820元,以上款项已经通过银行转账收讫。

(3) 20×2年5月13日,向C公司销售一批自主生产的滑石粉涂料,开具增值税专用发票一张,不含税价款为2 000元,增值税税额为260元,款项已收。

(4) 20×2年5月16日,向D公司销售销售一批自主生产的有色涂料,开具增值税专用发票一张,不含税价款为1 500元,增值税税额为195元,款项未收。

根据资料,请填写消费税及附加税费申报表。

解析:我国税法规定,自2021年8月1日起,全面推行消费税分别与附加纳税人在申报消费税时,应一并申报附征的城市维护建设税、教育费附加和地方教育附加等附加税费。申报表填表如表3-10至表3-13所示。

表3-10 消费税及附加税费申报表

税款所属期:自20×2年5月1日至20×2年5月31日

纳税人识别号(统一社会信用代码):910489430284900220
纳税人名称:广西田园涂料有限公司　　　　　　　　　　　　　金额单位:人民币元(列至角分)

项目 应税消费品名称	适用税率		计量单位	本期销售数量	本期销售额	本期应纳税额
	定额税率	比例税率				
	1	2	3	4	5	6=1×4+2×5
涂料		4%			22 500	900
合计	—	—	—	—	—	900

	栏次	本期税费额
本期减(免)税额	7	
期初留抵税额	8	
本期准予扣除税额	9	
本期应扣除税额	10=8+9	
本期实际扣除税额	11[10<(6−7),则为10,否则为6−7]	
期末留抵税额	12=10−11	
本期预缴税额	13	
本期应补(退)税额	14=6−7−11−13	900
城市维护建设税本期应补(退)税额	15	63
教育费附加本期应补(退)费额	16	27
地方教育附加本期应补(退)费额	17	18

声明:此表是根据国家税收法律法规及相关规定填写的,本人(单位)对填报内容(及附带资料)的真实性、可靠性、完整性负责。

纳税人(签章):　　　　年　月　日

经办人: 经办人身份证号:代理机构签章: 代理机构统一社会信用代码:	受理人: 受理税务机关(章): 受理日期:　年　月　日

表 3-11　　本期准予扣除税额计算表　　金额单位:元(列至角分)

		应税消费品名称准予扣除项目				合计
一、本期准予扣除的委托加工应税消费品已纳税款计算		期初库存委托加工应税消费品已纳税款	1			
		本期收回委托加工应税消费品已纳税款	2			
		期末库存委托加工应税消费品已纳税款	3			
		本期领用不准予扣除委托加工应税消费品已纳税款	4			
		本期准予扣除委托加工应税消费品已纳税款	5＝1+2−3−4			
二、本期准予扣除的外购应税消费品已纳税款计算	（一）从价计税	期初库存外购应税消费品买价	6			
		本期购进应税消费品买价	7			
		期末库存外购应税消费品买价	8			
		本期领用不准予扣除外购应税消费品买价	9			
		适用税率	10			
		本期准予扣除外购应税消费品已纳税款	11＝(6+7−8−9)×10			
	（二）从量计税	期初库存外购应税消费品数量	12			
		本期外购应税消费品数量	13			
		期末库存外购应税消费品数量	14			
		本期领用不准予扣除外购应税消费品数量	15			
		适用税率	16			
		计量单位	17			
		本期准予扣除的外购应税消费品已纳税款	18＝(12+13−14−15)×16			
三、本期准予扣除税款合计			19＝5+11+18			

表 3-12　　本期减(免)税额明细表　　金额单位:元(列至角分)

项目应税消费品名称	减(免)性质代码	减(免)项目名称	减(免)税销售额	适用税率（从价定率）	减(免)税销售数量	适用税率（从量定额）	减(免)税额
1	2	3	4	5	6	7	8＝4×5+6×7
	—						
	—						
	—						
合 计	—	—					

《本期减(免)税额明细表》填表说明:
　　一、本表由符合消费税减免税政策规定的纳税人填报。本表不含暂缓征收的项目。未发生减(免)消费税业务的纳税人和受托方不填报本表。
　　二、本表第1栏"应税消费品名称":填写按照税法规定的减征、免征应税消费品的名称。

三、本表第2栏"减(免)性质代码":根据国家税务总局最新发布的减(免)性质代码,填写减征、免征应税消费品对应的减(免)性质代码。

四、本表第3栏"减(免)项目名称":根据国家税务总局最新发布的减(免)项目名称,填写减征、免征应税消费品对应的减(免)项目名称。

五、本表第4栏"减(免)税销售额":填写本期应当申报减征、免征消费税的应税消费品销售金额,适用不同税率的应税消费品,其减(免)金额应区分不同税率分栏填写。

六、本表第6栏"减(免)税销售数量":填写本期应当申报减征、免征消费税的应税消费品销售数量,适用不同税率的应税消费品,其减(免)数量应区分不同税率分栏填写。计量单位应与主表一致。

七、本表第5,7栏"适用税率"栏:填写按照税法规定的减征、免征应税消费品的适用税率。

八、本表第8栏"减(免)税额"栏:填写本期按适用税率计算的减征、免征消费税税额。同一税款所属期内同一应税消费品适用多档税率的,应分别按照适用税率计算减(免)税额。

九、本表第8栏"减(免)税额"的"合计"栏:填写本期减征、免征消费税额的合计数。该栏数值应与当期主表"本期减(免)税额"栏数值一致。

十、本表"出口免税"栏:填写纳税人本期按照税法规定的出口免征消费税的销售额、销售数量,不填写减(免)性质代码。

十一、本表为A4竖式,一式二份,一份纳税人留存,一份税务机关留存。

表3-13　　　　　　　　　消费税附加税费计算表　　　　　　　金额单位:元(列至角分)

税(费)种	计税(费)依据	税(费)率(征收率)(%)	本期应纳税(费)额	本期减免税(费)额			本期是否适用增值税小规模纳税人"六税两费"减征政策 □是 □否		本期已缴税(费)额	本期应补(退)税(费)额
	消费税税额	2	3=1×2	减免性质代码	减免税(费)额	减征比例(%)	减征额			
	1			4	5	6	7=(3−5)×6		8	9=3−5−7−8
城市维护建设税	900	7%	63							63
教育费附加	900	3%	27							27
地方教育附加	900	2%	18							18
合计	—	—		—			—			108

模块测试

课后练习

一、单选题

1. 根据消费税法律制度的规定,下列车辆属于应税小汽车征税范围的是(　　)。

A. 电动车

B. 高尔夫车

C. 用中轻型商用客车底盘改装的中轻型商用客车

D. 雪地车

2. 根据消费税法律制度的规定,下列应税消费品中,在零售环节加征消费税的是(　　)。

A. 金银首饰　　　B. 超豪华小汽车　　　C. 卷烟　　　　　D. 啤酒

3. 对超豪华小汽车,在生产(进口)环节按现行税率征收消费税的基础上,在零售环节加

征消费税,税率为( )
   A. 5%   B. 10%   C. 13%   D. 15%

4. 甲酒厂为增值税一般纳税人,20×2年5月销售葡萄酒,取得不含销售额为10万元,同时收取包装物租金0.565万元、手续费2.26万元。已知果木酒增值税税率为13%,消费税税率为10%。则甲酒厂当月销售葡萄酒应缴纳消费税税额的下列计算中,正确的是( )。
   A. (10+0.565+2.26)×10%=1.28(万元)
   B. (10+0.565)×10%=1.06(万元)
   C. [10+0.565÷(1+13%)]×10%=1.05(万元)
   D. [10+(0.565+2.26)÷(1+13%)]×10%=1.25(万元)

5. 甲公司为增值税一般纳税人,20×2年5月,公司销售高档化妆品取得不含税销售收入为10万元,销售普通化妆品取得不含税销售收入为8万元,将高档化妆品与普通化妆品组成礼盒成套销售,取得不含增值税销售额为50万元,已知高档化妆品的消费税税率为15%。甲公司当月应纳消费税金额是( )万元。
   A. 1.5   B. 1.3   C. 1.95   D. 2.25

6. 甲酒厂为增值税一般纳税人,20×2年5月,甲酒厂将自产的1吨药酒用于换取生产资料,该批药酒生产成本为4 500元/吨,甲酒厂同类药酒不含增值税最高销售价格为61 000元/吨,不含税平均销售价格为58 000元/吨,不含增值税最低销售价格为50 000元/吨。已知消费税税率为10%。计算甲酒厂当月该笔业务应缴纳消费税税额的下列算式中,正确的是( )。
   A. 50 000×10%   B. 58 000×10%   C. 61 000×10%   D. 45 000×10%

7. 甲公司为增值税一般纳税人,外购A型高档化妆品,用于生产B型高档化妆品,20×2年5月生产销售高档修饰类化妆品取得不含税销售收入为100万元。甲公司5月初库存的A型高化妆品金额为0,5月购进A型高档护肤类化妆品为100万元,5月底库存A型高档化妆品为10万元。已知高档化妆品适用的消费税税率为15%。则该公司当月应缴纳消费税税额的下列计算中,正确的是( )。
   A. 100×15%-100×15%=0
   B. 100×15%-10×15%=13.5(万元)
   C. 100×15%-(100-10)×15%=1.5(万元)
   D. 100×15%=15(万元)

8. 下列消费品中,实行从量定额与从价定率相结合的复合计征办法征收消费税的是( )。
   A. 果酒   B. 卷烟   C. 啤酒   D. 烟丝

9. 下列企业中,属于消费税纳税人的是( )。
   A. 家电零售企业   B. 粮食批发企业   C. 卷烟进口企业   D. 电视制造企业

10. 根据消费税法律制度的规定,下列各项中,不需缴纳消费税的是( )。
    A. 将自产的应税消费品对外捐赠   B. 将自产的应税消费品连续生产应税消费品
    C. 将自产的应税消费品用于职工福利   D. 将自产的应税消费品对外投资

11. 甲化妆品厂下设一非独立核算门市部,20×2年5月,该厂将一批高档化妆品交门市部,计价为50万元。门市部零售取得含增值税的销售收入为70万元。已知增值税税率为13%,消费税税率为15%。下列计算该厂应缴纳的消费税的公式中,正确的是( )。
    A. 50×15%
    B. 70÷(1+13%)×15%

C. $50÷(1+13\%)×15\%$ D. $70×15\%$

12. 甲木地板厂为增值税一般纳税人。202×年5月向乙商场销售实木地板一批,取得含增值税销售额为100万元。已知实木地板适用的增值税税率为13%,消费税税率为5%。甲厂当月应纳消费税税额的下列算式中,正确的是(　　)。
    A. $100×5\%=5$ B. $100÷(1-13\%)×5\%=5.75$
    C. $100÷(1+13\%)×5\%=4.42$ D. $100÷(1-5\%)×5\%=5.26$

13. 甲化妆品企业是增值税一般纳税人,20×2年5月受托为乙商场加工一批高档化妆品,收取不含税加工费为26万元,商场提供的原材料金额为100万元(不含税)。已知甲化妆品企业无同类产品销售价格,消费税税率为15%。计算甲化妆品企业应代收代缴的消费税税额的下列算式中,正确的是(　　)。
    A. 0 B. $100÷(1-15\%)×15\%$
    C. $(100+26)×15\%$ D. $(100+26)÷(1-15\%)×15\%$

14. 纳税人采取预收货款结算方式销售应税消费品的,其纳税义务发生时间为(　　)。
    A. 签订销售合同的当天 B. 收到预收货款的当天
    C. 发出应税消费品的当天 D. 收到全部款项的当天

15. 下列各项关于消费税纳税地点规定,不正确的是(　　)
    A. 进口应税消费品的,由进口人或其代理人向报关地海关申报纳税
    B. 委托加工应税消费品的,一律由委托方向受托方所在地税务机关申报纳税
    C. 纳税人的总机构与分支机构不在同一县(市)的,应分别向各自机构所在地的税务机关申报纳税
    D. 纳税人到外市销售自产应税消费品的,应向机构所在地或者居住地税务机关申报纳税

16. 根据消费税法律制度的规定,纳税人以1个月或者1个季度为1个纳税期的,自期满之日起一定时间内申报缴纳消费税,该时间为(　　)天。
    A. 7 B. 15 C. 30 D. 90

17. 下列单位中,不属于消费税纳税人的是(　　)。
    A. 小汽车的生产销售企业 B. 委托加工烟丝的卷烟厂
    C. 受托加工白酒的加工厂 D. 进口果酒的外贸公司

18. 根据消费税法律制度的规定,下列不属于应税消费品销售额中价外费用的是(　　)。
    A. 向购买方收取的违约金
    B. 向购买方收取的优质费
    C. 纳税人销售应税消费品向购买方收取的代垫款项
    D. 销售代垫的运费,承运部门将发票开具给购买方,纳税人将该项发票转交给购买方

19. 下列关于纳税人自产自用应税消费品的表述中,不正确的是(　　)。
    A. 用于在建工程的,于移送时征收消费税
    B. 用于连续生产非应税消费品,在移送环节征收消费税
    C. 用于职工福利,在移送环节征收消费税
    D. 用于连续生产应税消费品,在移送环节征收消费税

20. 下列应税消费品中,在零售环节加征消费税的是(　　)。
    A. 金银首饰 B. 白酒
    C. 卷烟 D. 超豪华小汽车

二、多选题

1. 根据消费税法律制度的规定,下列各项中属于消费税征税范围的有( )。
   A. 葡萄酒　　　　B. 调味料酒　　　　C. 白酒　　　　D. 啤酒

2. 下列选项中,征收消费税的有( )。
   A. 烟丝　　　　　　　　　　　　　B. 成套高档化妆品
   C. 汽油　　　　　　　　　　　　　D. 木制一次性卫生筷子

3. 下列各项中,纳税人不需要缴纳消费税的有( )。
   A. 将自产的网球及球拍作为福利发放给本企业职工
   B. 销售白酒同时收取的包装物押金
   C. 将自产的实木地板用于本企业职工宿舍装修
   D. 使用自产高档化妆品连续生产高档化妆品

4. 下列应税消费品中,实行从量定额计征消费税的有( )。
   A. 涂料　　　　B. 汽油　　　　C. 电池　　　　D. 啤酒

5. 根据消费税法律制度的规定,下列关于消费税征收范围的表述中,正确的有( )。
   A. 纳税人自产自用的应税消费品,用于连续生产应税消费品的,不缴纳消费税
   B. 纳税人将自产自用的应税消费品用于馈赠
   C. 委托加工的应税消费品,受托方在交货时已代收代缴消费税,委托方收回后直接销售的,再缴纳一次消费税
   D. 卷烟在生产和批发两个环节均征收消费税

6. 根据消费税法律制度的规定,下列各项中,不征收消费税的有( )。
   A. 零售环节销售的卷烟　　　　　　B. 零售环节销售的鞭炮
   C. 生产环节销售的金银首饰　　　　D. 进口环节购进的小汽车

7. 根据消费税的规定,下面说法正确的有( )。
   A. 纳税人生产的应税消费品,于生产时纳税
   B. 纳税人自产自用的应税消费品,用于连续生产应税消费品以外的其他方面的,于移送使用时纳税
   C. 进口的应税消费品,于报关进口时纳税
   D. 纳税人自产的应税消费品,用于连续生产应税消费品的,不纳税

8. 根据消费税法律制度的规定,下列关于从量计征销售数量的确定的说法不正确的有( )。
   A. 进口的应税消费品,为海关核定的应税消费品进口征税数量
   B. 销售应税消费品的,为应税消费品的销售数量
   C. 委托加工应税消费品的,为纳税人收回应税消费品后的销售数量
   D. 自产自用应税消费品的,为应税消费品的移送使用数量

9. 根据消费税法律制度的规定,下列各项中,不可以按当期生产领用数量计算准予扣除外购的应税消费品已纳消费税税款的有( )。
   A. 外购已税白酒生产的药酒
   B. 外购已税烟丝生产的卷烟
   C. 外购已税翡翠生产加工的金银翡翠首饰
   D. 外购已税钻石生产的高档手表

10. 下列关于消费税纳税义务发生时间的表述中,正确的有(　　)。
A. 纳税人自产自用应税消费品的,为移送使用的当天
B. 纳税人进口应税消费品的,为报关进口的当天
C. 纳税人委托加工应税消费品的,为支付加工费的当天
D. 纳税人采取预收货款结算方式销售应税消费品的,为发出应税消费品的当天

三、判断题

1. 甲卷烟厂通过自设独立核算门市部销售自产卷烟,应当按照门市部对外销售额或销售数量计算、征收消费税。（　　）
2. 纳税人委托加工应税消费品的,其纳税义务发生时间为纳税人提货的当天。（　　）
3. 纳税人用于换取生产资料和消费资料、抵偿债务和投资入股等方面的应税消费品,应当以纳税人同类应税消费品的平均销售价格作为计税依据计算消费税。（　　）
4. 纳税人生产的应税消费品,于纳税人销售时纳税。（　　）
5. 白酒生产企业向商业销售单位收取的品牌使用费,应并入白酒的销售额缴纳消费税。（　　）
6. 委托个人加工的应税消费品,由委托方收回后缴纳消费税。（　　）
7. 单位和个人进口应税消费品,于报关进口时缴纳消费税。（　　）
8. A 市甲企业委托 B 市乙企业加工一批应税消费品,该批消费品应缴纳的消费税税款应由乙企业向 B 市税务机关缴纳消费税 （　　）
9. 舞台、戏剧、影视演员化妆用的上妆油、卸妆油、油彩,属于消费税中高档化妆品的征收范围。（　　）
10. 甲企业于 20×2 年 5 月委托其他企业加工一批烟丝,已交付和支付受托方材料及加工费,该烟丝计划于 5 月 10 日加工完成并交付。则甲企业消费税纳税义务发生时间为 5 月 15 日。（　　）

四、计算题

1. 甲公司为增值税一般纳税人,主要从事高尔夫球及球具的生产经营业务。20×2 年 5 月有关经营情况如下:
(1) 购买原材料一批,取得增值税专用发票上注明价款为 2 万元,增值税税款为 0.26 万元。
(2) 销售自行生产的 1 万个高尔夫球,每个 5 元。
(3) 将生产的高尔夫球包全部销售给乙公司,不含增值税销售价格为 25 万元,另收取销售手续费 2.26 万元。甲公司支付运输公司运费取得增值税专用发票上注明的增值税税款为 0.2 万元。
(4) 当月购进生产设备取得的增值税专用发票上注明的进项税额为 0.6 万元。
已知:甲公司适用的增值税税率为 13%;高尔夫球及球具适用的消费税税率为 10%。
要求:根据上述资料,计算下列小题。
(1) 计算甲公司业务(1)的增值税税额。
(2) 计算甲公司业务(2)的增值税税额和消费税税额。
(3) 计算甲公司业务(3)的增值税税额和消费税税额。
(4) 计算甲公司业务(4)的增值税税额。
(5) 计算甲公司 5 月应缴纳的增值税税额和消费税税额。

2. 乙公司为增值税一般纳税人,主要从事果酒的生产和销售业务。20×2 年 5 月,乙公司

有关经营情况如下：

(1) 以 200 箱自产 A 品牌果酒换入一套酿酒设备。A 品牌红酒生产成本为 1 200 元/箱，不含税平均销售价格为 2 000 元/箱，不含税最高销售价格为 2 500 元/箱。

(2) 将 500 箱自产 B 品牌果酒移送自设非独立核算门市部用于销售。B 品牌果酒生产成本为 600 元/箱，当月全部对外销售，不含增值税销售价格为 900 元/箱。

(3) 将 10 箱自产新型果酒作为福利发给职工。该新型果酒生产成本为 1 000 元/箱，无同类产品销售价格。

已知：果酒消费税税率为 10%，成本利润率为 5%。

要求：根据上述资料，计算下列小题。

(1) 计算乙公司业务(1)的消费税税额。

(2) 计算乙公司业务(2)的消费税税额。

(3) 计算乙公司业务(3)的消费税税额。

(4) 计算乙公司 5 月应缴纳的消费税税额。

3. 丙公司是增值税一般纳税人，从事小汽车的生产、销售。20×2 年 5 月，丙公司发生下列业务：

(1) 购进机器修理配件一批，取得增值税专用发票上注明的价款为 60 万元，增值税税额为 7.8 万元；支付运费为 2 万元（不含税），取得运输部门开具的增值税专用发票。

(2) 购入钢材，取得增值税专用发票上注明的价款为 6 000 万元，增值税税额为 780 万元。

(3) 本月销售自产小汽车取得含税销售额为 28 250 万元，同时收取装卸费为 11.3 万元（未分别核算），开具普通发票。

(4) 将自产 A 型小汽车 10 辆用于抵偿债务，每辆成本为 15 万元，同类车型每辆平均售价为 22 万元（不含税），最高售价为 25 万元（不含税）。

已知：小汽车的消费税税率和成本利润率均为 5%；购进货物增值税税率为 13%，交通运输服务增值税税率为 9%，相关发票已经税务机关认证。

要求：根据上述资料，计算下列小题。

(1) 计算丙公司业务(1)的增值税税额。

(2) 计算丙公司业务(2)的增值税税额。

(3) 计算丙公司业务(3)的增值税税额和消费税税额。

(4) 计算丙公司业务(4)的增值税税额和消费税税额。

(5) 计算丙公司 5 月应缴纳的增值税税额和消费税税额。

4. 丁公司为增值税一般纳税人，从事汽车生产与贸易业务。20×2 年 5 月涉及业务如下：

(1) 进口超级跑车一辆，关税完税价格为 300 万元。

(2) 销售自产小轿车一批，共取得含税销售额 400 万元，同时随车销售座椅取得的含税销售额为 20 万元。

(3) 为激励员工，将自产 10 辆汽车作为奖励发给职工。已知该批汽车制造成本共计 80 万元，丁公司销售的零售价格为每辆为 20 万元。

(4) 销售自产小汽车 10 辆，每辆含增值税售价为 6.5 万元。

已知：小汽车关税税率为 20%，消费税税率为 25%，销售货物适用增值税税率为 13%。

要求：根据上述资料，计算下列小题。

(1) 计算丁公司业务(1)的进口环节关税税额、增值税税额、消费税税额。

(2) 计算丁公司业务(2)的消费税税额。
(3) 计算丁公司业务(3)的消费税税额。
(4) 计算丁公司业务(4)的消费税税额。
(5) 计算丁公司5月应缴纳消费税税额。

模块 4

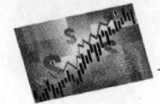

企业所得税纳税实务

[考核目标]
1. 了解企业所得税的基本概念
2. 了解企业所得税的纳税人、征税对象
3. 熟悉企业所得税的征税范围和税率
4. 掌握企业所得税应纳税额的计算
5. 掌握企业所得税纳税申报流程和征收管理规定

[实践目标]
1. 能通过税收相关网站搜索并学习税收政策
2. 能准确计算企业所得税应纳税所得额
3. 能准确计算企业所得税应纳税额
4. 能运用税收优惠政策
5. 能进行企业所得税预缴申报和年度申报

[思政目标]
1. 熟悉企业所得税税制并做到依法办理所得税业务
2. 了解税收优惠政策,增强民族自豪感
3. 精准纳税,依法维护企业的合法权益

[知识点思维导图]

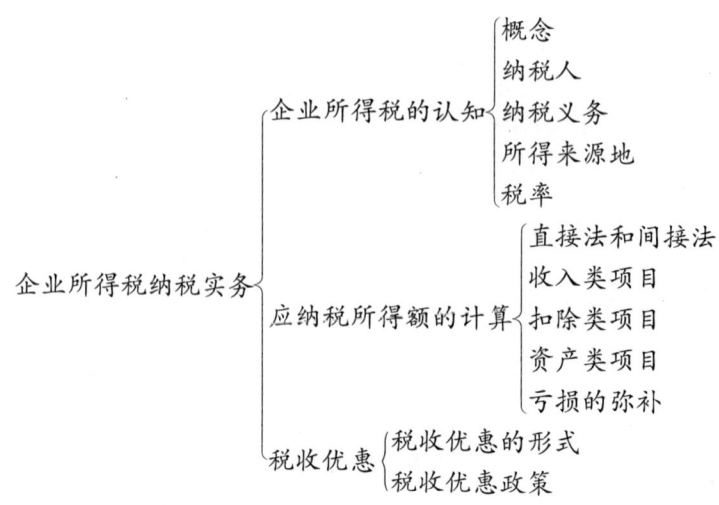

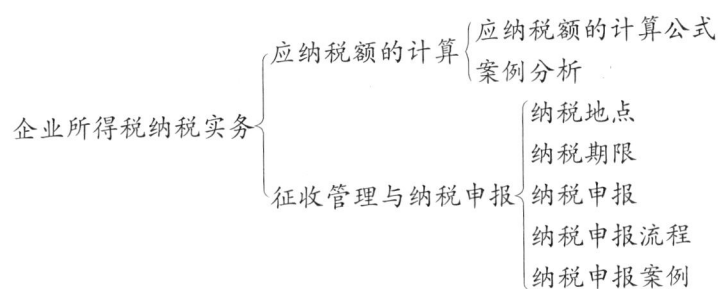

 案例导读

黄河科技有限公司(以下简称黄河公司)属于增值税一般纳税人,税务机关核定黄河公司所得税征收方式为查账征收,按照实际利润额预缴方式预缴企业所得税。黄河公司财务执行企业会计准则,属于非汇总企业,无分支机构。黄河公司2022年的平均从业人数为200人,平均资产总额为2 000万元,2022年度应纳税所得额为250万元。根据《财政部 税务总局关于小微企业和个体工商户所得税优惠政策的公告》(2023年第6号)规定,对小型微利企业年应纳税所得额不超过100万元的部分,减按25%计入应纳税所得额,按20%的税率缴纳企业所得税。小型微利企业是指从事国家非限制和禁止行业,且同时符合年度应纳税所得额不超过300万元、从业人数不超过300人、资产总额不超过5 000万元等三个条件的企业。资产总额、从业人数、年度应纳税所得额指标,暂按当年度截至本期预缴申报所属期末的情况进行判断。其中,资产总额、从业人数指标按照政策标准中"全年季度平均值"的计算公式,计算截至本期预缴申报所属期末的季度平均值。

思考:

1. 假设黄河公司满足小微企业条件,可以享受小微企业优惠。2022年度黄河公司需要向主管税务机关申报缴纳多少企业所得税?

2. 国家税务总局出台小微企业优惠政策说明了什么?

任务4.1 企业所得税的认知

一、概念

企业所得税是对我国境内的企业和其他取得收入的组织的生产经营所得和其他所得征收的一种税。

二、纳税人

《企业所得税法》中指出:在中华人民共和国境内,企业和其他取得收入的组织为企业所得税的纳税人,依照《企业所得税法》的规定缴纳企业所得税。个体工商户、个人独资企业、合伙企业不属于企业所得税纳税人,不缴纳企业所得税。

缴纳企业所得税的企业分为居民企业和非居民企业。居民企业和非居民企业的判定标准如表 4-1 所示。

表 4-1　　　　　居民企业和非居民企业的判定标准

类型	判定标准(满足其中一条即可)
居民企业	在中国境内成立
	依照外国(地区)法律成立但实际管理机构在中国境内
非居民企业	依据外国(地区)法律成立且实际管理机构不在中国境内,但在中国境内设立了机构、场所
	在中国境内未设立机构、场所,但有来源于中国境内所得

三、纳税义务

纳税义务的判定标准如表 4-2 所示。

表 4-2　　　　　纳税义务的判定标准

企业类型		纳税义务
居民企业		来源于中国境内、境外的所得
非居民企业	设立机构、场所	(1) 所设机构、场所取得的来源于中国境内的所得 (2) 发生在中国"境外"但与其所设机构、场所有实际联系的所得
	设立机构、场所,但取得的所得与所设机构、场所没有实际联系	来源于中国境内的所得
	未设立机构、场所	

四、所得来源地

企业所得税所得来源地的有关规定如表 4-3 所示。

表 4-3　　　　　所得来源地的有关规定

所得		来源
销售货物		交易活动或劳务发生地
提供劳务		
转让财产	不动产转让所得	"不动产"所在地
	动产转让所得	"转让"动产的企业或机构、场所所在地
	权益性投资资产转让所得	"被投资企业"所在地
股息、红利等权益性投资		"分配"所得的企业所在地
利息、租金、特许权使用费		"负担、支付所得"的企业或者个人的机构、场所所在地、住所地

【例题 4-1·多选题】根据《企业所得税法》的规定,下列各项中,属于企业所得税纳税人的有( )。

A. 在中国境内注册的个人独资企业　　B. 在中国境内注册的一人有限责任公司
C. 在中国境内注册的社会团体　　　　D. 外国公司在中国境内的分公司

【正确答案】　BCD

【答案解析】　选项 A,个人独资企业是由投资人承担"无限责任"的非法人企业,属于个人所得税的纳税人;选项 B,我国《公司法》规定,有限责任公司的股东人数为 50 人以下(可以为 1 人),一人有限责任公司,股东承担"有限责任",是有限责任公司的特殊类型,属于企业所得税的纳税人;选项 C,为其他取得收入的"组织",属于企业所得税的纳税人;选项 D,为非居民企业,属于企业所得税纳税人。

【例题 4-2·单选题】根据企业所得税法律制度的规定,以下属于非居民企业的是( )
A. 根据中国法律成立,实际管理机构在境内的丙公司
B. 根据外国法律成立,实际管理机构在境内的甲公司
C. 根据外国法律成立且实际管理机构在国外,在境内设立机构场所的丁公司
D. 根据中国法律成立,在国外设立机构场所的乙公司
【正确答案】 C
【答案解析】 选项 AD,满足"依法在中国境内成立"标准,属于居民企业;选项 B,满足"实际管理机构在中国境内"标准,属于居民企业;选项 C,不满足"依法在中国境内成立"标准,也不满足"实际管理机构在中国境内"标准,但在中国境内设立了机构场所,属于非居民企业。

【例题 4-3·单选题】根据《企业所得税法》的规定,下列所得中,不属于企业所得税征税对象的是( )。
A. 在中国境内设立机构、场所的非居民企业,其机构、场所来源于中国境内的所得
B. 居民企业来源于中国境外的所得
C. 在中国境内未设立机构、场所的非居民企业来源于中国境外的所得
D. 居民企业来源于中国境内的所得
【正确答案】 C
【答案解析】 选项 C,非居民企业来源于境外的所得不属于我国境内所得,不是企业所得税征税范围。

【例题 4-4·多选题】根据企业所得税法律制度的规定,下列关于来源于中国境内、境外所得确定来源地的表述中,正确的有( )。
A. 提供劳务所得,按照劳务发生地确定
B. 股息、红利等权益性投资收益所得,按照分配所的企业所在地确定
C. 动产转让所得,按照转让动产活动发生地确定
D. 销售货物所得,按照交易活动发生地确定
【正确答案】 ABD
【答案解析】 选项 C,动产转让所得按照转让动产的企业或者机构、场所所在地确定。

五、税率

企业所得税税率如表 4-4 所示。

表 4-4　　　　　　　　　　企业所得税税率表

税率	适用对象
25%	居民企业
	在中国境内设立机构场所且取得所得与所设机构场所有实际联系的非居民企业

(续表)

税率		适用对象
20%		在中国境内未设立机构、场所的非居民企业
		虽设立机构、场所,但取得的所得与其所设机构、场所没有实际联系的非居民企业
优惠税率	10%	执行20%税率的非居民企业
	15%	高新技术企业、技术先进型服务企业
		设在西部地区,以《西部地区鼓励类产业目录(2020年本)》项目为主营业务,主营业务收入占总收入达到规定比例的企业
	20%	小型微利企业 注意:年应纳税所得额不超过100万元的部分,减按12.5%计入应纳税所得额;超过100万元但不超过300万元的部分,减按50%计入应纳税所得额

任务 4.2　应纳税所得额的计算

《企业所得税法》规定,企业每一纳税年度的收入总额,减除不征税收入、免税收入、各项扣除以及允许弥补的以前年度亏损后的余额,为应纳税所得额。计算应纳税所得额一般有两种方法:直接法和间接法。

一、直接法和间接法

(一)直接法

直接法是用收入逐项减去允许扣除的部分得到应税所得。直接法的计算公式为:

$$应纳税所得额=收入总额-不征税收入-免税收入-各项扣除-准予弥补的以前年度亏损$$

(二)间接法

间接法是用会计利润加纳税调整金额得到应税所得。间接法的计算公式为:

$$应纳税所得额=利润总额+纳税调整金额$$

会计利润,即企业根据《企业会计准则》的要求计算的利润,体现在利润表当中的利润总额项目。

利润表(部分)结构与内容如表 4-5 所示。

表 4-5　　　　　　长安智能科技技术有限责任公司利润表(部分)

公司名称:长安智能科技技术有限责任公司　　　年度:20×2年　　　　　　　　　　单位:万元

项目	本年累计	上年累计
一、营业收入	55 559.82	33 410.37
减:营业成本	40 104.45	24 859.67
税金及附加	426.13	280.68
销售费用	5 576.80	3 088.95
管理费用	1 518.94	2 716.30

(续表)

项　　目	本年累计	上年累计
研发费用	1 780.10	1 701.50
财务费用	339.11	429.92
加:其他收益	822.71	3 736.38
投资收益(损失以"—"号填列)	103.97	76.94
公允价值变动收益(损失以"—"号填列)	0.00	0.00
资产减值损失	0.00	0.00
资产处置收益(损失以"—"号填列)	24.26	−81.46
二、营业利润(亏损以"—"号填列)	6 765.23	4 065.21
加:营业外收入	1.65	1 071.67
减:营业外支出	122.69	119.38
三、利润总额(亏损总额以"—"号填列)	6 644.19	5 017.50
减:所得税费用	866.37	602.35
四、净利润(净亏损以"—"号填列)	5 777.82	4 415.15

企业按照《企业会计准则》的要求进行会计核算，企业所得按照《企业所得税法》的规定交税，当两者的规定不一致的，会产生税会差异。在计算应纳税所得额时，间接法以利润总额为起点，将税会差异按照税收法律的要求进行调整。在我国，企业所得税年度汇算清缴采用间接法计算申报企业所得税。

二、收入类项目

(一) 收入总额类别

1. 销售货物

销售货物包括销售商品、产品、原材料、包装物、低值易耗品以及其他存货。

2. 提供劳务

提供劳务包括从事建筑安装、修理修配、交通运输、仓储租赁、金融保险、邮电通信、咨询经纪、文化体育、科学研究、技术服务、教育培训、餐饮住宿、中介代理、卫生保健、社区服务、旅游、娱乐、加工以及其他劳务服务活动。

3. 转让财产

转让财产包括转让固定资产、生物资产、无形资产、股权、债权等的"所有权"。

4. 股息、红利等权益性投资

股息、红利等权益性投资收益是指因"权益性投资"从被投资方取得的收入。

5. 利息

利息包括存款利息、贷款利息、债券利息、欠款利息等。

6. 租金

租金包括提供固定资产、包装物或者其他有形资产的"使用权"取得的收入。

7. 特许权使用费

特许权使用费包括提供专利权、非专利技术、商标权、著作权以及其他特许权的"使用权"所取得的收入。

8. 接受捐赠

接受捐赠是指接受的来自其他企业、组织或者个人无偿给予的货币性资产、非货币性资产。

9. 其他收入

其他收入包括企业资产溢余收入、逾期未退包装物押金收入、确实无法偿付的应付款项、已作坏账损失处理后又收回的应收款项、债务重组收入、补贴收入、违约金收入、汇兑收益等。

【例题 4-5·单选题】根据企业所得税法律制度的规定,下列各项中,在计算企业所得税应纳税所得额时,不应计入收入总额的是( )。

A. 企业资产溢余收入　　　　　　B. 已退还的包装物押金收入
C. 确实无法偿付的应付款项　　　D. 汇兑收益

【正确答案】 B

【答案解析】 已退还的包装物押金收入不计入收入总额。

(二) 收入确认时间

企业所得税收入确认时间按照不同的方式,确认时间不同,具体如表 4-6 所示。

表 4-6　　　　　　　　收入确认时间

收入类别			确认时间
销售货物	采用托收承付方式		"办妥托收手续"时
	采用预收款方式		发出商品时
	需要安装和检验	一般	购买方接受商品以及安装和检验完毕时
		安装程序简单	发出商品时
	采用支付手续费方式委托代销		收到代销清单时
	采用分期收款方式		合同约定的收款日期
	采取产品分成方式		分得产品的日期
提供劳务			在各个纳税期末(采用完工百分比法)
股息、红利等权益性投资			被投资方作出利润分配决定日期
利息、租金、特许权使用费			合同约定的债务人应付利息、承租人应付租金或特许权使用人应付特许权使用费的日期
接受捐赠			实际收到捐赠资产的日期

【例题 4-6·单选题】20×2 年 2 月 1 日,甲公司与乙公司签订合同,采用预收款方式销售商品一批,并于 3 月 10 日收到全部价款。甲公司于 3 月 20 日发出商品,乙公司于 3 月 21 日收到该批商品。下列关于甲公司确认该业务企业所得税销售收入实现时间的表述中,正确的是( )。

A. 3 月 10 日确认销售收入　　　　B. 3 月 20 日确认销售收入
C. 3 月 21 日确认销售收入　　　　D. 1 月 1 日确认销售收入

【正确答案】 B

【答案解析】 销售商品采用预收款方式的,在发出商品时确认收入。

（三）特殊销售收入的确认

1. 售后回购

销售的商品按"售价"确认收入，回购的商品作为购进商品处理。

2. 以旧换新

销售的商品应当按照销售商品收入确认条件确认收入，回收的商品作为购进商品处理。

3. 商业折扣

销售的商品按照扣除商业折扣"后"的金额确定销售商品收入金额。

4. 现金折扣

销售的商品按扣除现金折扣"前"的金额确定销售商品收入金额，现金折扣在实际发生时作为财务费用扣除。

5. 销售折让、销售退回

销售商品发生销售折让、销售退回时，在"发生当期"冲减当期销售商品收入。

6. 买一赠一

销售商品同时有赠品的，赠品不属于捐赠，应将总的销售金额按各项商品"公允价值"的比例来"分摊"确认各项销售收入。

7. 提供劳务

企业在各个纳税期末，提供劳务交易的结果能够可靠估计的，应采用完工进度（百分比）法确认提供劳务收入。

（四）视同销售收入

企业发生"非货币性资产交换"，以及将货物、财产、劳务用于捐赠、偿债、赞助、集资、广告、样品、职工福利或者利润分配等用途的，应当视同销售货物、转让财产或者提供劳务，但国务院财政、税务主管部门另有规定的除外。

【例题4-7·多选题】根据企业所得税法律制度的规定，纳税人发生的下列行为中，不应视同销售确认收入的有（　　）。

A. 将货物用于偿还债务　　　　　B. 将货物用于继续生产
C. 将货物用于捐赠　　　　　　　D. 将货物用于换入设备

【正确答案】　ABCD

【答案解析】　企业发生非货币性资产交换（选项D），以及将货物、财产、劳务用于捐赠（选项C）、偿债（选项A）、赞助、集资、广告、样品、职工福利或者利润分配等用途的，应当视同销售货物、转让财产或者提供劳务，但国务院财政、税务主管部门另有规定的除外。选项B没有改变货物的所有权，不需要视同销售。

（五）不征税收入

企业所得税不征税收入包括：

（1）县级以上人民政府将国有资产无偿划入企业，凡"指定专门用途"并"按规定进行管理"的，企业可作为不征税收入进行企业所得税处理。

（2）依法收取并纳入财政管理的行政事业性收费、政府性基金。

（六）免税收入

企业所得税免税收入包括：

（1）国债"利息"收入。

（2）符合条件的居民企业之间的股息、红利等权益性投资收益。投资方"连续持有12个月以上"认定为权益性投资收益。

（3）在中国境内设立机构、场所的非居民企业从居民企业取得与该机构、场所有实际联系的股息、红利等权益性投资收益。投资方"连续持有12个月以上"认定为权益性投资收益。

（4）符合条件的非营利组织的收入。

【例题4-8·单选题】根据企业所得税法律制度的规定，下列各项中，属于免税收入的是（ ）。

A．财政拨款　　　　　　　　　B．转让国债取得的收入
C．购买企业债券的利息　　　　D．直接投资于非上市公司甲取得收入

【正确答案】 D

（七）收入类调整项目汇总

收入类调整项目汇总如表4-7所示。

表4-7　　　　　　　　收入类调整项目汇总表

项目	会计准则	税法规定	调整情况
捐赠自产产品	不确认收入	视同销售	调增
财政拨款	事业收入	不征税收入	调减
依法收取并纳入财政管理的行政事业性收费、政府性基金	营业外收入		调减
国债利息收入、政府债券收入	营业外收入	免税收入	调减
符合条件的权益性投资收益	投资收益		调减
非营利组织的非营利收入	主营业务收入		调减

【例题4-9·案例题】20×2年，长安公司计入营业外收入的政府补助为10万元，有政府补助文件，并且要求专款专用，判断该笔补助是否需要纳税调整。

【正确答案】
税务处理：该笔政府补助专款专用且有文件支持，属于不征税收入，因此需要纳税调减10万元。

三、扣除类项目

（一）扣除范围

企业实际发生的与取得收入有关的、合理的支出，包括成本、税金、费用、公益性捐赠、损失和其他支出，准予在计算应纳税所得额时扣除。

（二）扣除项目及标准

1．成本

企业实际发生的与取得收入有关的、合理的成本，包括企业销售商品、提供劳务、转让固定资产、无形资产等的成本，均可扣除。

2．税金

税金是指企业发生、除企业所得税和允许抵扣的增值税以外的企业缴纳的各项税金及附加。"准予抵扣"的增值税、"缴纳"的企业所得税不得扣除。

3. 费用

费用是指企业每一个纳税年度为生产、经营商品和提供劳务等所发生的销售费用、管理费用和财务费用。已经计入成本的有关费用除外。

1）三项经费

三项经费是指职工福利费、工会经费以及职工教育经费，每一项经费的扣除标准都有所不同，具体扣除标准如表 4-8 所示。

表 4-8　　　　　　　　　　　　三项经费扣除标准

经费名称	计算基数	扣除比例	特殊规定
职工福利费	实发工资薪金总额	14%	—
工会经费		2%	—
职工教育经费		8%	（1）超过部分，准予在以后纳税年度"结转"扣除 （2）集成电路设计企业和符合条件软件企业的职工培训费用，应单独进行核算并按实际发生额在计算应纳税所得额时扣除

【例题 4-10·计算题】 20×2 年，长安公司计入成本、费用中的合理的实发工资为 500 万元，当年发生的工会经费为 15 万元、职工福利费为 50 万元、职工教育经费为 50 万元。计算 20×2 年长安公司核算应税所得时准予扣除的职工工会经费、职工福利费、职工教育经费合计金额以及纳税调整金额。

【正确答案】

税务处理：①在计算三项经费的限额，根据扣除标准计算。②将实际发生额与限额进行对比，按照孰低原则，低者为可扣除额。③计算纳税调整额＝实际发生额－可扣除金额，正数调增，负数调减，0 则表示不存在税会差异，无需调整。该项业务中三项经费合计超支 15 万元，需要调增 15 万元。此外，职工教育经费超支的 10 万元可结转至以后纳税年度扣除。具体计算过程如表 4-9 所示。

表 4-9　　　　　　　　　三项经费调整金额计算　　　　　　　　　　　　单位：万元

项目	限额	实际发生额	可扣除额	超支额（纳税调整额）
工会经费	10（500×2%）	15	10	5
职工福利费	70（500×14%）	50	50	0
职工教育经费	40（500×8%）	50	40	10
合计				15

2）保险费

企业的保险费主要包括企业按照国家社保政策给员工缴纳的社会保险费和住房公积金，企业给员工购买的补充养老保险、补充医疗保险，为特殊工种购买的人身安全保险，雇主责任险，员工出差意外保险，企业财产保险等。各类保险费扣除标准如表 4-10 所示。

表 4-10　　　　　　　　　　　　各类保险费扣除标准

保险名称	扣除规定
社会保险费和住房公积金	准予扣除

(续表)

保险名称	扣除规定
补充养老保险补充医疗保险	"分别"不超过工资薪金总额"5%"的部分准予扣除
企业财产保险	准予扣除
雇主责任险、公众责任险	准予扣除
特殊工种人身安全保险	准予扣除
职工因公出差乘坐交通工具发生的人身意外	准予扣除
其他商业保险	不得扣除

【例题 4-11·计算题】20×2 年,长安公司计入成本、费用中的合理的实发工资为 500 万元,当年发生的职工补充养老保险为 25 万元,补充医疗保险为 25 万元,计算允许扣除的保险费,判断保险费是否需要纳税调整。

【正确答案】

税务处理:①计算保险费的限额,根据扣除标准5%计算。②将实际发生额与限额进行对比,按照孰低原则,低者为可扣除额。③计算纳税调整额为 0,表示不存在税会差异,该笔业务中无超支额无需调整。具体计算过程如表 4-11 所示。

表 4-11   保险费纳税调整金额计算   单位:万元

项目	限额	实际发生额	可扣除额	超支额
补充养老保险	25(500×5%)	25	25	0
补充医疗保险	25(500×5%)	25	25	0
合计				0

3) 利息费用

企业在生产、经营活动中发生的利息费用,按下列规定扣除:

(1) 非关联方借款。在计算应纳税所得额时,企业实际支付给非关联方的利息支出,具体扣除标准如表 4-12 所示。

表 4-12   非关联方借款利息扣除标准

借款方	出借方	扣除标准
非金融企业	金融企业	准予扣除
非金融企业	非金融企业	不超过金融企业"同期同类"贷款利率部分准予扣除

(2) 关联方借款。在计算应纳税所得额时,企业实际支付给关联方的利息支出,不超过以下规定比例和税法及其实施条例有关规定计算的部分,准予扣除,超过的部分不得在发生当期和以后年度扣除。

企业实际支付给关联方的利息支出,其接受关联方债权性投资与其权益性投资比例为:金融企业,为 5∶1;其他企业,为 2∶1。

(3) 股东未尽出资义务时借款利息的税务处理。投资者在规定期限内未缴足其应缴资本的,该企业对外借款发生的利息,相当于投资者实缴资本额与在规定期限内应缴资本额的差额应计付的利息,不属于企业合理支出,应由投资者负担,不得在计算应纳税所得额时扣除。

【例题 4-12·计算题】 20×2 年 8 月,长安公司向金融企业借入流动资金借款 900 万元,期限为 3 个月,年利率为 6%;向非关联企业乙公司借入同类借款 1 800 万元,期限为 3 个月,年利率为 12%。计算长安公司 20×2 年度企业所得税应纳税所得额时准予扣除的利息费用及纳税调增金额。

【正确答案】

税务处理:①计算利息费用的限额,向金融企业借款可以全额扣除,无限额;向非金融企业借款的限额为金融企业"同期同类"贷款利息,限额为 27 万元。②计算向乙公司借款的利息费用为 54 万元。将实际发生额与限额进行对比,按照孰低原则,向乙公司借款只能扣除 27 万元。③计算纳税调整额,该笔业务中超支 27 万元需要纳税调增。具体计算过程如表 4-13 所示。

表 4-13　　　　　　　　　　利息费用调整金额计算　　　　　　　　　　单位:万元

项目	限额	实际发生额	可扣除额	超支额
向金融企业借款	—	13.5(900×6%÷12×3)	13.5	0
向非金融企业借款(乙公司)	27(1 800×6%÷12×3)	54(1 800×12%÷12×3)	27	27
合计				27

【例题 4-13·计算题】 长安公司股东张某认缴的出资额为 100 万元,应于 20×2 年 7 月 1 日前缴足,7 月 1 日张某实缴资本为 20 万元,剩余部分至 20×2 年 12 月 31 日仍未缴纳。长安公司因经营需要于 20×2 年 1 月 1 日向银行借款 100 万元,年利率为 10%,发生借款利息 10 万元。计算 20×2 年长安公司在计算应纳税所得额时可以扣除的借款利息。

【正确答案】

税务处理:赵某应于 7 月 1 日前缴纳 80 万元出资而未交,自 7 月 1 日起占用公司资金,则 20×2 年 7 月 1 日至 12 月 31 日,80 万元借款的利息不得在计算应纳税所得额时扣除,80 万元借款半年的利息为 4 万元[(100−20)×10%×50%],准予扣除的利息为 6 万元(10−4)。

【例题 4-14·计算题】 某居民企业 20×2 年度权益性投资额为 900 万元,当年向其关联企业借款 2 000 万元用于生产经营,借款期从 20×2 年 1 月 1 日至 12 月 31 日,20×2 年 12 月 31 日归还关联企业借款本金 2 000 万元,另支付全年借款利息 180 万元。已知关联企业借款同期同类的银行贷款利率为 8%。计算该企业 20×2 年可税前扣除的借款利息。

【正确答案】

税务处理:①计算可借款限额:900×2=1 800(万元)。②计算可扣除利息:1 800×8%=144(万元)。

该企业 20×2 年可税前扣除的借款利息 144 万元。

4) 业务招待费

企业发生的与经营活动有关的业务招待费支出,按照"实际发生额的 60%"扣除,但最高不得超过当年"销售(营业)收入的 5‰"。业务招待费扣除标准如表 4-14 所示。

表 4-14　　　　　　　　　　　　　业务招待费扣除标准

项目	扣除标准	备注
业务招待费	实际发生额的 60% 且≤销售(营业)收入的 5‰	(1) 销售(营业)收入＝主营业务收入＋其他业务收入＋视同销售收入 (2) 企业筹建期间发生的业务招待费,可直接按实际发生额的 60% 扣除

【例题 4-15·计算题】长安公司 20×2 年度取得销售收入 55 559.82 万元,发生与生产经营活动有关的业务招待费支出为 200 万元。计算长安公司 20×2 年度企业所得税应纳税所得额时准予扣除的业务招待费及纳税调整金额。

【正确答案】

税务处理:①计算业务招待费的限额,先计算发生额的 60% 为 120 万元(200×60%),再计算销售收入的 5‰ 为 277.80 万元(55 559.82×5‰),按孰低原则限额为 120 万元。②将实际发生额与限额进行对比,按照孰低原则,可扣除额为 120 万元。③计算纳税调整额正数调增,需要纳税调增的金额为 80 万元。具体计算过程如表 4-15 所示。

表 4-15　　　　　　　　　业务招待费调整金额计算　　　　　　　　　　单位:万元

项目	限额	实际发生额	可扣除额	超支额
业务招待费	(1) 120(200×60%) (2) 277.80(55 559.82×5‰)	200	120	80

5) 广告费和业务宣传费

企业发生的广告费和业务宣传费扣除标准如表 4-16 所示。

表 4-16　　　　　　　　　广告费和业务宣传费扣除标准

行业	扣除标准	备注
一般企业	不超过当年"销售(营业)收入 15%"的部分准予扣除	(1) "广告费""业务宣传费",合并计算扣除限额 (2) 销售(营业)收入＝主营业务收入＋其他业务收入＋视同销售收入 (3) 超过部分,准予在以后纳税年度"结转"扣除
化妆品制造或销售	不超过当年"销售(营业)收入 30%"的部分准予扣除	
医药制造		
饮料制造(不含酒类制造)		
烟草企业	不得扣除	

【例题 4-16·计算题】长安公司 20×2 年度取得销售收入 55 559.82 万元,发生与生产经营活动有关的广告和业务宣传费支出为 6 000 万元。计算长安公司 20×2 年度企业所得税应纳税所得额时准予扣除的业务招待费及纳税调增金额。

【正确答案】

税务处理:①计算广告和业务宣传费的限额为 8 333.97 万元(55 559.82×15%)。②将实际发生额与限额进行对比,两者相等,可扣除额为 6 000 万元。③计算纳税调整额为 0(6 000－6 000),不产生税会差异,不需要纳税调整。具体计算过程如表 4-17 所示。

表 4-17　　　　　　　　广告和业务宣传费调整金额计算　　　　　　　　单位:万元

项目	限额	实际发生额	可扣除额	超支额
广告和业务宣传费	8 333.97(55 559.82×15%)	6 000	6 000	0

6）租赁费用

企业发生的各项租赁费用扣除标准如表 4-18 所示。

表 4-18　　　　　　　　　　　租赁费用扣除标准

租赁费类型	扣除规定
经营租赁	按照租赁期限"均匀"扣除
融资租赁	计提折旧扣除,分期扣除

【例题 4-17·计算题】长安公司 20×2 年度支付了厂房租赁费 120 万元,租期从 20×2 年 7 月至次年 6 月。长安公司计算 20×2 年企业所得税应纳税所得额时,租赁费用可扣除多少?

【正确答案】

税务处理:厂房租金支出,因其租赁期限跨年度,不能全额扣除,20×2 年可扣除的租赁费用 = 120÷12×6 = 60(万元)。

7）手续费及佣金

企业发生的手续费及佣金扣除标准如表 4-19 所示。

表 4-19　　　　　　　　　　手续费及佣金扣除标准

企业类型	手续费及佣金扣除标准
保险企业	按当年全部保费收入扣除退保金等后余额的"18%"计算限额扣除,超过部分准予结转以后年度扣除
从事代理服务,主营业务收入为手续费、佣金的企业(证券、期货、保险代理)	据实扣除
其他企业	按与具有合法经营资格"中介服务机构和个人"所签订合同确认收入金额的"5%"计算限额

8）党组织工作经费

党组织工作经费不超过职工年度工资薪金总额 1% 的部分可以扣除。

4. 公益性捐赠

公益性捐赠是指企业通过公益性社会组织或者县级以上人民政府及其部门,用于"慈善活动、公益事业"的捐赠。非公益性捐赠不得在税前扣除。公益性捐赠扣除标准如表 4-20 所示。

表 4-20　　　　　　　　　　公益性捐赠扣除标准

项目	扣除标准	备注
一般的公益性捐赠	利润总额的 12%	超过部分,准予在以后 3 个纳税年度"结转"扣除
目标脱贫地区的扶贫"公益性捐赠	全额扣除	—

【例题 4-18·计算题】长安公司 20×2 年度实现利润总额 6 644.19 万元,通过民政部门向目标脱贫地区捐赠 30 万元,另通过公益性社会组织向卫生事业捐赠 75 万元。计算长安公司 20×2 年度企业所得税应纳税所得额时准予扣除的业务招待费及纳税调增金额。

【正确答案】

税务处理:①判断是否符合公益性捐赠的条件。案例中通过民政部门捐赠于公益事业,属于公益性捐赠。②目标脱贫地区的公益性捐赠可以全额扣除,不需要计算调整金额。向卫生事业的捐赠需要先计算限额,即 6 644.19×12% = 797.30(万元),再与实际发生额 75 万元比较,得出结论实际捐赠额未超限额,可全额扣除。没有税会差异,不需要纳税调整。③计算纳税调整额为0(75-75),不产生税会差异,不需要纳税调整。具体计算过程如表4-21所示。

表4-21　　　　　　　　　　公益性捐赠调整金额计算　　　　　　　　　　单位:万元

项目	限额	实际发生额	可扣除额	超支额
目标脱贫地区	无	30	30	0
卫生事业	797.30(6 644.19×12%)	75	75	0
合计				0

5. 损失

1) 准予扣除的损失

准予扣除的损失包括正常生产经营过程中的合理损失,管理不善、自然灾害等不可抗力造成的非正常损失。

2) 不得扣除的损失

不得扣除的损失是指违法、犯罪行为造成的损失,包括:各种行政性罚款、没收违法所得,刑事责任附加刑中的罚金、没收财产等。

【例题4-19·单选题】根据企业所得税法律制度的规定,企业缴纳的下列税金中,不允许在企业所得税税前扣除的是(　　)。

A. 允许抵扣的增值税　　　　　B. 消费税
C. 土地增值税　　　　　　　　D. 印花税

【正确答案】　A

【答案解析】　选项A,属于价外税,不计入收入总额,在计算应纳税所得额时不得扣除;选项BCD,计入"税金及附加"账户,在计算应纳税所得额时允许扣除。

6. 其他支出

其他支出的具体扣除情况如下:

(1) 环境保护专项资金。按规定提取的环境保护专项资金准予扣除,但提取后改变用途的不得扣除。

(2) 劳动保护费。劳动保护费准予据实扣除。

(3) 汇兑损失。除了已经计入有关资产成本以及与向所有者进行利润分配相关的部分,准予扣除。

(4) 总机构分摊的费用能够提供总机构出具的证明文件并合理分摊的,准予扣除。

7. 不得扣除的项目

企业所得税税前不得扣除的项目如下:

(1) 向投资者支付的股息、红利等权益性投资收益款项。

(2) 企业所得税税款。

(3) 税收滞纳金。

(4) 罚金、罚款和被没收财物的损失,可依据刑事责任、行政处罚和民事责任分类。刑事责任以及行政处罚中的财产罚,包括"罚金、罚款、没收违法所得、没收财产"等不得在税前扣除,如纳税人因违反规定被工商部门罚款。民事责任中的"赔偿损失、支付违约金"以及法院判决由企业承担的"诉讼费用"等准予在税前扣除,如纳税人因逾期付款支付给供应商的违约金,纳税人逾期归还银行贷款,银行按规定加收的"罚息"等。

(5) 非公益性捐赠支出。

(6) 非广告性质的赞助支出。

(7) "未经核定"的准备金支出,如资产减值准备金、信用减值准备金等。

(8) 企业之间支付的管理费、企业内营业机构之间支付的租金和特许权使用费,以及非银行企业内营业机构之间支付的利息。

(9) 与取得收入"无关"的其他支出,如发票抬头为个人的业务招待费支出。

8. 扣除类调整项目

扣除类调整项目汇总扣除标准如表4-22所示。

表4-22　　　　　　　　　　扣除类调整项目扣除标准汇总

类别	项目	扣除标准	超过部分
限额扣除	职工福利费	≤工资薪金总额的14%	调增
	工会经费	≤工资薪金总额的2%	调增
	职工教育经费	≤工资薪金总额的8%	调增,可结转以后纳税年度扣除
	补充养老保险费	≤工资薪金总额的5%	调增
	补充医疗保险费	≤工资薪金总额的5%	调增
	非金融企业向非金融企业借款的利息支出(非关联方)	≤按照金融企业同期同类贷款利率计算对的金额	调增
	非金融企业向非金融企业借款的利息支出(关联方)	≤按照金融企业同期同类贷款利率计算对的金额且符合债资比2∶1或5∶1的要求	调增
	业务招待费	按照发生额的60%扣除,且≤当年销售(营业)收入的5‰	调增
	广告费和业务宣传费	≤当年销售(营业)收入的15%(或30%)	调增,可结转以后纳税年度扣除
	公益性捐赠支出	≤年度利润总额的12%	调增,可结转以后3个纳税年度扣除
	手续费及佣金支出	财产保险:≤15%;人身保险:≤10%;其他企业:≤5%	调增
不得扣除	向投资者支付的股息、红利等权益性投资收益款项	不得扣除	调增
	可抵扣的增值税(不在收入和成本费用中,不影响损益)	不得扣除	调增
	企业所得税税款	不得扣除	调增
	税收滞纳金,罚金、罚款和被没收财物的损失	不得扣除	调增
	非广告性质的赞助支出	不得扣除	调增
	未经核定的准备金支出	不得扣除	调增

(续表)

类别	项目	扣除标准	超过部分
不得扣除	直接捐赠支出	不得扣除	调增
	企业之间支付的管理费,企业内营业机构之间支付的租金、特许权使用费,非银行企业内营业机构之间支付的利息	不得扣除	调增
	企业以现金等非转账方式向非个人代理支付的手续费及佣金	不得扣除	调增
	烟草企业的烟草广告费和业务宣传费支出	不得扣除	调增

【例题 4-20·计算题】20×2 年,长安公司的营业外支出中,有 5 万元是被行政部门处罚的罚款,有 10 万元是支付给供应商的违约金。判断以上两笔业务是否需要调增。

【正确答案】

税务处理:①5 万元是被行政部门处罚的罚款,具有行政处罚性质,不允许在所得税前扣除,需要调增。②10 万元是支付给供应商的违约金,是民事责任,不具有处罚性质,可以在税前扣除,不需要纳税调整。以上两笔业务共调增 5 万元。

四、资产类项目

(一) 固定资产

固定资产是指企业为生产产品、提供劳务、出租或者经营管理而持有的、使用时间超过 12 个月的非货币性资产,包括房屋、建筑物、机器、机械、运输工具以及其他与生产经营活动有关的设备、器具、工具等。

1. 固定资产的计税基础

固定资产计税基础与账面原值及差异如表 4-23 所示。

表 4-23　　　　　　　固定资产计税基础与账面原值及差异

取得方式		计税基础	账面原值	税会差异
外购		购买价款+支付的相关税费+直接归属于使用该资产达到预定用途发生的其他支出	同计税基础	无
自行建造		竣工结算前发生的支出	同计税基础	无
融资租入	租赁合同约定付款总额	合同约定的付款总额+签订合同中发生的相关费用	租赁资产的现值+相关费用	有
	租赁合同未约定付款总额	该资产的公允价值+签订合同中发生的相关费用	同计税基础	无
盘盈		同类固定资产的"重置完全价值"	同计税基础	无
捐赠、投资、非货币性资产交换、债务重组		公允价值+支付的相关税费	同计税基础	无
改建		以改建支出增加计税基础	同计税基础	无

固定资产计税基础的初始确认以各种方式取得的固定资产,初始确认时按照会计准则规定确定的入账价值基本是被税法认可的(融资租赁除外),即取得时其账面价值一般等于计税基础,因此不产生税会差异,不涉及纳税调整问题。

但是在固定资产持有期间的后续计量中,由于减值准备的存在,会产生税会差异,涉及纳税调整问题。

固定资产持有期间税会差异如表 4-24 所示。

表 4-24　　　　　　　　　　　固定资产持有期间税会差异

会计准则	税法	税会差异
会计账面价值＝实际成本－累计折旧－资产减值准备	计税基础＝实际成本－累计折旧	账面价值≠计税基础 资产减值准备引起税会差异

【例题 4-21·计算题】长安公司于 20×0 年 12 月购入了一台机器设备,入账价值为 100 万元,并于 20×1 年 1 月投入使用。该设备可使用年限为 10 年,无残值,采用直线法计提折旧。20×1 年 12 月,该设备发生减值,可收回金额仅为 60 万元。计算 20×2 年因该项业务需要纳税调整的金额。

【正确答案】

税务处理:

(1) 计算计税基础和账面价值。具体计算过程如表 4-25 所示。

表 4-25　　　　　　　　计税基础和账面价值的计算过程　　　　　　　　单位:万元

时间点	会计账面价值	税法计税基础
20×0 年年末	100	100
20×1 年年末	60(100－10＝90,60＜90)	90
20×2 年年末	53.33(60－6.67)	80

由于 20×1 年年底产生了减值,该设备的账面价值在 20×1 年仅为 60 万元,而计税基础仍为 90 万元,产生了税会差异。

(2) 计算累计折旧。具体计算过程如表 4-26 所示。

表 4-26　　　　　　　　　　累计折旧调整金额计算　　　　　　　　　　单位:万元

年度	会计折旧	税法折旧	税会差异
20×0 年	0	0	0
20×1 年	10(100÷10)	10(100÷10)	0
20×2 年	6.67(60÷9)	10(90÷9)	－3.33(调减)

账面价值与计税基础产生了差异,导致会计计提的折旧与税法规定计提的折旧产生了差异,而累计折旧是影响损益的,因此会影响应纳税所得额。我们可以用会计折旧减去税法折旧,计算结果为正,则调增,计算结果为负,则调减。本案例中计算的税会差异为－3.33 万元,则在计算应纳税所得额时需要调减 3.33 万元。

2. 固定资产的折旧方法

固定资产的折旧方法如表 4-27 所示。

表 4-27　固定资产的折旧方法

规定类型		折旧方法
税法		一般只允许按照直线法计提。企业的固定资产由于技术进步等原因,确需加速折旧的,可以缩短折旧年限或者采取加速折旧的方法
企业会计准则	年限平均法(直线法)	年折旧额=(原值-净残值)÷年限
	工作量法	单位工作量折旧额=固定资产原价×(1-预计净残值率)÷预计总工作量 某项固定资产折旧额=该项固定资产工作量×单位工作量折旧额
	双倍余额递减法	年折旧率=2÷预计使用寿命(年)×100% 年折旧额=固定资产净值×年折旧率
	年数总和法	年折旧率=尚可使用寿命÷预计使用寿命的年数总和×100% 年折旧额=(固定资产原价-预计净残值)×年折旧率

【例题 4-22·计算题】长安公司于 20×1 年 12 月购入了一台机器设备,入账价值为 100 万元,并于 20×2 年 1 月投入使用。该设备预计可使用年限为 10 年,无残值,采用双倍余额递减法计提折旧。税法规定该类生产机器设备的最低折旧年限为 10 年,直线法计提折旧。计算 20×2 年因该项业务需要纳税调整的金额。

【正确答案】

税务处理:长安公司的累计折旧调整计算过程如表 4-28 所示。

表 4-28　累计折旧调整计算　　　　　　　　　　　　　　　　　金额单位:万元

年度	会计折旧	税法折旧	税会差异
20×1	0	0	0
20×2	年折旧率=2÷10=20% 年折旧额=100×20%=20	100÷10=10	20-10=10(调增)

会计计算的折旧与税法规定计算的折旧产生了差异,因此会影响应纳税所得额。我们计算出的税会差异为 10 万元(20-10),因此本案例在计算应纳税所得额时需要调增 10 万元。

3. 折旧年限

固定资产的折旧年限如表 4-29 所示。

表 4-29　固定资产的折旧年限

固定资产类型	税法规定的折旧年限(年)	企业会计准则规定的折旧年限
房屋、建筑物	20	由企业根据固定资产的性质和使用寿命合理确定
飞机、火车、轮船、机器、机械和其他生产设备、林木类生产性生物资产	10	
器具、工具、家具	5	
飞机、火车、轮船以外的运输工具	4	
电子设备、畜类生产性生物资产	3	

【例题 4-23·案例题】长安公司于 20×1 年 12 月购入了一台机器设备,入账价值为 100 万元,并于 20×2 年 1 月投入使用。该设备预计可使用年限为 5 年,无残值,采用直线法计提折旧。税法规定该类生产机器设备的最低折旧年限为 10 年。计算长安公司 20×2 年因

该项业务需要纳税调整的金额。

【正确答案】

税务处理：长安公司累计折旧调整计算过程如表4-30所示。

表4-30　　　　　　　　　　累计折旧调整计算　　　　　　　　　　单位：万元

年度	会计折旧	税法折旧	税会差异
20×1	0	0	0
20×2	20(100÷5)	10(100÷10)	10(调增)

由于折旧年限的差异，会计计算的折旧与税法规定计算的折旧产生了差异，因此会影响应纳税所得额。我们计算出的税会差异为10万元（20－10），因此本案例在计算应纳税所得额时需要调增10万元。

（二）无形资产

1. 无形资产的计税基础

无形资产的计税基础、账面价值及税会差异如表4-31所示。

表4-31　　　　　　　无形资产的计税基础、账面价值及税会差异

取得方式	计税基础	账面价值	税会差异
外购	购买价款＋支付的相关税费＋直接归属于使该资产达到预定用途发生的其他支出	同计税基础	无
自行开发	企业开展研发活动中实际发生的研发费用，未形成无形资产计入当期损益的，在按规定实扣除的基础上，从2023年1月1日起，再按照实际发生额的100%在税前加计扣除；形成无形资产的，从2023年1月1日起，按照无形资产成本的200%在税前摊销	有	
捐赠、投资、非货币性资产交换、债务重组	公允价值＋支付的相关税费	同计税基础	无

【例题4-24·案例题】 黄河公司是一家制造业企业。其20×2年未考虑研发费用加计扣除的应纳税所得额为5 000万元。黄河公司20×2年投入了500万元研发费用支持技术研发，其中200万元未形成无形资产，计入到当期损益。另外300万元形成了无形资产，于20×2年9月投入使用，入账价值为300万元，预计使用年限为10年。计算黄河公司需要纳税调整的金额。

【正确答案】

税务处理：

（1）未形成无形资产部分加计扣除100%。具体计算过程如表4-32所示。

表4-32　　　　　　　　研发费用加计扣除计算　　　　　　　　　　单位：万元

	会计	税法(加计扣除100%)	税会差异
研发费用	200	400(200＋200×100%)	－200(调减)

（2）形成无形资产部分按照无形资产成本的200%摊销。具体计算过程如表4-33所示。

表 4-33　　　　　　　　　　　无形资产摊销调整金额计算　　　　　　　　　　单位:万元

	会计	税法(加计扣除100%)	税会差异
无形资产摊销	10(300÷10÷12×4)	20(600÷10÷12×4)	—10(调减)

综上,黄河公司需要纳税调减210万元。

2. 摊销方法——直线法

无形资产摊销采用直线法,当月增加当月摊销,当月减少当月不摊销,企业会计准则与税法规定一致。

3. 摊销年限——不得低于"10年"

无形资产摊销年限如表4-34所示。

表 4-34　　　　　　　　　　　　无形资产摊销年限

税法规定	企业会计准则规定
不得低于"10年"	依据《企业会计准则第6号——无形资产》规定,企业应于取得无形资产时分析判断其使用寿命。无形资产的使用寿命有限的,应当估计其使用寿命的年限或者构成使用寿命的产量等类似计量单位数量;无法预计无形资产为企业带来经济利益期限的,应视为使用寿命不确定的无形资产

【例题 4-25·多选题】根据企业所得税法律制度的规定,下列无形资产中,应当以该资产的公允价值和支付的相关税费为计税基础的有(　　)。

A. 通过债务重组取得的无形资产　　B. 自行开发的无形资产
C. 接受投资取得的无形资产　　　　D. 接受捐赠取得的无形资产

【正确答案】　ACD

【答案解析】　选项B,自行开发的无形资产,以开发过程中该资产符合资本化条件后至达到预定用途前发生的支出为计税基础。

(三) 长期待摊费用

作为长期待摊费用核算的项目,应按照以下规定摊销扣除支出:

(1) 已足额提取折旧的固定资产的改建支出,按照固定资产预计尚可使用年限分期摊销。

(2) (经营)租入固定资产的改建支出,按照合同约定的剩余租赁期限分期摊销。

(3) 固定资产大修理支出,按照固定资产尚可使用年限分期摊销。

注意:修理支出达到取得固定资产时的计税基础"50%"以上;修理后固定资产的使用年限延长"2年"以上,摊销年限不得低于"3年"。

(四) 投资资产

对于投资资产,在计算企业所得税时处理如下:

(1) 企业对外投资期间,投资资产的成本在计算应纳税所得额时不得扣除。

(2) 企业在转让或者处置投资资产时,投资资产的成本,准予扣除。

五、亏损的弥补

根据企业所得税有关法律的规定,弥补亏损期限是指纳税人某一纳税年度发生亏损,准予用以后年度的应纳税所得弥补,1年弥补不足的,可以逐年连续弥补。

纳税人亏损弥补年限如表4-35所示。

表 4-35　　　　　　　　　　　　　　　纳税人亏损弥补年限

企业类型	亏损弥补年限
一般企业	某一纳税年度发生的亏损,可以用下一年度的所得弥补,下一年度的所得不足弥补的,可以逐年延续弥补,但是最长不得超过"5 年"
高新技术企业 科技型中小企业	自 2018 年 1 月 1 日起,当年具备资格的企业,其具备资格年度之前 5 个年度发生的尚未弥补完的亏损,准予结转以后年度弥补,最长结转年限由 5 年延长至"10 年"

【例题 4-26·计算题】甲居民企业于 20×1 年设立,20×1—20×5 年年末弥补亏损前的所得情况如表 4-36 所示。

表 4-36　　　　　　　　　　　甲企业未弥补亏损前的所得　　　　　　　　　　　　单位:万元

年份	20×1 年	20×2 年	20×3 年	20×4 年	20×5 年
未弥补亏损前的所得	−20	100	−220	180	200

假设无其他纳税调整项目,甲居民企业 20×5 年度企业所得税应纳税所得额为多少万元?

【正确答案】

税务处理:①20×1 年亏损的 20 万元,可以用 20×2 年的利润进行弥补。②20×3 年亏损的 220 万元,以 20×4 年的利润 180 万元进行弥补,弥补后尚有 40 万元亏损。③20×3 年尚未弥补的 40 万元亏损,可以用 20×5 年的利润 200 万元进行弥补。④弥补以前年度亏损后 20×5 年应纳税所得额=200−40=160(万元)。

【例题 4-27·计算题】某居民企业于 20×1 年 5 月注册成立进行生产经营,20×2 年度生产经营情况如下:

(1) 销售产品取得不含税收入 9 000 万元。

(2) 20×2 年发生产品销售成本 3 500 万元、税金及附加 200 万元、销售费用 1 000 万元、财务费用 200 万元、管理费用 1 200 万元(其中包括业务招待费 40 万元)。

(3) 与销售产品有关的营业外支出为 800 万元(其中包括直接捐赠支出 60 万元)。

(4) 全年计入成本费用的工资是 1 000 万元,发生职工工会经费、职工教育经费、职工福利费分别为 50 万元、80 万元、100 万元,取得相应合法的票据。经过税务机关的核定,该企业当年合理的工资支出标准是 1 000 万元。

计算该居民企业 20×2 年度企业所得税应纳税所得额是多少万元?

【正确答案】

税务处理:

第一步:计算利润总额:

利润总额=9 000−3 500−200−1 000−200−1 200−800=2 100(万元)

第二步:计算纳税调整金额:

(1) 业务招待费:已知实际发生额为 40 万元;限额为 24 万元[按照孰低原则,40×60%=24(万元),9 000×5‰=45(万元)]。对比实际发生额与限额,确定 24 万元为可扣除金额,超支 16 万元(40−24),需要调增 16 万元。

(2) 捐赠支出:已知实际发生额为 60 万元;限额为 252 万元(2 100×12%)。对比实际发生额与限额,确定 60 万元为可扣除金额,未超支,不需要调整。

(3) 三项经费:三项经费具体计算过程如表 4-37 所示。

表4-37　　　　　　　　　三项经费调整金额计算　　　　　　　　　　单位:万元

项目	实际发生额	限额	可扣除额	调整额
工会经费	50	20(1 000×2%)	20	30
职工福利费	80	140(1 000×14%)	80	0
职工教育经费	100	80(1 000×8%)	80	20
合计				50

纳税调整金额合计＝16＋50＝66(万元)

第三步:计算应纳税所得额:

应纳税所得额＝利润总额＋纳税调整金额＝2 100＋66＝2 166(万元)

任务4.3　税　收　优　惠

一、税收优惠的形式

税收优惠的形式包括:免税收入、可以减免税的所得(免征、减半征收、二免三减半、三免三减半、五免)、优惠税率、加计扣除、抵扣应纳税所得额、抵免应纳税额、减计收入、加速折旧和其他专项优惠政策。

二、税收优惠政策

(一) 免税收入

免税收入的内容详见任务4.2的"二、收入类项目"中的"(六)免税收入"。

(二) 可以减免税的所得

1. 免征

免征企业所得税的所得包括:①农、林、牧、渔行业的所得;②居民企业"500万元"以内的"技术转让"所得;③企业取得的地方政府债券利息收入;④合格境外机构投资者境内转让股票等权益性投资资产所得;⑤境外机构投资境内债券市场取得的债券利息收入。

2. 减半征收

减半征收企业所得税的所得包括:①花卉、茶以及其他饮料作物和香料作物的种植所得;②海水养殖、内陆养殖所得;③居民企业超过500万元的技术转让所得的"超过部分";④企业投资持有"铁路债券"取得的利息收入。

3. 二免三减半

二免三减半所得包括:依法成立且符合条件的"集成电路设计企业"和"软件企业",在2019年12月31日前自获利年度起计算优惠期,第1年至第2年免征企业所得税,第3年至第5年按照25%的法定税率减半征收企业所得税。

4. 三免三减半

三免三减半所得包括:①企业"从事"国家重点扶持的"公共基础设施项目的投资经营"的所得,自项目"取得第1笔生产经营收入"所属的纳税年度起,第1年至第3年免征企业所得税,第4年第6年减半征收企业所得税。企业"承包经营、承包建设"和"内部自建自用"上述项目"不免税"。②企业"从事"符合条件的"环境保护、节能节水"项目的所得,自项目"取得第 1 笔生产经营收入"所属纳税年度起,第 1 年至第 3 年免征企业所得税,第 4 年至第 6 年减半征收企业所得税。

5. 五免

五免所得包括:经营性文化事业单位(从事新闻出版、广播影视和文化艺术的事业单位)转制为企业,自转制注册之日起 5 年内免征企业所得税。

(三) 优惠税率

企业所得税优惠税率详见表 4-4 中优惠税率部分。

(四) 加计扣除

1. 研发费用

(1)企业开展研发活动中实际发生的研发费用,未形成无形资产计入当期损益的,在按规定据实扣除的基础上,从 2023 年 1 月 1 日起,再按照实际发生额的 100% 在税前加计扣除;形成无形资产的,从 2023 年 1 月 1 日起,按照无形资产成本的 200% 在税前摊销。

(2)不适用行业:烟草制造业、住宿和餐饮业、批发和零售业、房地产业、租赁和商务服务业、娱乐业等行业不适用研发费用加计扣除政策。

2. 残疾人工资

计算企业所得税时,残疾人工资加计扣除 100%。

(五) 抵扣应纳税所得额

创投企业投资未上市的中小高新技术企业 2 年以上的,按照其投资额的"70%"在股权持有满"2 年"的当年抵扣该创业投资企业的应纳税所得额;当年不足抵扣的,可以在以后纳税年度结转抵扣。

(六) 抵免应纳税额

购置并实际使用规定的"环境保护、节能节水、安全生产"等"专用设备",投资额的"10%"可以在应纳税额中抵免;当年不足抵免的,可以在以后 5 个纳税年度结转抵免。

(七) 减计收入

(1) 综合利用资源,生产的产品取得的收入,减按 90% 计入收入总额。

(2) 社区提供养老、托育、家政等服务的机构,提供社区养老、托育、家政服务取得的收入,减按 90% 计入收入总额。

(八) 加速折旧

1. 缩短折旧年限(≥60%)——采用加速折旧计算方法

符合以下条件的企业固定资产可考虑采用加速折旧计算方法:

(1) 技术进步,产品更新换代较快。

(2) 常年处于强震动、高腐蚀状态。

(3) 制造业企业购入的(包括自行建造)固定资产。

2. 允许一次性扣除

所有企业购进的"设备、器具",单价不超过"500 万元"的,允许一次性扣除折旧。设备、器具是指"房屋、建筑物"以外的固定资产。

【例题 4-28·多选题】下列各项中,属于企业所得税税收优惠形式的有(   )。
A. 加速折旧   B. 减计收入   C. 优惠税率   D. 加计扣除
【正确答案】 ABCD

【例题4-29·单选题】企业从事下列项目取得的所得中,减半征收企业所得税的是( )。
A. 饲养家禽　　　B. 远洋捕捞　　　C. 海水养殖　　　D. 种植农产品
【正确答案】 C
【答案解析】 选项C,海水养殖、内陆养殖减半征收企业所得税;选项ABD的所得,免征企业所得税。

【例题4-30·单选题】甲公司为居民企业,20×2年取得符合条件的技术转让所得为600万元,在计算甲公司20×2年度企业所得税应纳税所得额时,技术转让所得应纳税调减的金额为( )万元。
A. 550　　　B. 100　　　C. 350　　　D. 300
【正确答案】 A
【答案解析】 ①符合条件的技术转让所得不超过500万元的部分,免征企业所得税;超过500万元的部分,减半征收企业所得税。②技术转让所得应纳税调减的金额＝500＋(600－500)×50％＝550(万元)。

【例题4-31·多选题】根据企业所得税法律制度的规定,企业的下列支出中,准予在计算企业所得税应纳税所得额时加计扣除的有( )。
A. 开发新产品发生的计入当期损益的研究开发费用
B. 推广新产品发生的计入当期损益的广告费
C. 奖励销售人员支付的奖金
D. 安置残疾人员支付的工资
【正确答案】 AD

【例题4-32·单选题】甲机械厂20×2年度利润总额为500万元,实际发生未形成无形资产计入当期损益的研究开发费用为100万元,无其他纳税调整项目。计算甲机械厂20×2年度企业所得税应纳税所得额的下列算式中,正确的是( )。
A. 500－100×75％
B. 500－100
C. 500－100×50％
D. 500＋100
【正确答案】 A
【答案解析】 未形成无形资产计入当期损益的符合规定的研究开发费用,在按照规定据实扣除的基础上,可以再按照实际发生额的75％在税前加计扣除,因此需要纳税调减75万元(100×75％)。

【例题4-33·计算题】长江公司20×2年的资产总额为4 000万元,从业人数为200人,应纳税所得额为250万元,符合小型微利企业的条件。长江公司享受小微企业税收优惠前后的应纳税额有何变化?
【正确答案】
税务处理:
优惠前应纳税额＝250×25％＝62.5(万元)
优惠后应纳税额＝(100×12.5％＋150×50％)×20％＝17.5(万元)
享受优惠后节税金额＝62.5－17.5＝45(万元)

【例题4-34·计算题】黄河公司是一家制造业企业。20×2年其未考虑研发费用加计扣除的应纳税所得额为5 000万元。黄河公司20×2年投入了500万元研发费用支持技术研发，其中200万元未形成无形资产，计入到当期损益。另外300万元形成了无形资产，于20×2年9月投入使用，入账价值为300万元，预计使用年限为10年。计算黄河公司享受加计扣除优惠政策后节税多少万元。

【正确答案】

税务处理：

(1) 优惠前应纳税额＝5 000×25%＝1 250(万元)。

(2) 优惠后应纳税额的计算：

未形成无形资产部分加计扣除100%。具体计算过程如表4-38所示。

表4-38　　　　　研发费用加计扣除调整金额计算　　　　　金额：万元

项目	会计	税法(加计扣除100%)	税会差异
研发费用	200	400(200＋200×100%)	－200(调减200)

形成无形资产部分按照无形资产成本的200%摊销。具体计算过程如表4-39所示。

表4-39　　　　　无形资产摊销调整金额计算　　　　　金额：万元

项目	会计	税法(200%摊销)	税会差异
无形资产摊销	10(300÷10÷12×4)	20(600÷10÷12×4)	－10(调减10)

(3) 优惠后应纳税额＝(5 000－200－10)×0.25＝1 197.5(万元)。

(4) 享受优惠后节税金额＝1 250－1 197.5＝52.5(万元)。

任务4.4　应纳税额的计算

一、应纳税额的计算公式

企业所得税应纳税额的计算公式如下：

$$应纳税额＝应纳税所得额×适用税率－减免税额－抵免税额$$

其中，减免税额通常是税收优惠，抵免税额通常是境外所得抵免税额。

二、案例分析

长安智能科技技术有限责任公司利润表(部分)请见表4-5。

其他背景资料如下：

(1) 本年计入成本、费用中的合理的实发工资为500万元，当年发生的工会经费为15万元、职工福利费为50万元、职工教育经费为35万元。

(2) 本年的财务费用当中，有一笔是向乙公司借款1 800万元，期限为3个月，年利率为12%，同期同类银行利率为6%。

(3) 本年的业务招待费发生额为200万元。

(4) 本年的广告和业务宣传费发生额6 000万元。

(5)本年的营业外支出中有通过民政部门向目标脱贫地区捐赠 30 万元,另通过公益性社会组织向卫生事业捐赠 75 万元,直接捐赠 5 万元。税收滞纳金有 5 万元,工商部门罚款 5 万元。

(6)本年的投资收益项目中有 103.97 万元属于国债利息收入。

(7)本年的其他减免税额为 20 万元。

无其他特殊事项,计算长安公司本年年应纳税额。

税务处理:

(1)找到利润表当中本年的利润总额为 6 644.19 万元。

(2)计算纳税调整事项。

业务 1:三项经费调增 15 万元。具体计算过程如表 4-40 所示。

表 4-40　　　　　　　　　　三项经费调整金额计算　　　　　　　　　　金额:万元

项目	限额	实际发生额	可扣除额	超支额
工会经费	10(500×2%)	15	10	5
职工福利费	70(500×14%)	50	50	0
职工教育经费	40(500×8%)	50	40	10
合计				15

业务 2:财务费用调增 27 万元。具体计算过程如表 4-41 所示。

表 4-41　　　　　　　　　　财务费用调整金额计算　　　　　　　　　　金额:万元

项目	限额	实际发生额	可扣除额	超支额
向非金融企业借款(乙公司)	27(1 800×6%÷12×3)	54(1 800×12%÷12×3)	27	27

业务 3:业务招待费调增 80 万元。具体计算过程如表 4-42 所示。

表 4-42　　　　　　　　　　业务招待费调整金额计算　　　　　　　　　金额:万元

项目	限额	实际发生额	可扣除额	超支额
业务招待费	(1) 120(200×60%) (2) 277.80(55 559.82×5‰)	200	120	80

业务 4:广告和业务宣传费无需调整。具体计算过程如表 4-43 所示。

表 4-43　　　　　　　　　广告和业务宣传费调整金额计算　　　　　　　金额:万元

项目	限额	实际发生额	可扣除额	超支额
广告和业务宣传费	8 333.97(55 559.82×15%)	6 000	6 000	0

业务 5:营业外支出调增 15 万元。具体计算过程如表 4-44 所示。

表 4-44　　　　　　　　　　营业外支出调整金额计算　　　　　　　　　金额:万元

项目	限额	实际发生额	可扣除额	超支额
目标脱贫地区	—	30	30	0
卫生事业	797.30(6 644.19×12%)	75	75	0

(续表)

项目	限额	实际发生额	可扣除额	超支额
直接捐赠	—	5	0	5
税收滞纳金	—	5	0	5
工商罚款	—	5	0	5
合计				15

业务 6：投资收益为国债利息收入，免征企业所得税，调减 103.97 万元。

综上所述，应纳税所得额＝6 644.19＋15＋27＋80＋15－103.97＝6 677.22（万元），应纳税额＝6 677.22×25％－20＝6 735.20（万元）。

任务 4.5　征收管理与纳税申报

一、纳税地点

居民企业和非居民企业纳税地点如表 4-45 所示。

表 4-45　　　　　　　　居民企业和非居民企业纳税地点

企业类型	纳税地点
居民企业	登记注册地
	登记注册地在境外的，以实际管理机构所在地为纳税地点
	居民企业在中国境内设立"不具有法人资格"的营业机构的，应当汇总计算并缴纳企业所得税
非居民企业	有场所，有联系——机构场所所在地
	有两个以上场所——经批准选择其主要场所汇总缴纳
	没场所或有场所但没联系——扣缴义务人所在地

二、纳税期限

企业所得税按年计征，分月或者分季预缴，年终汇算清缴，多退少补。

（一）一般情况

企业所得税纳税年度为公历 1 月 1 日至 12 月 31 日。

（二）特殊情况

（1）企业开业当年，实际经营期不足 12 个月的，以实际经营期为一个纳税年度。

（2）企业依法清算，以清算期间作为一个纳税年度。

三、纳税申报

（一）分月或分季预缴

企业应当自月份或者季度终了之日起"15 日内"，向税务机关报送预缴企业所得税纳税申报表，预缴税款。

(二) 汇算清缴

企业应当自年度终了后"5个月内"向税务机关报送年度企业所得税纳税申报表,并汇算清缴,结清应缴或应退税款。企业在年度中间终止经营活动的,应当自实际经营终止之日起"60日内",向税务机关办理当期企业所得税汇算清缴。

(三) 报送资料

企业在报送企业所得税纳税申报表时,应当按照规定附送财务会计报告和其他有关资料。

四、纳税申报流程

(一) 预缴申报

(1) 登录网上电子税务局,如图4-1至图4-3所示。

图4-1 网上电子税务局(广西壮族自治区税务局)

图4-2 网上电子税务局登录界面1

图 4-3 网上电子税务局登录界面 2

（2）选择"税费申报及缴纳"—"企业所得税月（季）预缴 A 类"，居民企业（查账征收）企业所得税月（季）预缴 A 类的选择如图 4-4、图 4-5 所示。

图 4-4 居民企业（查账征收）企业所得税月（季）预缴 A 类-1

图 4-5 居民企业（查账征收）企业所得税月（季）预缴 A 类-2

(3) 填写主表及附表,企业所得税月(季)预缴纳税申报表 A 类(主表)如图 4-6 所示。

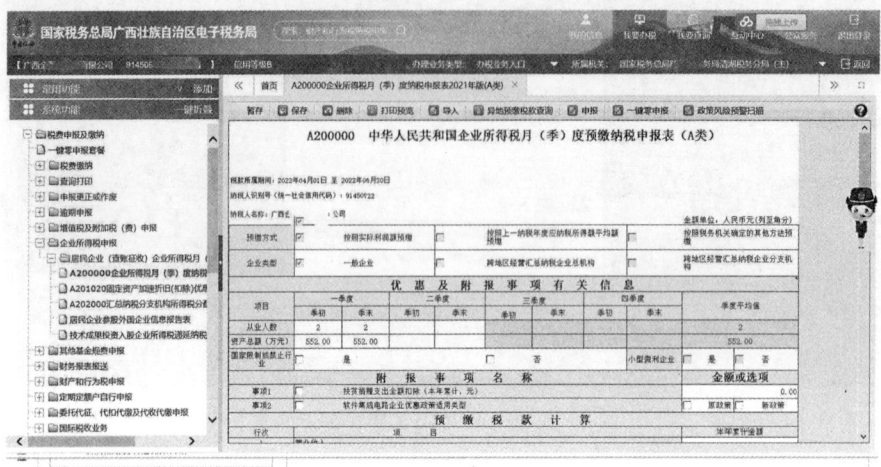

图 4-6　企业所得税月(季)预缴纳税申报表 A 类(主表)

(4) 点击申报,完成企业所得税预缴纳申报。

(二) 年度申报

(1) 登录网上电子税务局(同预缴申报)。

(2) 选择"税费申报及缴纳"—"企业所得税年度 A 类"。纳税申报—企业所得税年度 A 类如图 4-7 所示。

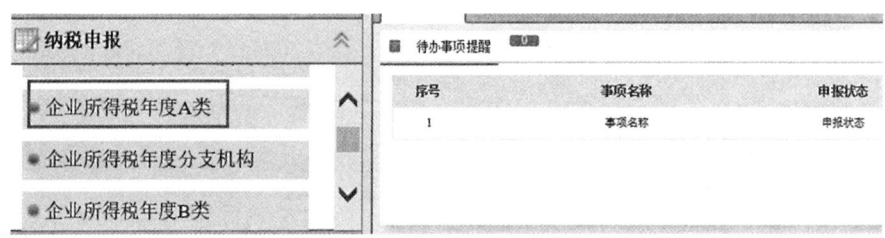

图 4-7　纳税申报—企业所得税年度 A 类

(3) 填写封面中有关基础信息。企业所得税年度 A 类申报表封面及其他表单功能区如图 4-8 所示。

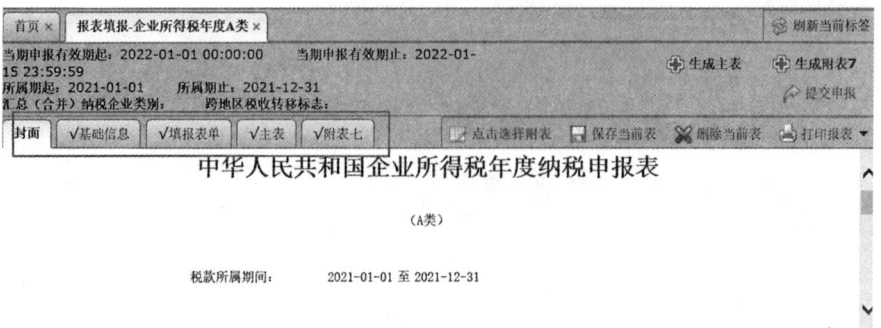

图 4-8　企业所得税年度 A 类申报表封面及其他表单功能区

(4) 点击"填报表单"进入表单填报界面,企业可根据自身情况勾选相应的表单进行填写。填报表单如图4-9所示。

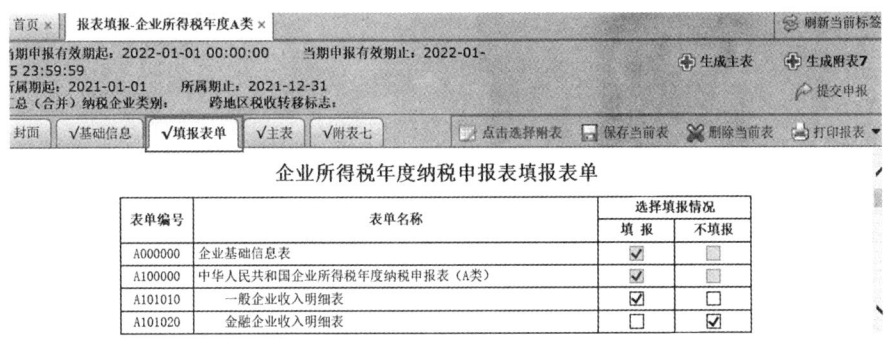

图4-9 填报表单

(5) 点击申报,完成企业所得税年度纳税申报。

五、纳税申报案例

(一)预缴申报

1. 背景资料

南宁凯舜化纤有限公司属于增值税一般纳税人,税务机关核定企业所得税征收方式为查账征收,按照实际利润额预缴方式预缴企业所得税。企业财务执行最新《企业会计准则》,非汇总企业,无分支机构。

该公司20×2年第一季度从业人数季初为60人,季末为84人,资产总额季初为850.00万元,季末为1 080.00万元;季度平均从业人数为72人,平均资产总额为965.00万元。以上符合小型微利企业条件。

作为办税员的李小丽现进行公司20×2年第一季度企业所得税申报,南宁凯舜化纤有限公司20×2年03月31日利润表如表4-46所示。

表4-46　　　　　　　　　　南宁凯舜化纤有限公司利润表

编制单位:南宁凯舜化纤有限公司　　　　20×2年3月31日　　　　　　　　单位:人民币元

项　目	本月数	本年累计
一、营业收入	878 000.00	1 689 000.00
减:营业成本	291 600.00	604 600.00
税金及附加	63 100.00	93 100.00
销售费用	80 300.00	136 800.00
管理费用	126 000.00	208 200.00
研发费用		
财务费用	75 500.00	550 300.00
其中:利息费用		
利息收入		

(续表)

项 目	本月数	本年累计
资产减值损失		
信用减值损失		
加：其他收益		
投资收益（损失以"－"号填列）		
其中：对联营企业和合营企业的投资收益		
净敞口套期收益（损失以"－"号填列）		
公允价值变动收益（损失以"－"号填列）		
资产处置收益（损失以"－"号填列）		
二、营业利润（亏损以"－"号填列）	241 500.00	96 000.00
加：营业外收入		
减：营业外支出		
三、利润总额（亏损总额以"－"号填列）	241 500.00	96 000.00
减：所得税费用	6 037.50	2 400.00
四、净利润（净亏损以"－"号填列）	235 462.50	93 600.00
（一）持续经营净利润（净亏损以"－"号填列）		
（二）终止经营净利润（净亏损以"－"号填列）		
五、其他综合收益的税后净额		
（一）不能重分类进损益的其他综合收益		
1. 重新计量设定受益计划变动额		
2. 权益法下不能转损益的其他综合收益		
3. 其他权益工具投资公允价值变动		
4. 企业自身信用风险公允价值变动		
……		
（二）将重分类进损益的其他综合收益		
1. 权益法下可转损益的其他综合收益		
2. 其他债权投资公允价值变动		
3. 金融资产重分类计入其他综合收益的金额		
4. 其他债权投资信用减值准备		
5. 现金流量套期储备		
6. 外币财务报表折算差额		

2. 申报表填写

南宁凯舜化纤有限公司第一季度预缴申报表如表 4-47 所示。

表 4-47　A200000 中华人民共和国企业所得税月(季)度预缴纳税申报表(A 类)

税款所属期间:20×2年1月1日至20×2年3月31日

纳税人识别号(统一社会信用代码):□□□□□□□□□□□□□□□□□□

纳税人名称:南宁凯舜化纤有限公司　　　　　　　　　　　　　　　　金额单位:人民币元(列至角分)

优惠及附报事项有关信息

项目	一季度		二季度		三季度		四季度		季度平均值
	季初	季末	季初	季末	季初	季末	季初	季末	
从业人数	60	84							72
资产总额(万元)	850	1 080							965
国家限制或禁止行业	□是　☑否				小型微利企业		☑是　□否		
	附报事项名称				金额或选项				
事项 1	(填写特定事项名称)								
事项 2	(填写特定事项名称)								

	预缴税款计算	本年累计
1	营业收入	1 689 000
2	营业成本	604 600
3	利润总额	96 000
4	加:特定业务计算的应纳税所得额	
5	减:不征税收入	
6	减:资产加速折旧、摊销(扣除)调减额(填写 A201020)	
7	减:免税收入、减计收入、加计扣除(7.1+7.2+…)	
7.1	(填写优惠事项名称)	
7.2	(填写优惠事项名称)	
8	减:所得减免(8.1+8.2+…)	
8.1	(填写优惠事项名称)	
8.2	(填写优惠事项名称)	
9	减:弥补以前年度亏损	
10	实际利润额(3+4-5-6-7-8-9)\按照上一纳税年度应纳税所得额平均额确定的应纳税所得额	96 000
11	税率(25%)	25%
12	应纳所得税额(10×11)	24 000
13	减:减免所得税额(13.1+13.2+…)	21 600
13.1	符合条件的小型微利企业减免企业所得税	21 600
13.2	(填写优惠事项名称)	
14	减:本年实际已缴纳所得税额	
15	减:特定业务预缴(征)所得税额	
16	本期应补(退)所得税额(12-13-14-15)\税务机关确定的本期应纳所得税额	2 400

(续表)

		汇总纳税企业总分机构税款计算	
17	总机构	总机构本期分摊应补(退)所得税额(18＋19＋20)	
18		其中:总机构分摊应补(退)所得税额(16×总机构分摊比例%)	
19		财政集中分配应补(退)所得税额(16×财政集中分配比例%)	
20		总机构具有主体生产经营职能的部门分摊所得税额(16×全部分支机构分摊比例____%×总机构具有主体生产经营职能部门分摊比例____%)	
21	分支机构	分支机构本期分摊比例	
22		分支机构本期分摊应补(退)所得税额	
		实际缴纳企业所得税计算	
23		减:民族自治地区企业所得税地方分享部分:□免征 □减征:减征幅度____%	本年累计应减免金额[(12－13－15)×40%×减征幅度]
24		实际应补(退)所得税额	2 400

谨声明:本纳税申报表是根据国家税收法律法规及相关规定填报的,是真实的、可靠的、完整的。

纳税人(签章):20×2年4月12日

经办人:李小丽	受理人:
经办人身份证号:	受理税务机关(章):
代理机构签章:	受理日期: 年 月 日
代理机构统一社会信用代码:	

国家税务总局监

(二)年度申报

南宁会计培训有限公司成立于2013年1月1日,属于增值税一般纳税人,税务机关核定的企业所得税征收方式为查账征收,按照实际利润预缴方式预缴企业所得税。其他基本信息如下:

该公司属于非跨地区经营企业,非小型微利企业,非上市公司,公司适用的所得税税率为25%。资产总额为1 500万元,从业人数为400人(无残疾人员、无国家鼓励安置的其他就业人员)。

股东信息:陈明(中国国籍,身份证号为450101196011120101)投资比例为60%;李欣(中国国籍,身份证号为450101196505065233)投资比例为40%。

所属行业:8391 职业技能培训。

经办人:张小丽。

经办人身份证号:450121198508052325。

现进行该公司20×2年度企业所得税汇算清缴,已经预缴所得税税额为200万元。相关案例资料如表4-48至表4-53所示。

表4-48 利润表

编制单位:南宁会计培训有限公司 20×2年12月31日 单位:人民币元

项 目	本月数	本年累计
一、营业收入	9 000 000	92 000 000
减:营业成本	3 300 000	61 360 000
税金及附加	150 000	2 050 000

(续表)

项　目	本月数	本年累计
销售费用	900 000	10 100 000
管理费用	1 050 000	12 500 000
研发费用		
财务费用	90 000	1 020 000
其中:利息费用		
利息收入		
资产减值损失	500 000	500 000
信用减值损失		
加:其他收益		
投资收益(损失以"－"号填列)	1 050 000	1 050 000
其中:对联营企业和合营企业的投资收益		
净敞口套期收益(损失以"－"号填列)		
公允价值变动收益(损失以"－"号填列)	200 000	200 000
资产处置收益(损失以"－"号填列)		
二、营业利润(亏损以"－"号填列)	4 260 000	5 720 000
加:营业外收入		546 000
减:营业外支出		390 000
三、利润总额(亏损总额以"－"号填列)	4 260 000	5 876 000
减:所得税费用	1 065 000	2 000 000
四、净利润(净亏损以"－"号填列)	3 195 000	3 876 200
(一)持续经营净利润(净亏损以"－"号填列)		
(二)终止经营净利润(净亏损以"－"号填列)		
五、其他综合收益的税后净额		
(一)不能重分类进损益的其他综合收益		
1. 重新计量设定受益计划变动额		
2. 权益法下不能转损益的其他综合收益		
3. 其他权益工具投资公允价值变动		
4. 企业自身信用风险公允价值变动		
……		
(二)将重分类进损益的其他综合收益		
1. 权益法下可转损益的其他综合收益		
2. 其他债权投资公允价值变动		
3. 金融资产重分类计入其他综合收益的金额		
4. 其他债权投资信用减值准备		
5. 现金流量套期储备		
6. 外币财务报表折算差额		

表 4-49　企业收入明细表　　单位:元

一级科目	明细科目	金额
主营业务收入	销售商品收入	78 000 000
	提供劳务收入	6 000 000
	让渡资产使用权收入	8 000 000
营业外收入	非货币性资产交换利得	400 000
	捐赠利得	120 000
	其他	26 000

表 4-50　成本支出明细表　　单位:元

一级科目	明细科目	金额
主营业务成本	销售商品成本	51 560 000
	提供劳务成本	4 200 000
	让渡资产使用权成本	5 600 000
营业外支出	罚没支出	90 000
	其他	300 000

表 4-51　期间费用明细表　　单位:元

一级科目	明细科目	金额
销售费用	职工薪酬	3 021 400
	广告费	7 078 600
管理费用	职工薪酬	6 978 600
	资产折旧摊销费	588 600
	业务招待费	32 800
	其他	4 900 000
财务费用	佣金和手续费	9 000
	利息支出	5 000
	现金折扣	926 000
	其他	80 000

表 4-52　职工薪酬调整明细　　金额单位:元

项目	账载金额	实际发生额	税收金额	备注
职工薪酬	10 000 000	10 000 000	10 000 000	—
职工福利费	2 100 000	2 100 000	1 400 000	工资金额的14%允许扣除
职工教育经费	400 000	400 000	400 000	工资金额的8%允许扣除,超支部分可在以后年度无限结转
工会经费	200 000	200 000	200 000	工资金额的2%允许扣除

表 4-53　　　　　　　　　　　其他纳税调整项目　　　　　　　　　　金额单位:元

项目类别	金额	备注
公允价值变动损益	200 000	投资性房地产在 20×1 年度的公允价值变动金额
罚金、罚款	30 000	工商滞纳金 3 万元
赞助支出	100 000	非广告性赞助支出 10 万元
与取得收入无关的支出	120 000	支出票据不合规
资产减值准备金	500 000	计提坏账准备 20 万元,存货跌价准备 30 万元

纳税申报表如表 4-54 至表 4-63 所示。

表 4-54　　　　　　　中华人民共和国企业所得税年度纳税申报表

中华人民共和国企业所得税年度纳税申报表

(A 类,2017 年版)

税款所属期间:20×2 年 1 月 1 日至 20×2 年 12 月 31 日

纳税人识别号
(统一社会信用代码):　□□□□□□□□□□□□□□□□□□

纳税人名称:南宁会计培训有限公司

金额单位:人民币元(列至角分)

谨声明:本纳税申报表是根据国家税收法律法规及相关规定填报的,是真实的、可靠的、完整的。

纳税人(签章):

20×2 年 5 月 20 日

经办人:张小丽
经办人身份证号:450121198508052325
受理税务机关(章):

受理人:
代理机构签章:
受理日期:　　年　　月　　日

国家税务总局监制

表 4-55　　　　　　　企业所得税年度纳税申报表填报表单

表单编号	表单名称	是否填报
A000000	企业所得税年度纳税申报基础信息表	√
A100000	中华人民共和国企业所得税年度纳税申报表(A 类)	√
A101010	一般企业收入明细表	☑
A101020	金融企业收入明细表	□
A102010	一般企业成本支出明细表	☑
A102020	金融企业支出明细表	□
A103000	事业单位、民间非营利组织收入、支出明细表	□

(续表)

表单编号	表单名称	是否填报
A104000	期间费用明细表	☑
A105000	纳税调整项目明细表	☑
A105010	视同销售和房地产开发企业特定业务纳税调整明细表	☐
A105020	未按权责发生制确认收入纳税调整明细表	☐
A105030	投资收益纳税调整明细表	☐
A105040	专项用途财政性资金纳税调整明细表	☐
A105050	职工薪酬支出及纳税调整明细表	☑
A105060	广告费和业务宣传费等跨年度纳税调整明细表	☑
A105070	捐赠支出及纳税调整明细表	☑
A105080	资产折旧、摊销及纳税调整明细表	☐
A105090	资产损失税前扣除及纳税调整明细表	☐
A105100	企业重组及递延纳税事项纳税调整明细表	☐
A105110	政策性搬迁纳税调整明细表	☐
A105120	贷款损失准备金及纳税调整明细表	☐
A106000	企业所得税弥补亏损明细表	☐
A107010	免税、减计收入及加计扣除优惠明细表	☐
A107011	符合条件的居民企业之间的股息、红利等权益性投资收益优惠明细表	☐
A107012	研发费用加计扣除优惠明细表	☐
A107020	所得减免优惠明细表	☐
A107030	抵扣应纳税所得额明细表	☐
A107040	减免所得税优惠明细表	☐
A107041	高新技术企业优惠情况及明细表	☐
A107042	软件、集成电路企业优惠情况及明细表	☐
A107050	税额抵免优惠明细表	☐
A108000	境外所得税收抵免明细表	☐
A108010	境外所得纳税调整后所得明细表	☐
A108020	境外分支机构弥补亏损明细表	☐
A108030	跨年度结转抵免境外所得税明细表	☐
A109000	跨地区经营汇总纳税企业年度分摊企业所得税明细表	☐
A109010	企业所得税汇总纳税分支机构所得税分配表	☐

说明：企业应当根据实际情况选择需要填报的表单。

表 4-56　　A000000 企业所得税年度纳税申报基础信息表

基本经营情况(必填项目)

101 纳税申报企业类型(填写代码)	100	102 分支机构就地纳税比例(%)	
103 资产总额(填写平均值,单位:万元)	1 500	104 从业人数(填写平均值,单位:人)	400
105 所属国民经济行业(填写代码)	8 391	106 从事国家限制或禁止行业	□是 ☑否
107 适用会计准则或会计制度(填写代码)	110	108 采用一般企业财务报表格式(2019 年版)	□是 ☑否
109 小型微利企业	□是 ☑否	110 上市公司	是(□境内 □境外) ☑否

有关涉税事项情况(存在或者发生下列事项时必填)

201 从事股权投资业务		□是	202 存在境外关联交易	□是
203 境外所得信息	203-1 选择采用的境外所得抵免方式		□分国(地区)不分项　□不分国(地区)不分项	
	203-2 新增境外直接投资信息		□是(产业类别:□旅游业□现代服务业□高新技术产业)	
204 有限合伙制创业投资企业的法人合伙人		□是	205 创业投资企业	□是
206 技术先进型服务企业类型(填写代码)			207 非营利组织	□是
208 软件、集成电路企业类型(填写代码)			209 集成电路生产项目类型	□130 纳米　□65 纳米　□28 纳米
210 科技型中小企业	210-1 __年(申报所属期年度)入库编号 1		210-2 入库时间 1	
	210-3 __年(所属期下一年度)入库编号 2		210-4 入库时间 2	
211 高新技术企业申报所属期年度有效的高新技术企业证书	211-1 证书编号 1		211-2 发证时间 1	
	211-3 证书编号 2		211-4 发证时间 2	
212 重组事项税务处理方式		□一般性□特殊性	213 重组交易类型(填写代码)	
214 重组当事方类型(填写代码)			215 政策性搬迁开始时间	___年___月
216 发生政策性搬迁且停止生产经营无所得年度		□是	217 政策性搬迁损失分期扣除年度	□是
218 发生非货币性资产对外投资递延纳税事项		□是	219 非货币性资产对外投资转让所得递延纳税年度	□是
220 发生技术成果投资入股递延纳税事项		□是	221 技术成果投资入股递延纳税年度	□是
222 发生资产(股权)划转特殊性税务处理事项		□是	223 债务重组所得递延纳税年度	□是
224 研发支出辅助账样式		□2015 版　□2021 版　□自行设计		

主要股东及分红情况(必填项目)

股东名称	证件种类	证件号码	投资比例	当年(决议日)分配的股息、红利等权益性投资收益金额	国籍(注册地址)
陈明	身份证	450101196011120101	60%		中国
李欣	身份证	450101196505065233	40%		中国

(续表)

股东名称	证件种类	证件号码	投资比例	当年(决议日)分配的股息、红利等权益性投资收益金额	国籍(注册地址)
其余股东合计	—		—		—

表 4-57　A100000 中华人民共和国企业所得税年度纳税申报表(A 类)

行次	类别	项目	金额
1	利润总额计算	一、营业收入(填写 A101010\101020\103000)	92 000 000
2		减:营业成本(填写 A102010\102020\103000)	61 360 000
3		减:税金及附加	2 050 000
4		减:销售费用(填写 A104000)	10 100 000
5		减:管理费用(填写 A104000)	12 500 000
6		减:财务费用(填写 A104000)	1 020 000
7		减:资产减值损失	500 000
8		加:公允价值变动收益	200 000
9		加:投资收益	1 050 000
10		二、营业利润(1－2－3－4－5－6－7＋8＋9)	5 720 000
11		加:营业外收入(填写 A101010\101020\103000)	546 000
12		减:营业外支出(填写 A102010\102020\103000)	390 000
13		三、利润总额(10＋11－12)	5 876 000
14	应纳税所得额计算	减:境外所得(填写 A108010)	
15		加:纳税调整增加额(填写 A105000)	1 463 120
16		减:纳税调整减少额(填写 A105000)	200 000
17		减:免税、减计收入及加计扣除(填写 A107010)	
18		加:境外应税所得抵减境内亏损(填写 A108000)	
19		四、纳税调整后所得(13－14＋15－16－17＋18)	7 139 120
20		减:所得减免(填写 A107020)	
21		减:弥补以前年度亏损(填写 A106000)	
22		减:抵扣应纳税所得额(填写 A107030)	
23		五、应纳税所得额(19－20－21－22)	7 139 120
24	应纳税额计算	税率(25%)	25%
25		六、应纳所得税额(23×24)	1 784 780

(续表)

行次	类别	项　目	金　额
26	应纳税额计算	减:减免所得税额(填写 A107040)	
27		减:抵免所得税额(填写 A107050)	
28		七、应纳税额(25-26-27)	1 784 780
29		加:境外所得应纳所得税额(填写 A108000)	
30		减:境外所得抵免所得税额(填写 A108000)	
31		八、实际应纳所得税额(28+29-30)	
32		减:本年累计实际已缴纳的所得税额	2 000 000
33		九、本年应补(退)所得税额(31-32)	-215 220
34		其中:总机构分摊本年应补(退)所得税额(填写 A109000)	
35		财政集中分配本年应补(退)所得税额(填写 A109000)	
36		总机构主体生产经营部门分摊本年应补(退)所得税额(填写 A109000)	
37	实际应纳税额计算	减:民族自治地区企业所得税地方分享部分:(□免征　□减征:减征幅度　%)	
38		十、本年实际应补(退)所得税额(33-37)	-215 220

表 4-58　　　　　　　　A101010 一般企业收入明细表

行次	项　目	金　额
1	一、营业收入(2+9)	92 000 000
2	(一)主营业务收入(3+5+6+7+8)	92 000 000
3	1. 销售商品收入	78 000 000
4	其中:非货币性资产交换收入	
5	2. 提供劳务收入	6 000 000
6	3. 建造合同收入	
7	4. 让渡资产使用权收入	8 000 000
8	5. 其他	
9	(二)其他业务收入(10+12+13+14+15)	
10	1. 销售材料收入	
11	其中:非货币性资产交换收入	
12	2. 出租固定资产收入	
13	3. 出租无形资产收入	
14	4. 出租包装物和商品收入	
15	5. 其他	
16	二、营业外收入(17+18+19+20+21+22+23+24+25+26)	546 000
17	(一)非流动资产处置利得	
18	(二)非货币性资产交换利得	400 000

(续表)

行次	项 目	金额
19	(三)债务重组利得	
20	(四)政府补助利得	
21	(五)盘盈利得	
22	(六)捐赠利得	120 000
23	(七)罚没利得	
24	(八)确实无法偿付的应付款项	
25	(九)汇兑收益	
26	(十)其他	26 000

表 4-59　　　　　　　　A102010 一般企业成本支出明细表

行次	项 目	金额
1	一、营业成本(2+9)	61 360 000
2	(一)主营业务成本(3+5+6+7+8)	61 360 000
3	1. 销售商品成本	51 560 000
4	其中:非货币性资产交换成本	
5	2. 提供劳务成本	4 200 000
6	3. 建造合同成本	
7	4. 让渡资产使用权成本	5 600 000
8	5. 其他	
9	(二)其他业务成本(10+12+13+14+15)	
10	1. 销售材料成本	
11	其中:非货币性资产交换成本	
12	2. 出租固定资产成本	
13	3. 出租无形资产成本	
14	4. 包装物出租成本	
15	5. 其他	
16	二、营业外支出(17+18+19+20+21+22+23+24+25+26)	390 000
17	(一)非流动资产处置损失	
18	(二)非货币性资产交换损失	
19	(三)债务重组损失	
20	(四)非常损失	
21	(五)捐赠支出	
22	(六)赞助支出	
23	(七)罚没支出	90 000
24	(八)坏账损失	
25	(九)无法收回的债券股权投资损失	
26	(十)其他	300 000

表 4-60　　　　　　　　　　　　　　A104000 期间费用明细表

行次	项目	销售费用	其中：境外支付	管理费用	其中：境外支付	财务费用	其中：境外支付
		1	2	3	4	5	6
1	一、职工薪酬	3 021 400	*①	6 978 600	*	*	*
2	二、劳务费					*	*
3	三、咨询顾问费					*	*
4	四、业务招待费		*	32 800	*	*	*
5	五、广告费和业务宣传费	7 078 600	*		*	*	*
6	六、佣金和手续费					9 000	
7	七、资产折旧摊销费		*	588 600	*	*	*
8	八、财产损耗、盘亏及毁损损失		*		*	*	*
9	九、办公费		*		*	*	*
10	十、董事会费		*		*	*	*
11	十一、租赁费					*	*
12	十二、诉讼费		*		*	*	*
13	十三、差旅费		*		*	*	*
14	十四、保险费		*		*	*	*
15	十五、运输、仓储费					*	*
16	十六、修理费					*	*
17	十七、包装费		*		*	*	*
18	十八、技术转让费					*	*
19	十九、研究费用					*	*
20	二十、各项税费		*		*	*	*
21	二十一、利息收支	*	*	*	*	5 000	
22	二十二、汇兑差额	*	*	*	*		
23	二十三、现金折扣	*	*	*	*	926 000	*
24	二十四、党组织工作经费	*	*		*	*	*
25	二十五、其他			4 900 000		80 000	
26	合计(1+2+3+…25)	10 100 000		12 500 000		1 020 000	

① 表格中所列"*"均表示此处不用填报，后同。

表 4-61　　　　　　　　　　A105000 纳税调整项目明细表

行次	项目	账载金额	税收金额	调增金额	调减金额
		1	2	3	4
1	一、收入类调整项目(2+3+…8+10+11)	*	*		
2	（一）视同销售收入（填写 A105010）	*			*
3	（二）未按权责发生制原则确认的收入（填写 A105020）				
4	（三）投资收益（填写 A105030）				
5	（四）按权益法核算长期股权投资对初始投资成本调整确认收益	*	*	*	
6	（五）交易性金融资产初始投资调整	*	*		*
7	（六）公允价值变动净损益	200 000	*		200 000
8	（七）不征税收入	*	*		
9	其中：专项用途财政性资金（填写 A105040）	*	*		
10	（八）销售折扣、折让和退回				
11	（九）其他				
12	二、扣除类调整项目(13+14+…24+26+27+28+29+30)	*	*		
13	（一）视同销售成本（填写 A105010）	*		*	
14	（二）职工薪酬（填写 A105050）	12 700 000	12 000 000	700 000	
15	（三）业务招待费支出	32 800	19 680	13 120	*
16	（四）广告费和业务宣传费支出（填写 A105060）	*	*		
17	（五）捐赠支出（填写 A105070）				
18	（六）利息支出				
19	（七）罚金、罚款和被没收财物的损失	30 000	*	30 000	*
20	（八）税收滞纳金、加收利息		*		*
21	（九）赞助支出	100 000	*	100 000	*
22	（十）与未实现融资收益相关在当期确认的财务费用				
23	（十一）佣金和手续费支出（保险企业填写 A105060）				
24	（十二）不征税收入用于支出所形成的费用	*	*		*
25	其中：专项用途财政性资金用于支出所形成的费用（填写 A105040）	*	*		*
26	（十三）跨期扣除项目				

(续表)

行次	项目	账载金额 1	税收金额 2	调增金额 3	调减金额 4
27	(十四)与取得收入无关的支出	120 000	*	120 000	*
28	(十五)境外所得分摊的共同支出	*	*		*
29	(十六)党组织工作经费				
30	(十七)其他				
31	三、资产类调整项目(32+33+34+35)	*	*		
32	(一)资产折旧、摊销(填写A105080)				
33	(二)资产减值准备金	500 000	*	500 000	
34	(三)资产损失(填写A105090)	*	*		
35	(四)其他				
36	四、特殊事项调整项目(37+38+…+43)	*	*		
37	(一)企业重组及递延纳税事项(填写A105100)				
38	(二)政策性搬迁(填写A105110)	*	*		
39	(三)特殊行业准备金(39.1+39.2+39.4+39.5+39.6+39.7)	*	*		
39.1	1.保险公司保险保障基金				
39.2	2.保险公司准备金				
39.3	其中:已发生未报案未决赔款准备金				
39.4	3.证券行业准备金				
39.5	4.期货行业准备金				
39.6	5.中小企业融资(信用)担保机构准备金				
39.7	6.金融企业、小额贷款公司准备金(填写A105120)	*	*		
40	(四)房地产开发企业特定业务计算的纳税调整额(填写A105010)	*			
41	(五)合伙企业法人合伙人应分得的应纳税所得额				
42	(六)发行永续债利息支出				
43	(七)其他	*	*		
44	五、特别纳税调整应税所得			*	*
45	六、其他			*	*
46	合计(1+12+31+36+44+45)	*	*	1 463 120	200 000

表 4-62　　　　　　　　　A105050 职工薪酬支出及纳税调整明细表

行次	项目	账载金额	实际发生额	税收规定扣除率	以前年度累计结转扣除额	税收金额	纳税调整金额	累计结转以后年度扣除额
		1	2	3	4	5	6(1−5)	7(2+4−5)
1	一、工资薪金支出	10 000 000	10 000 000	*	*	10 000 000		*
2	其中:股权激励			*	*			*
3	二、职工福利费支出	2 100 000	2 100 000	14%		1 400 000	700 000	*
4	三、职工教育经费支出	400 000	400 000	*		400 000		
5	其中:按税收规定比例扣除的职工教育经费							
6	按税收规定全额扣除的职工培训费用	400 000	400 000		*	400 000		*
7	四、工会经费支出	200 000	200 000		*	200 000		*
8	五、各类基本社会保障性缴款			*	*			*
9	六、住房公积金			*	*			*
10	七、补充养老保险							
11	八、补充医疗保险							
12	九、其他			*	*			*
13	合计(1+3+4+7+8+9+10+11+12)	12 700 000		*		12 000 000	700 000	

表 4-63　　　　　　　　　A105060 广告费和业务宣传费等跨年度纳税调整明细表

行次	项目	广告费和业务宣传费	保险企业手续费及佣金支出
		1	2
1	一、本年支出	7 078 600	
2	减:不允许扣除的支出		
3	二、本年符合条件的支出(1−2)	7 078 600	
4	三、本年计算扣除限额的基数	92 000 000	
5	乘:税收规定扣除率	15%	
6	四、本企业计算的扣除限额(4×5)	13 800 000	
7	五、本年结转以后年度扣除额(3>6,本行=3−6;3≤6,本行=0)	0	
8	加:以前年度累计结转扣除额	0	
9	减:本年扣除的以前年度结转额[3>6,本行=0;3≤6,本行=8与(6−3)孰小值]	0	

(续表)

行次	项目	广告费和业务宣传费	保险企业手续费及佣金支出
		1	2
10	六、按照分摊协议归集至其他关联方的金额(10≤3与6孰小值)	0	*
11	按照分摊协议从其他关联方归集至本企业的金额	0	*
12	七、本年支出纳税调整金额 (3>6,本行=2+3-6+10-11;3≤6,本行=2+10-11-9)	0	
13	八、累计结转以后年度扣除额(7+8-9)	0	

模 块 测 试

课后练习

一、单选题

1. 根据企业所得税法律制度的规定,下列各项中,不属于企业所得税纳税人的是(　　)。
   A. 社会团体　　　　　　　　　　B. 一人有限责任公司
   C. 事业单位　　　　　　　　　　D. 民办非企业单位

2. 根据企业所得税法律制度的规定,下列关于企业所得税所得来源的说法中,错误的是(　　)。
   A. 提供劳务所得,按照劳务发生地确定
   B. 股息、红利等权益性投资所得,按照被分配所得的企业所在地确定
   C. 动产转让所得,按照转让动产的企业或机构、场所所在地确定
   D. 不动产转让所得,按照不动产所在地确定

3. 根据企业所得税法律制度的规定,下列各项中按负担、支付所得的企业或者机构、场所所在地确定所得来源地的是(　　)。
   A. 提供劳务所得　　　　　　　　B. 不动产转让所得
   C. 权益性投资资产转让所得　　　D. 租金所得

4. 根据企业所得税法律制度的规定,关于在中国境内未设立机构、场所的非居民企业取得的来源于中国境内的所得,有关其应纳税所得额确定的下列表述中,不正确的是(　　)。
   A. 股息所得以收入全额为应纳税所得额
   B. 转让财产所得以收入全额为应纳税所得额
   C. 特许权使用费所得以收入全额为应纳税所得额
   D. 租金所得以收入全额为应纳税所得额

5. 根据企业所得税法律制度的规定,下列各项中,属于不征税收入的是(　　)。
   A. 财产转让收入　　B. 接受捐赠收入　　C. 财政拨款　　D. 国债利息收入

6. 根据企业所得税法律制度的规定,下列各项中,不应计入应纳税所得额的是(　　)。
   A. 股权转让收入　　　　　　　　B. 因债权人缘故确实无法支付的应付款项
   C. 国债利息收入　　　　　　　　D. 接受捐赠收入

7. 根据企业所得税法律制度的规定,下列税金不可以从应纳税所得额中扣除的是(　　)。

A. 印花税 B. 可以抵扣的增值税
C. 消费税 D. 车船税

8. 根据企业所得税法律制度的规定,下列关于企业所得税税前扣除的表述中,不正确的是(　　)。

A. 企业发生的合理的工资薪金的支出,准予扣除

B. 企业发生的职工福利费支出超过工资薪金总额14%的部分,准予在以后纳税年度结转扣除

C. 企业发生的合理的劳动保护支出,准予扣除

D. 企业参加财产保险,按照规定缴纳的保险费,准予扣除

9. 某居民企业20×2年实际发生合理的工资支出为100万元,职工福利费支出为20万元,已知企业发生的职工福利费支出不超过工资薪金总额14%的部分准予扣除。20×2年该企业计算应纳税所得额时,应调增的金额是(　　)。

A. 4万元　　　　B. 18万元　　　　C. 6万元　　　　D. 0

10. 某企业20×2年销售货物收入为2 000万元。当年实际发生业务招待费22万元,已知业务招待费支出按照发生额的60%扣除,但最高不得超过当年销售(营业)收入的5‰,该企业当年可在所得税前列支的业务招待费金额是(　　)万元。

A. 10　　　　B. 12　　　　C. 15　　　　D. 20

11. 某企业20×2年当年实现自产货物销售收入500万元,当年发生计入销售费用中的广告费为80万元。已知企业发生的符合条件的广告费和业务宣传费,除非国务院财政、税务主管部门另有规定,不超过当年销售(营业)收入15%的部分,准予扣除,企业当年可以税前扣除的广告费是(　　)万元。

A. 35　　　　B. 50　　　　C. 75　　　　D. 80

12. 某企业财务资料显示,20×2年会计利润为400万元,公益性捐赠支出为90万元,上年度经税务机关核定的亏损为30万元;已知公益性捐赠支出不超过年度利润总额12%的部分,准予在计算企业所得税应纳税所得额时扣除。则20×2年该企业在所得税前可以扣除的捐赠支出是(　　)万元。

A. 90　　　　B. 40.8　　　　C. 48　　　　D. 23.4

13. 根据企业所得税法律制度的规定,企业的下列各项支出,在计算应纳税所得额时,准予从收入总额中直接扣除的是(　　)。

A. 公益性捐赠支出

B. 购买办公用品发生的办公费

C. 未经核定的准备金支出

D. 向投资者支付的股息、红利等权益性投资收益款项

14. 某外商投资企业20×2年度利润总额为40万元,未调整捐赠前的应纳税所得额为45万元。当年"营业外支出"账户中列支了通过当地教育部门向农村义务教育的5万元捐赠。已知公益性捐赠支出不超过年度利润总额12%的部分,准予在计算企业所得税应纳税所得额时扣除;企业所得税税率为25%。该企业20×2年应缴纳的企业所得税是(　　)万元。

A. 11.25　　　　B. 11.3　　　　C. 12.45　　　　D. 12.25

15. 根据企业所得税法律制度的规定,下列各项中,不得从应纳税所得额中扣除的是(　　)。

A. 生产性生物资产折旧费 B. 转让财产损失

C. 未经核定的准备金支出　　　　　　D. 企业支付的违约金

16. 根据企业所得税法律制度的规定,企业发生的下列项目在计算企业所得税应纳税所得额时,准予扣除的是(　　)。

A. 非广告性赞助支出　　　　　　　B. 固定资产修理支出
C. 可抵扣的增值税　　　　　　　　D. 税收滞纳金

17. 根据企业所得税法律制度的规定,下列各项中,最低折旧年限为5年的固定资产是(　　)。

A. 房屋　　　　　　　　　　　　　B. 飞机
C. 与生产经营活动有关的器具　　　　D. 电子设备

18. 根据企业所得税法律制度的规定,下列各项中,应以同类固定资产的重置完全价值为计税基础的是(　　)。

A. 盘盈的固定资产　　　　　　　　B. 自行建造的固定资产
C. 外购的固定资产　　　　　　　　D. 通过捐赠取得的固定资产

19. 某外商投资企业20×2年度境内所得应纳税所得额为200万元,在全年已预缴税款35万元。已知企业所得税税率为25%,该企业当年汇算清缴应补(退)的税款是(　　)万元。

A. 50　　　　B. 15　　　　C. 65　　　　D. 35

20. 根据《企业所得税法》的规定,企业所得税的征收办法是(　　)。

A. 按月征收　　B. 按季计征,分月预缴　　C. 按季征收　　D. 按年计征,分月或分季预缴

二、多选题

1. 根据企业所得税法律制度的规定,关于确定来源于中国境内、境外所得的下列表述中,正确的有(　　)。

A. 不动产转让所得按照交易活动发生地确定
B. 动产转让所得按照转让动产的企业或者机构、场所所在地确定
C. 权益性投资资产转让所得按照被投资企业所在地确定
D. 利息所得按照负担、支付所得的企业或者机构、场所所在地确定

2. 根据企业所得税法律制度的规定,下列关于所得来源地确定的表述中,正确的有(　　)。

A. 销售货物所得,按照交易活动发生地确定
B. 不动产转让所得,按照转让不动产的企业或者机构、场所所在地确定
C. 股息、红利等权益性投资所得,按照分配所得的企业所在地确定
D. 权益性投资资产转让所得,按照投资企业所在地确定

3. 根据企业所得税法律制度的规定,下列项目中属于不征税收入的有(　　)。

A. 销售货物收入
B. 财政拨款
C. 企业债券利息收入
D. 依法收取并纳入财政管理的行政事业性收费、政府性基金

4. 根据企业所得税法律制度的规定,下列各项中可以在计算应纳税所得额时扣除的有(　　)。

A. 企业实际发生的差旅费　　　　　　B. 企业支付的诉讼费用
C. 企业转让各类固定资产发生的费用　　D. 非金融企业向金融企业借款的利息支出

5. 企业缴纳的下列税金中,在计算企业所得税应纳税所得额时准予扣除的有(　　)。
　A. 企业所得税　　　　　　　　　B. 可以抵扣的增值税
　C. 房产税　　　　　　　　　　　D. 消费税

6. 根据企业所得税法律制度的规定,下列关于企业所得税扣除项目的表述中正确的有(　　)。
　A. 企业为投资者或职工支付的商业保险费,全部可以税前扣除
　B. 企业参加的财产保险,按规定缴纳的保险费,可以税前扣除
　C. 企业依照国家有关规定为特殊职工支付的人身安全保险费,准予税前扣除
　D. 自2008年1月1日起,企业为本企业任职或者受雇的全体职工支付的补充养老保险、补充医疗保险,分别在不超过职工工资总额5%的标准内,准予税前扣除

7. 根据企业所得税法律制度的规定,企业从事下列项目的所得,可以免征企业所得税的有(　　)。
　A. 蔬菜种植　　　B. 中药材的种植　　　C. 远洋捕捞　　　D. 内陆养殖

8. 根据企业所得税法律制度的规定,下列关于企业所得税纳税期限的表述中,正确的有(　　)。
　A. 企业所得税按年计征,分月或者分季预缴,年终汇算清缴,多退少补
　B. 企业在一个纳税年度中间开业,使该纳税年度的实际经营不足12个月的,应当以其实际经营期为1个纳税年度
　C. 企业依法清算时,应当以清算期作为1个纳税年度
　D. 企业在纳税年度中间终止经营活动的,应当自实际经营终止之日起90日内,向税务机关办理当期企业所得税汇算清缴

9. 根据企业所得税法律制度的规定,下列各项中,应视同销售货物的有(　　)。
　A. 将货物用于捐赠　B. 将货物用于偿债　C. 将货物用于广告　D. 将货物用于赞助

10. 根据企业所得税法律制度的规定,下列支出中,可以在计算企业所得税应纳税所得额时加计扣除的有(　　)。
　A. 未形成无形资产的研究开发费用　　　B. 购置环保用设备所支付的价款
　C. 广告费和业务宣传费　　　　　　　　D. 安置残疾人员所支付的工资

三、判断题

1. 在外国成立且实际管理机构不在中国境内的企业,不是企业所得税的纳税义务人。　　　　　　　　　　　　　　　　　　　　　　　　　　　　　　　　(　　)

2. 根据企业所得税所得来源地的确定原则,不动产转让所得按照转让动产的交易活动发生地确定。　　　　　　　　　　　　　　　　　　　　　　　　　　　　(　　)。

3. 国外某企业取得的许可中国境内某公司使用的特许权使用费所得,属于来源于我国境内的所得。　　　　　　　　　　　　　　　　　　　　　　　　　　　　(　　)。

4. 企业为促进商品销售而在商品价格上给予的价格扣除属于商业折扣,商品销售涉及商业折扣的,应当按扣除商业折扣后的金额确定销售商品收入金额。　　　　　(　　)

5. 企业发生的职工福利费、工会经费、职工教育经费,未超过标准的按实际发生数额扣除,超过扣除标准的只能按标准扣除。　　　　　　　　　　　　　　　(　　)

四、计算题

1、甲公司为居民企业,主要从事化工产品的生产和销售业务。20×2年度有关经营情况

如下：

(1) 取得销售商品收入 9 000 万元、提供修理劳务收入 500 万元、出租包装物收入 60 万元，从其直接投资的未上市居民企业收到分配股息收益 25 万元。

(2) 发生符合条件的广告费支出 1 380 万元、按规定为特殊工种职工支付的人身安全保险费 18 万元、合理的会议费 8 万元、直接向某敬老院捐赠 6 万元、上缴集团公司管理费 10 万元。

(3) 由于管理不善被盗库存商品一批。经税务机关审核，该批存货的成本为 40 万元，增值税进项税额为 5.2 万元；取得保险公司赔偿 12 万元、责任人赔偿 2 万元。

(4) 上年度尚未扣除的符合条件的广告费支出 50 万元。

已知：20×2 年利润总额为 1 000 万元。适用的企业所得税税率为 25%。

要求：计算甲公司 20×2 年企业所得税应纳税额。

2. 乙公司为居民企业，主要从事电器产品的生产与销售业务。20×2 年有关经营情况如下：

(1) 取得销售商品收入 2 000 万元、销售原材料收入 35 万元、转让股权收入 1 000 万元、转让使用过的设备收入 15 万元。

(2) 与生产经营活动有关的业务招待费支出为 100 万元。

(3) 向丙小学直接捐赠支出为 2 万元，非广告性赞助支出为 5 万元，向股东支付股息 60 万元。

(4) 预缴企业所得税税款 28 万元。

(5) 全年利润总额为 160 万元。

要求：计算乙公司 20×2 年企业所得税应纳税额以及应补退税额。

模块 5

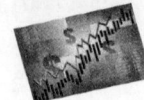

个人所得税纳税实务

[考核目标]
1. 了解个人所得税的基本概念
2. 掌握个人所得税纳税义务人的界定
3. 掌握个人所得税的征税范围和税率
4. 掌握个人所得税纳税申报流程和征收管理

[实践目标]
1. 能根据经济业务进行个人所得税的判断
2. 能针对个人发生的经济业务计算个人所得税
3. 能合理运用个人所得税税收优惠政策
4. 能进行个人所得税扣缴和年度申报

[思政目标]
1. 树立正确的个人所得税意识
2. 坚定税收取之于民、用之于民的信念
3. 培养热爱祖国、纳税光荣的情感
4. 从个人所得税制度改革历程理解共同富裕的目标

[知识点思维导图]

个人所得税纳税实务
- 个人所得税的认知
  - 概念
  - 纳税人及纳税义务
  - 所得来源地
  - 征税范围
  - 税率
- 综合所得
  - 综合所得税目
  - 专项附加扣除
  - "综合所得"预扣预缴计算
  - "综合所得"应纳税额计算
- 非居民个人工资、薪金所得,劳务报酬所得,稿酬所得和特许权使用费所得的计算
  - 工资、薪金所得
  - 劳务报酬所得
  - 稿酬所得
  - 特许权使用费所得
- 经营所得
  - 经营所得税目
  - 应纳税额的计算

```
                    ┌ 分类所得    ┌ 财产租赁所得
                    │            │ 财产转让所得
                    │            │ 利息、股息、红利所得
                    │            └ 偶然所得
个人所得税纳税实务 ─┤ 税收优惠   ┌ 免征个人所得税
                    │            │ 减征个人所得税
                    │            └ 公益性捐赠
                    │            ┌ 纳税申报方式
                    └ 征收管理与 │ 纳税期限
                      纳税申报   │ 居民纳税人综合所得纳税申报流程
                                 └ 居民纳税人综合所得纳税申报案例
```

 **案例导读**

按照当下个人所得税法有关规定,纳税人取得的工资薪金、劳务报酬、稿酬、特许权使用费收入合并为"综合所得",以"年"为一个周期"打理"自己的税收事务,但大部分自然人纳税人对"汇算"没什么概念,甚至担心不会操作。

某高校研究生小李在办税服务厅办理个税汇算时,成功申诉了一笔不属于自己的劳务报酬所得,他表示:"个税新政简单易懂,申报时我可以看到不同类别的每一笔收入,并能准确判断这笔收入是否真正属于我。"

在北京市,某医院财务人员徐女士表示,单位里有上千人需要进行个税汇算,人员年龄跨度大、收入结构复杂,汇算开始前自己心理压力非常大。如今个税计税方式简单,申报更是实现"一表集成",医院上千名员工在辅导下自行完成了汇算,极大减轻了财务人员的负担。徐女士在微信朋友圈分享了网页申报页面截图,并配文"个税汇算不再难"。

中央财经大学教授樊勇指出,此次个税改革,充分考虑了我国国情,对税制进行了简化设计。这既有利于自然人理解与操作,又便于税务机关征收管理,从制度上保证了首次个税汇算的成功实施,体现了我国税收治理的制度优势。

(资料来源:
张华. 首次个税汇算完成彰显我国税收治理能力提升[EB/OL]. (2020-08-24)[2023-06-21]. http://www.chinatax.gov.cn/chinatax/n810219/n810780/c5155864/content.html.)

思考:
阅读上述材料,思考个人所得税改革对我们产生了什么影响。

任务5.1 个人所得税的认知

一、概念

个人所得税是以个人取得的各项应税所得为对象征收的一种税。

二、纳税人及纳税义务

个人所得税的纳税人既包括中国公民,中国香港、中国澳门、中国台湾同胞,外籍个人

等，又包括"自然人性质的特殊主体"，如个体工商户、个人独资企业的投资人、合伙企业的合伙人。

缴纳个人所得税的个人分为居民个人和非居民个人。居民个人和非居民个人的判定标准如表 5-1 所示。

表 5-1　　　　　　　　居民个人和非居民个人的判定标准

纳税人	判定标准	纳税义务
居民	有住所	来源于中国境内、境外的所得
	无住所而"一个纳税年度内"在中国境内居住"满 183 天"	
非居民	无住所又不居住	来源于中国境内
	无住所而"一个纳税年度内"在中国境内居住"不满 183 天"	

三、所得来源地

所得来源地与所得支付地，两者可能是一致的，也可能是不同的，我国依据"所得来源地"判断经济活动的实质，征收个人所得税。

下列所得，不论支付地点是否在中国境内，均为来源于中国境内的所得：

(1) 因任职、受雇、履约等而在中国境内提供劳务取得的所得。

(2) 将财产出租给承租人在中国境内使用而取得的所得。

(3) 许可各种特许权在中国境内使用而取得的所得。

(4) 转让中国境内的不动产等财产或者在中国境内转让其他财产取得的所得。

(5) 从中国境内企、事业单位和其他经济组织以及居民个人取得的利息、股息、红利所得。

【例题 5-1·单选题】根据个人所得税法律制度的规定，下列各项中，不属于个人所得税纳税人的是(　　)。

A. 个人独资企业的投资者个人　　　　B. 合伙企业中的自然人合伙人

C. 个体工商户　　　　　　　　　　　D. 一人有限责任公司

【正确答案】　D

【答案解析】　选项 D，一人有限责任公司属于有限责任公司的特殊形式，为企业所得税的纳税人。

四、征税范围

(一) 工资、薪金所得

工资、薪金所得是指个人因任职或者受雇取得的工资、薪金、奖金、年终加薪、劳动分红、津贴、补贴以及与任职或者受雇有关的其他所得。

(二) 劳务报酬所得

劳务报酬所得是指个人从事劳务取得的所得，包括从事设计、装潢、安装、制图、化验、测试、医疗、法律、会计、咨询、讲学、翻译、审稿、书画、雕刻、影视、录音、录像、演出、表演、广告、展览、技术服务、介绍服务、经纪服务、代办服务以及其他劳务取得的所得。

(三) 稿酬所得

稿酬所得是指个人因其作品以图书、报刊等形式出版、发表而取得的所得。

(四)特许权使用费所得

特许权使用费所得是指个人提供专利权、商标权、著作权、非专利技术以及其他特许权的使用权取得的所得。提供著作权的使用权取得的所得,不包括稿酬所得。

(五)经营所得

经营所得包括以下方面:

(1) 个体工商户从事生产、经营活动取得的所得,个人独资企业投资人、合伙企业的个人合伙人来源于境内注册的个人独资企业、合伙企业生产、经营的所得。

(2) 个人依法从事办学、医疗、咨询以及其他有偿服务活动取得的所得。

(3) 个人对企业、事业单位承包经营、承租经营以及转包、转租取得的所得。

(4) 个人从事其他生产、经营活动取得的所得。

(六)利息、股息、红利所得

利息、股息、红利所得是指个人拥有债权、股权等而取得的利息、股息、红利所得。

(七)财产租赁所得

财产租赁所得是指个人出租不动产、机器设备、车船以及其他财产取得的所得。

(八)财产转让所得

财产转让所得是指个人转让有价证券、股权、合伙企业中的财产份额、不动产、机器设备、车船以及其他财产取得的所得。

(九)偶然所得

偶然所得是指个人得奖、中奖、中彩以及其他偶然性质的所得。个人取得的所得,难以界定应纳税所得项目的,由国务院税务主管部门确定。

五、税率

(一)"综合所得"个人所得税税率(按年)

"综合所得"个人所得税税率表(按年)如表 5-2 所示。

表 5-2   "综合所得"个人所得税税率表(按年)

级数	全"年"应纳税所得额 含税级距	税率	速算扣除数
1	不超过 36 000 元的	3%	0
2	超过 36 000 元至 144 000 元的部分	10%	2 520
3	超过 144 000 元至 300 000 元的部分	20%	16 920
4	超过 300 000 元至 420 000 元的部分	25%	31 920
5	超过 420 000 元至 660 000 元的部分	30%	52 920
6	超过 660 000 元至 960 000 元的部分	35%	85 920
7	超过 960 000 元的部分	45%	181 920

注:表 5-2 适用于"综合所得"汇算清缴的计算。

(二)"综合所得"个人所得税税率(按月)

"综合所得"个人所得税税率表(按月)如表 5-3 所示。

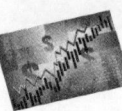

表 5-3　　　　　　　　　"综合所得"个人所得税税率表(按月)

级数	全"月"(或次)应纳税所得额	税率	速算扣除数
1	不超过 3 000 元的	3%	0
2	超过 3 000 元至 12 000 元的部分	10%	210
3	超过 12 000 元至 25 000 元的部分	20%	1 410
4	超过 25 000 元至 35 000 元的部分	25%	2 660
5	超过 35 000 元至 55 000 元的部分	30%	4 410
6	超过 55 000 元至 80 000 元的部分	35%	7 160
7	超过 80 000 元的部分	45%	15 160

注：表 5-3 适用于"居民个人"年终一次性奖金(方法一)的计算和"非居民个人"应纳税额的计算。

(三)"综合所得—工资薪金"个人所得税预扣率

"综合所得—工资薪金"个人所得税预扣率如表 5-4 所示。

表 5-4　　　　　　　　　"综合所得—工资薪金"个人所得税预扣率表

级数	全"年"应纳税所得额 含税级距	预扣率	速算扣除数
1	不超过 36 000 元的	3%	0
2	超过 36 000 元至 144 000 元的部分	10%	2 520
3	超过 144 000 元至 300 000 元的部分	20%	16 920
4	超过 300 000 元至 420 000 元的部分	25%	31 920
5	超过 420 000 元至 660 000 元的部分	30%	52 920
6	超过 660 000 元至 960 000 元的部分	35%	85 920
7	超过 960 000 元的部分	45%	181 920

注：表 5-4 适用于"居民个人""工资薪金所得"按月"预缴"个人所得税的计算。

(四)"综合所得—劳务报酬"个人所得税预扣率

"综合所得—劳务报酬"个人所得税预扣率如表 5-5 所示。

表 5-5　　　　　　　　　"综合所得—劳务报酬"个人所得税预扣率表

级数	全"月"(或次)应纳税所得额	预扣率	速算扣除数
1	不超过 20 000 元的	20%	0
2	超过 20 000 元至 50 000 元的部分	30%	2 000
3	超过 50 000 元的部分	40%	7 000

注：表 5-5 适用于"居民个人""劳务报酬所得"按月或按次"预缴"个人所得税的计算。

(五)"综合所得—稿酬所得、特许权使用费所得"个人所得税预扣率

"综合所得—稿酬所得、特许权使用费所得"适用 20% 的比例税率。

(六)"经营所得"个人所得税税率

"经营所得"个人所得税税率如表 5-6 所示。

表 5-6　　"经营所得"个人所得税税率表

级数	全年应纳税所得额	税率	速算扣除数
1	不超过 30 000 元的	5%	0
2	超过 30 000 元至 90 000 元的部分	10%	1 500
3	超过 90 000 元至 300 000 元的部分	20%	10 500
4	超过 300 000 元至 500 000 元的部分	30%	40 500
5	超过 500 000 元的部分	35%	65 500

(七)"分类所得"个人所得税税率

财产租赁所得,财产转让所得,利息、股息、红利所得,偶然所得,其他所得等属于分类所得,分类所得适用的个人所得税税率为 20%。

任务5.2　综合所得

一、综合所得税目

(一)"工资、薪金所得"税目

1. 基本规定

工资、薪金所得是指个人因"任职或者受雇"而取得的所得,属于"非独立"个人劳动所得。

2. 特殊规定

(1) 不属于工资、薪金性质的补贴、津贴,不征收个人所得税,包括:独生子女补贴;托儿补助费;差旅费津贴、误餐补助;执行公务员工资制度未纳入基本工资总额的补贴、津贴差额和家属成员的副食补贴。

(2) 解除劳动关系一次性补偿收入按"工资、薪金所得"缴纳个人所得税。在当地上年职工平均工资 3 倍数额以内的部分,免征个人所得税;超过 3 倍数额的部分,不并入当年综合所得,单独适用综合所得税税率表,计算纳税。

(3) 正式退休。离退休人员除了按规定领取离退休工资或养老金,"另从原任职单位取得的各类补贴、奖金、实物",不属于免税项目,应按"工资、薪金所得"缴纳个税。离退休人员"再任职"取得的收入,按"工资、薪金所得"缴纳个税。

(4) 内部退养。内部退养的个人在其办理内部退养手续后至法定离退休年龄之间从原任职单位取得的工资、薪金,不属于离退休工资,应按"工资、薪金所得"项目计征个人所得税。

内部退养人员"重新就业"取得的工资、薪金所得与从原任职单位取得的同一月份的工资、薪金所得合并,按"工资、薪金所得"缴纳个税。

(5) 提前退休。"提前退休"取得一次性补贴收入,按"工资、薪金所得"缴纳个税。

(6) 个人取得"公务交通、通信补贴收入"扣除一定标准的公务费用后,按照"工资、薪金所得"项目计征个人所得税。

(7) 个人因任职、受雇上市公司取得的"股票期权、股票增值权、限制性股票、股权奖励"所得,按"工资、薪金所得"缴纳个税。

(8) 保险金。①"三险一金"缴费超过规定比例部分,按"工资、薪金所得"项目计征个人所

得税。②"三险一金"以外的非免税保险按"工资、薪金所得"项目计征个人所得税。

(9) 特殊职业。"兼职"（同时在两个以上所"任职、受雇"）律师从律师事务所取得工资、薪金性质的所得以收入全额为应纳税所得额，不扣减生计费。兼职律师应自行申报两处或两处以上取得的"工资、薪金所得"，合并计算缴纳个人所得税。

(10) 非营利性科研机构及高校奖励。依法批准设立的非营利性研究开发机构和高校根据规定，从职务科技成果转化收入中给予科技人员的现金奖励，可减按50%计入科技人员当月"工资、薪金所得"，依法缴纳个人所得税。

个人所得税工资、薪金所得征税范围的特殊规定汇总如表5-7所示。

表5-7　　　　　　　个人所得税工资、薪金所得征税范围的特殊规定汇总表

	所得项目		是否按工资薪金纳税
特殊所得	独生子女补贴；托儿补助费；差旅费津贴、误餐补助		×（不征税）
	公务交通、通信补贴		√（扣除一定标准的公务费）
	股票期权、股票增值权、限制性股票、股权奖励		√
保险	"三险一金"	规定比例部分	免税
		超过规定比例部分	√
	"三险一金"外的其他保险		√
离开工作岗位所得	辞退补偿一次性收入		√
	离退休人员	离退休工资或养老金	免税
		其他补贴、奖金、实物	√
	内部退养	达到法定离退休年龄前从原任职单位取得的工资、薪金	√
	提前退休	一次性所得	√
	上述人员再就业取得工资		√
特殊职业	"兼职"律师，按月计算不扣生计费，自行申报时扣除		√
科研奖励	非营利性科研机构和高校给予科技人员的现金奖励		√（减半计入）

(二)"劳务报酬所得"税目

1. 基本规定

劳务报酬所得是指个人独立从事"非雇佣"的各种劳务所得。

2. "劳务报酬所得"和"工资、薪金所得"的区别

"劳务报酬所得"和"工资、薪金所得"的区别如表5-8所示。

表5-8　　　　　　　"劳务报酬所得"和"工资、薪金所得"的区别

职业	收入来源	税目
老师、演员	在单位授课、演出取得所得	工资、薪金所得
	在外授课、演出取得所得	劳务报酬所得或经营所得
个人	兼职所得	劳务报酬所得
受雇于律师个人	为律师个人工作取得所得	劳务报酬所得（由该律师代扣代缴）
证券经纪人、保险营销员	取得佣金	劳务报酬所得（扣除25%的展业成本）

(三)"稿酬所得"税目

1. 基本规定

稿酬所得是指个人因其作品以图书、报刊形式"出版、发表"而取得的所得。

2. 遗作稿酬

作者去世后,财产继承人取得的遗作稿酬,也应征收个人所得税。

(四)"特许权使用费所得"税目

1. 基本规定

特许权使用费所得是指个人提供"专利权、商标权、著作权、非专利技术"以及其他特许权的"使用权"所得。

2. 特别规定

(1) 作者将自己的文字作品"手稿原件或复印件"公开拍卖取得的所得,按"特许权使用费所得"计税。

(2) 个人取得特许权的"经济赔偿收入",按"特许权使用费所得"计税。

(3) 编剧从影视制作单位取得的"剧本使用费",按"特许权使用费所得"计税,无论剧本使用方是否为其任职的单位。

【例题5-2·多选题】根据个人所得税法律制度的规定,下列各项中,不应缴纳个人所得税的有( )。

A. 年终加薪　　　B. 托儿补助费　　　C. 差旅费津贴　　　D. 误餐补助

【正确答案】 BCD

【答案解析】 选项A,属于工资、薪金性质,征收个人所得税。

【例题5-3·单选题】根据个人所得税法律制度的规定,下列所得中,属于免税项目的是( )。

A. 提前退休取得的一次性补贴　　　B. 退休人员从原任职单位取得的补贴

C. 内部退养取得的一次性收入　　　D. 按国家统一规定发放的退休工资

【正确答案】 D

【答案解析】 按国家统一规定发给干部、职工的退休工资,免征个人所得税。

【例题5-4·多选题】根据个人所得税法律制度的规定,下列各项中,应按照"工资、薪金所得"税目计缴个人所得税的是( )。

A. 个人因与用人单位解除劳动关系而取得的一次性补偿收入

B. 退休人员从原任职单位取得的补贴

C. 兼职律师从律师事务所取得的工资性质的所得

D. 证券经纪人从证券公司取得的佣金收入

【正确答案】 ABC

【答案解析】 选项D属于劳务报酬所得。

【例题5-5·单选题】根据个人所得税法律制度的规定,下列各项中,属于劳务报酬所得的是( )。

A. 作家李某取得的剧本使用费　　　B. 演员孙某从其所属单位领取的工资

C. 律师赵某出租房屋取得的租金　　　D. 教师王某在校外兼职讲课取得的课酬

【正确答案】 D
【答案解析】 选项 A,属于特许权使用费所得;选项 B,属于工资、薪金所得;选项 C,属于财产租赁所得。

二、专项附加扣除

个人所得税专项附加扣除,是指《个人所得税法》规定的子女教育、继续教育、大病医疗、住房贷款利息、住房租金和赡养老人、3 岁以下婴幼儿照护七项专项附加扣除。专项附加扣除是落实新修订的个人所得税法的配套措施之一,能进一步减轻群众税收负担,增加居民实际收入。

(一)子女教育

纳税人的子女接受全日制学历教育的相关支出,按照每个子女每月 1 000 元的标准定额扣除。子女教育扣除规定如表 5-9 所示。

表 5-9　　　　　　　　　　子女教育扣除规定

要点	具体内容		
准予扣除的子女教育类型	学前教育	年满"3 岁"至小学入学前教育	
	全日制学历教育	义务教育	小学和初中教育
		高中阶段教育	普通高中、中等职业教育、技工教育
		高等教育	大学专科、本科;硕士、博士研究生
扣除标准	"每个"子女每月 1 000 元(多个子女可以扣多份)		
扣除方式	(1) 父母"分别"按扣除标准的"50%"扣除 (2) 经父母"约定",也可以由"其中一方"按扣除标准的"100%"扣除		

(二)继续教育

纳税人在中国境内接受学历(学位)继续教育的支出,在学历(学位)教育期间按照每月 400 元定额扣除。同一学历(学位)继续教育的扣除期限不能超过 48 个月。纳税人接受技能人员职业资格继续教育、专业技术人员职业资格继续教育的支出,在取得相关证书的当年,按照 3 600 元定额扣除。继续教育扣除规定如表 5-10 所示。

表 5-10　　　　　　　　　　继续教育扣除规定

要点	具体内容	
扣除标准	学历教育	每月 400 元 同一学历(学位)继续教育的扣除期限不能超过 48 个月
	职业教育	"取得"相关证书的年度,按照 3 600 元定额扣除
扣除方式	(1) 本科及以下学历(学位)教育,可以由其"父母"按照"子女教育"支出扣除 (2) 可以由"本人"按照"继续教育"支出扣除 注意:不得同时扣除	

(三)大病医疗

在一个纳税年度内,纳税人发生的与基本医保相关的医药费用支出,扣除医保报销后个人负担(指医保目录范围内的自付部分)累计超过 15 000 元的部分,由纳税人在办理年度汇算清缴时,在 80 000 元限额内据实扣除。大病医疗扣除规定如表 5-11 所示。

表 5-11　　　　　　　　　　　　　大病医疗扣除规定

要点	具体内容		
准予扣除的大病医疗支出	纳税人发生的与基本医保相关的医药费用支出，扣除医保报销后个人负担（指医保目录范围内的"自付部分"）累计"超过 1.5 万元"的部分		
扣除标准	按照每年 8 万元标准限额"据实扣除"		
扣除方式	（1）纳税人发生的医药费用支出可以选择由本人或者其配偶扣除 （2）未成年子女发生的医药费用支出可以选择由其父母一方扣除		
要点总结	医保目录范围内的自付费部分不超过 1.5 万元		不得扣除
	医保目录范围内的自付费部分超过 1.5 万元	"超过部分"在 8 万元以内	据实扣除
		"超过部分"超过 8 万元	扣除 8 万元

（四）住房贷款利息

纳税人本人或者配偶单独或者共同使用商业银行或者住房公积金个人住房贷款为本人或者其配偶购买中国境内住房，发生的首套住房贷款利息支出，在实际发生贷款利息的年度，按照每月 1 000 元的标准定额扣除，扣除期限最长不超过 240 个月。纳税人只能享受一次首套住房贷款的利息扣除。住房贷款利息扣除规定如表 5-12 所示。

表 5-12　　　　　　　　　　　　　住房贷款利息扣除规定

要点	具体内容
准予扣除的住房贷款利息	纳税人本人或配偶单独或共同使用商业银行或住房公积金个人住房贷款为本人或其配偶购买中国境内住房，发生的"首套住房"贷款利息支出
扣除标准	偿还贷款期间，每月 1 000 元 （1）定额扣除，即使每年贷款利息低于 1.2 万元，也按照上述标准扣除 （2）扣除期限最长不超过 240 个月 （3）纳税人只能享受一次首套住房贷款的利息扣除
扣除方式	经夫妻双方约定，可以选择由"其中一方"扣除，但是具体扣除方式在一个纳税年度内不得变更
特殊规定	夫妻双方婚前分别购买住房发生的首套住房贷款，其贷款利息支出，婚后可以"选择其中一套"购买的住房，由购买方按扣除标准的 100% 扣除，也可以由夫妻双方对各自购买的住房分别按扣除标准的 50% 扣除

（五）住房租金

纳税人在主要工作城市没有自有住房而发生的住房租金支出，可以按照标准定额扣除。住房租金扣除规定如表 5-13 所示。

表 5-13　　　　　　　　　　　　　住房租金扣除规定

要点	具体内容	
准予扣除的住房租金	"主要工作城市"没有住房，而在主要工作城市租赁住房发生的租金支出： （1）纳税人的配偶在纳税人的主要工作城市有自有住房的，视同纳税人在主要工作城市有自有住房 （2）夫妻双方主要工作城市"相同"的，只能由"一方"（签订租赁住房合同的承租人）扣除住房租金支出 （3）纳税人及其配偶"不得同时分别享受"住房贷款利息和住房租金专项附加扣除（异地购房，工作城市租房，可"选择"享受相应扣除）	
扣除标准	直辖市、省会城市、计划单列市以及国务院确定的其他城市	每月 1 500 元
	市辖区户籍人口超过 100 万的其他城市	每月 1 100 元
	市辖区户籍人口不超过 100 万（含）的其他城市	每月 800 元

(六)赡养老人

纳税人赡养一位及以上被赡养人的赡养支出,统一按照 2 000 元标准定额扣除。赡养老人扣除规定如表 5-14 所示。

表 5-14　　　　　　　　　　　赡养老人扣除规定

要点	具体内容			
赡养老人	赡养"60 岁"以上父母,以及子女均已去世的年满 60 岁的祖父母、外祖父母 不论老人自身是否有生活经济来源,均可扣除			
扣除标准	独生子女	每月 2 000 元 (1) 赡养 2 个及以上老人的,"不按老人人数加倍"扣除 (2) 夫妻双方可以分别扣除双方赡养老人的支出 (3) 注意这里的赡养老人不包括岳父岳母、公公婆婆		
	非独生子女	分摊方式	平均分摊、赡养人约定分摊、被赡养人指定分摊	
		分摊金额	每一纳税人分摊的扣除额最高不得超过每月 1 000 元	
		优先级	指定分摊优先于约定分摊,两者不一致,以指定分摊为准	
	具体分摊方式在一个纳税年度内不得变更			

(七) 3 岁以下婴幼儿照护

纳税人照护 3 岁以下婴幼儿子女的相关支出,按照每个婴幼儿每月 1 000 元的标准定额扣除。3 岁以下婴幼儿照护扣除规定如表 5-15 所示。

表 5-15　　　　　　　　　　3 岁以下婴幼儿照护扣除规定

要点	具体内容
扣除标准	"每个"子女每月 1 000 元(多个子女可以扣多份)
扣除方式	(1) 父母"分别"按扣除标准的"50%"扣除 (2) 经父母"约定",也可以由"其中一方"按扣除标准的"100%"扣除

【例题 5-6·多选题】根据个人所得税法律制度的规定,下列各项支出,属于居民个人综合所得中允许扣除的专项附加扣除的有(　　)。
A. 子女学前教育支出　　　　　　　　B. 配偶大病医疗支出
C. 住房租金支出　　　　　　　　　　D. 继续教育支出
【正确答案】　ABCD

【例题 5-7·多选题】根据个人所得税法律制度的规定,下列各项支出中,不属于子女教育费用扣除范围的有(　　)。
A. 张某 2 周岁女儿就读早教班的费用　　B. 李某 18 周岁儿子国外留学的费用
C. 王某儿子就读在职研究生的费用　　　D. 刘某 4 周岁女儿就读幼儿园的费用
【正确答案】　AC

三、"综合所得"预扣预缴计算

(一)工资、薪金所得

1. "按月"取得工资、薪金所得
1) 适用税率
执行"累计预扣预缴制",适用"七级超额累进预扣率"。工资、薪金所得预扣率参见表 5-4。

2) 累计预扣预缴应纳税所得额计算

累计预扣预缴应纳税所得额的计算公式如下：

累计预扣预缴应纳税所得额＝累计收入－累计免税收入－累计减除费用－累计专项扣除－
累计专项附加扣除－累计依法确定的其他扣除

(1) 累计收入：工资、薪金所得累计收入。

(2) 累计免税收入：符合免税政策的收入。

(3) 累计减除费用：减除费用即"生计费"，按"5 000元/月"累计，累计月数为纳税人当年截至本月月份数。

(4) 累计专项扣除：专项扣除指的是个人按照国家或省级政府规定的缴费比例或办法实际缴付的"三险一金"。

(5) 累计专项附加扣除：主要指七项专项附加扣除。

(6) 累计依法确定的其他扣除：主要包括企业年金、职业年金、商业健康保险、税收递延型商业养老保险。购买符合规定的商业健康保险产品的支出在当年(月)计算应纳税所得额时予以税前扣除，扣除限额为2 400元/年(200元/月)。

专项扣除、专项附加扣除和依法确定的其他扣除，以居民个人一个纳税年度的应纳税所得额为限额。一个纳税年度扣除不完的，"不结转"以后年度扣除。

3) 本期应预扣预缴税额

本期应预扣预缴税额的计算公式如下：

本期应预扣预缴税额＝(累计预扣预缴应纳税所得额×预扣率－速算扣除数)－
累计减免税额－累计已预扣预缴税额

【例题5-8·计算题】南宁某公司职员李某，20×2年每月取得工资、薪金收入20 000元，个人缴纳的三险一金合计为4 500元；李某为独生子，父母现年65岁；育有一子，现年5岁，正在接受学前教育；名下无房，现租房居住。计算李某当年每月应缴纳的个人所得税税额。

【正确答案】 先以1月和2月个人所得税计算过程为例解析：

1月计算过程：

(1) "生计费"扣除为5 000元。

(2) 专项扣除(三险一金)为4 500元。

(3) 专项附加扣除＝1 000(子女教育)＋1 500(住房租金)＋2 000(赡养老人)＝4 500(元)。

(4) 扣除项合计＝5 000＋4 500＋4 500＝14 000(元)。

(5) 累计预扣预缴应纳税所得额＝20 000－14 000＝6 000(元)。

(6) 应纳税所得额不超过36 000元，适用税率为3%。

(7) 本期应预扣预缴税额＝6 000×3%＝180(元)。

2月计算过程：

(1) "生计费"扣除＝5 000×2＝10 000(元)。

(2) 专项扣除(三险一金)＝4 500×2＝9 000(元)。

(3) 专项附加扣除＝4 500×2＝9 000(元)。

(4) 扣除项合计＝10 000＋9 000＋9 000＝28 000(元)。

(5) 累计预扣预缴应纳税所得额＝40 000－28 000＝12 000(元)。

(6) 应纳税所得额不超过36 000元，适用税率为3%。

(7) 本期应预扣预缴税额＝12 000×3％－180＝360(元)。

全年计算过程如表 5-16 所示。

表 5-16　　　　　李某个人所得税预扣预缴税额计算　　　　　金额单位：元

月份	累计收入	累计减除费用	累计专项扣除	累计专项附加扣除	累计预扣预缴应纳税所得额	预扣率	速算扣除数	累计应预扣预缴税额	累计已预扣预缴税额	本期应预扣预缴税额
1 月	20 000	5 000	4 500	4 500	6 000	3％	0	180	0	180
2 月	40 000	10 000	9 000	9 000	12 000	3％	0	360	180	180
3 月	60 000	15 000	13 500	13 500	18 000	3％	0	540	360	180
4 月	80 000	20 000	18 000	18 000	24 000	3％	0	720	540	180
5 月	100 000	25 000	22 500	22 500	30 000	3％	0	900	720	180
6 月	120 000	30 000	27 000	27 000	36 000	3％	0	1 080	900	180
7 月	140 000	35 000	31 500	31 500	42 000	10％	2 520	1 680	1 080	600
8 月	160 000	40 000	36 000	36 000	48 000	10％	2 520	2 280	1 680	600
9 月	180 000	45 000	40 500	40 500	54 000	10％	2 520	2 880	2 280	600
10 月	200 000	50 000	45 000	45 000	60 000	10％	2 520	3 480	2 880	600
11 月	220 000	55 000	49 500	49 500	66 000	10％	2 520	4 080	3 480	600
12 月	240 000	60 000	54 000	54 000	72 000	10％	2 520	4 680	4 080	600

2. 全年一次性奖金

居民个人取得全年一次性奖金，符合相关规定的，在 2023 年 12 月 31 日前，可以选择"不并入"当年综合所得，"单独"计算纳税，或者选择并入当年综合所得计算纳税；自 2024 年 1 月 1 日起，一律并入当年综合所得计算缴纳个人所得税。

1) 方法一："不并入"当年综合所得，"单独"计算纳税

(1) 适用税率。"单独"计算纳税适用"综合所得"个人所得税税率表(按月)。"综合所得"个人所得税税率表(按月)参见表 5-3。

(2) 计算步骤。①找税率：先计算"全年一次性奖金÷12"，根据结果在税率表(表 5-3)中查找对应的税率和速算扣除数。②算税额：根据"全年一次性奖金×税率－速算扣除数"，计算应纳个人所得税税额。

2) 方法二："并入"奖金发放当月工资、薪金所得，执行"累计预扣预缴制"

该方法下的计算同"工资、薪金所得"的计算方法。

【例题 5-9·计算题】李某任职受雇于甲公司，20×2 年每月平均发放工资 7 000 元，允许扣除的社保等专项扣除费用为 600 元、每月专项附加扣除为 2 500 元；20×2 年 12 月，取得全年一次性奖金 36 000 元。计算李某全年一次性奖金应缴纳的个人所得税。

【正确答案】

方法一(单独计税)：

(1) 找税率：36 000÷12＝3 000(元)，查表可知，适用税率为 3％，速算扣除数为 0。

(2) 算税额：36 000×3％－0＝1 080(元)。

方法二(合并后当月计税)：

12月累计应预扣预缴所得额＝(7 000×12＋36 000)－5 000×12－600×12－2 500×12＝22 800(元)

12月累计应预扣预缴税额＝22 800×3%＝684(元)

3. 其他奖金

全年一次性奖金以外的其他奖金,如"月奖、季度奖、半年奖"等,一律并入取得当月的工资,执行"累计预扣预缴制"。

(二) 劳务报酬所得

1. 适用税率

劳务报酬所得适用20%～40%的3级超额累进预扣率。"劳务报酬所得"个人所得税预扣率参见表5-5。

2. 预扣预缴应纳税所得额——采用定额和定率相结合的扣除方式

(1) 每次收入额≤4 000元:预扣预缴应纳税所得额＝每次收入额－800。

(2) 每次收入额＞4 000元:预扣预缴应纳税所得额＝每次收入额×(1－20%)。

(3) 应预扣预缴税额的计算公式:

$$应预扣预缴税额＝预扣预缴应纳税所得额×适用税率－速算扣除数$$

【例题5-10·计算题】我国居民李某20×2年内共取得4次劳务报酬,分别为2 000元、21 000元、40 000元、80 000元。计算各次应预缴的所得税税额。

【正确答案】

(1) 第一次:2 000元＜4 000元,费用扣除:800元,预扣预缴应纳税所得额:1 200元。应预扣预缴税额＝1 200×20%＝240(元)。

(2) 第二次:21 000元＞4 000元,费用扣除:按20%计算,预扣预缴应纳税所得额:16 800元。应预扣预缴税额＝16 800×20%＝3 360(元)。

(3) 第三次:40 000元＞4 000元,费用扣除:按20%计算,预扣预缴应纳税所得额:32 000元。应预扣预缴税额＝32 000×30%－2 000＝7 600(元)。

(4) 第四次:80 000元＞4 000元,费用扣除:按20%计算,预扣预缴应纳税所得额:64 000元。应预扣预缴税额＝64 000×40%－7 000＝18 600(元)。

(三) 稿酬所得

1. 适用税率

稿酬所得适用20%的比例税率。

2. 预扣预缴应纳税所得额——采用定额和定率相结合的扣除方式

(1) 每次收入额≤4 000元:预扣预缴应纳税所得额＝每次收入额－800。

(2) 每次收入额＞4 000元:预扣预缴应纳税所得额＝每次收入额×(1－20%)×(1－30%),其中稿酬所得减征30%。

(3) 应预扣预缴税额的计算公式:

$$应预扣预缴税额＝预扣预缴应纳税所得额×适用税率$$

【例题5-11·计算题】20×2年3月,我国居民张某出版一部小说,取得稿酬20 000元。计算张某当月稿酬所得应预缴的个人所得税税额。

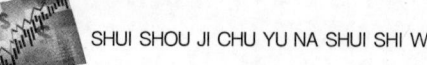

【正确答案】

(1) 预扣预缴应纳税所得额=20 000×(1−20%)×70%=11 200(元)。

(2) 应纳税额=11 200×20%=2 240(元)。

(四) 特许权使用费所得

1. 适用税率

特许权使用费所得适用20%的比例税率。

2. 预扣预缴应纳税所得额——采用定额和定率相结合的扣除方式

(1) 每次收入额≤4 000元：预扣预缴应纳税所得额=每次收入额−800。

(2) 每次收入额>4 000元：预扣预缴应纳税所得额=每次收入额×(1−20%)。

(3) 应预扣预缴税额计算公式：

$$应预扣预缴税额=预扣预缴应纳税所得额×适用税率$$

【例题5-12·计算题】 20×2年5月，我国居民赵某转让一项专利权，取得转让收入200 000元、专利开发支出50 000元。计算赵某当月特许权使用费所得应预缴的个人所得税税额。

【正确答案】

(1) 预扣预缴应纳税所得额=200 000×(1−20%)=160 000(元)。

(2) 应预扣预缴税额=160 000×20%=32 000(元)。

四、"综合所得"应纳税额计算

(一) 居民个人"综合所得"计税方法的一般规定

居民纳税人的综合所得按"年"计征，分月或分次预缴，年终汇算清缴。

(二) 居民个人"综合所得"年终汇算清缴应纳税额计算

1. 适用税率

综合所得执行3%~45%七级超额累进税率。"综合所得"个人所得税税率(按年)参见表5-2。

2. 应纳税所得额的计算

应纳税所得额的计算采用"定额扣除"与"附加扣除"相结合的方式。其计算公式如下：

$$应纳税所得额=每年收入额−生计费−专项扣除−专项附加扣除−其他扣除$$

(1) 每年收入额：即四项综合所得。工资、薪金所得以全额为收入额，劳务报酬所得、特许权使用费所得以减除20%的费用后的余额为收入额，稿酬所得以减除20%的费用后的余额为收入额，并减按70%计算。计算公式如下：

$$每年收入额=工资、薪金所得+劳务报酬所得×80\%+稿酬所得×80\%×70\%+特许权使用费所得×80\%$$

(2) 生计费：每年扣除限额为60 000元。

(3) 专项扣除：个人按照国家或省级政府规定的缴费比例或办法实际缴付的"三险一金"。

(4) 专项附加扣除：即七项专项附加扣除，包括子女教育、继续教育、大病医疗、住房贷款利息、住房租金、赡养老人、3岁以下婴幼儿可扣除的金额。

(5) 其他扣除：包括企业年金、职业年金、商业健康保险、税收递延型商业养老保险。购买符合规定的商业健康保险产品的支出在当年(月)计算应纳税所得额时予以税前扣除,扣除限额为2 400元/年(200元/月)。

专项扣除、专项附加扣除和依法确定的其他扣除,以居民个人一个纳税年度的应纳税所得额为限额。一个纳税年度扣除不完的,"不结转"以后年度扣除。

3. 应纳税额的计算

应纳税额的计算公式如下:

$$应纳税额 = 应纳税所得额 \times 适用税率 - 速算扣除数$$

【例题5-13·计算题】赵某是我国公民,独生子单身,在南宁市甲公司工作。20×2年每月工资收入为10 000元,3月在某大学授课取得收入40 000元,5月出版著作一部,取得稿酬60 000元,7月转让商标使用权取得特许权使用费收入20 000元。已知:赵某每月个人缴纳"三险一金"2 000元,家里父亲已65岁,在南宁无房,现租房居住。假设无其他扣除项目。计算赵某本年应缴纳的个人所得税。

【正确答案】

(1) 20×2年全年收入 = 10 000×12 + 40 000×(1-20%) + 60 000×(1-20%)×70% + 20 000×(1-20%) = 201 600(元)。

(2) 20×2年生计费 = 60 000(元)。

(3) 20×2年专项扣除 = 2 000×12 = 24 000(元)。

(4) 20×2年专项附加扣除 = (2 000+1 500)×12 = 42 000(元)。

(5) 20×2年应纳税所得额 = 201 600 - 60 000 - 24 000 - 42 000 = 75 600(元),对应税率为10%,速算扣除数为2 520。

(6) 20×2年应纳税额 = 75 600×10% - 2 520 = 5 040(元)。

4. 应补退税额计算

应补退税额的计算公式如下:

$$应补退税额 = 应纳税额 - 已预扣预缴税额(正数为补,负数为退)$$

【例题5-14·计算题】承接[例题5-13],赵某在20×2年已预扣预缴税额计算如下。

【正确答案】

(1) 工资、薪金所得不需要预缴税款,具体计算过程如表5-17所示。

表5-17　　　　　　　　　　工资、薪金预扣预缴税额计算　　　　　　　　　　单位:元

月份	累计收入	累计减除费用	累计专项扣除	累计专项附加扣除	累计预扣预缴应纳税所得额
1月	10 000	5 000	2 000	3 500	0
2月	20 000	10 000	4 000	7 000	0
3月	30 000	15 000	6 000	10 500	0
4月	40 000	20 000	8 000	14 000	0
5月	50 000	25 000	10 000	17 500	0
6月	60 000	30 000	12 000	21 000	0
7月	70 000	35 000	14 000	24 500	0

(续表)

月份	累计收入	累计减除费用	累计专项扣除	累计专项附加扣除	累计预扣预缴应纳税所得额
8月	80 000	40 000	16 000	28 000	0
9月	90 000	45 000	18 000	31 500	0
10月	100 000	50 000	20 000	35 000	0
11月	110 000	55 000	22 000	38 500	0
12月	120 000	60 000	24 000	42 000	0

(2) 劳务报酬所得预扣预缴税额=40 000×(1-20%)×30%-2 000=7 600(元)。
(3) 稿酬所得预扣预缴税额=60 000×(1-20%)×70%×20%=6 720(元)。
(4) 特许权使用费所得预扣预缴税额=20 000×(1-20%)×20%=3 200(元)。
(5) 20×2年已预扣预缴税额合计=0+7 600+6 720+3 200=17 520(元)。
(6) 应补退税额=5 040-17 520=-12 480(元)。

综上,赵某20×2年可以申请退税12 480元。

任务5.3 非居民个人工资、薪金所得,劳务报酬所得,稿酬所得和特许权使用费所得的计算

一、工资、薪金所得

(一) 计税方法

非居民个人工资、薪金所得税按"月"计征个人所得。

(二) 适用税率

非居民个人工资、薪金所得执行3%~45%七级超额累进税率,适用综合所得个人所得税税率。非居民个人适用个人所得税税率(按月)如表5-18所示。

表5-18   非居民个人适用个人所得税税率(按月)

级数	全"月"(或次)应纳税所得额	税率	速算扣除数
1	不超过3 000元的	3%	0
2	超过3 000元至12 000元的部分	10%	210
3	超过12 000元至25 000元的部分	20%	1 410
4	超过25 000元至35 000元的部分	25%	2 660
5	超过35 000元至55 000元的部分	30%	4 410
6	超过55 000元至80 000元的部分	35%	7 160
7	超过80 000元的部分	45%	15 160

(三) 应纳税所得额

非居民个人工资、薪金所得以每月收入额减除5 000元后的余额为应纳税所得额。其计

算公式如下：

$$应纳税所得额＝每月收入额－5\,000$$

（四）应纳税额

应纳税额计算公式如下：

$$应纳税额＝应纳税所得额×适用税率－速算扣除数$$

【例题 5-15·计算题】 20×2 年 1 月，"非居民个人"汤姆从本单位取得工资 6 000 元、加班费 2 000 元、奖金 3 000 元。计算汤姆当月工资、薪金所得应缴纳个人所得税税额。

【正确答案】

（1）应纳税所得额＝6 000＋2 000＋3 000－5 000＝6 000(元)，适用税率为 10%，速算扣除数为 210。

（2）应纳税额＝6 000×10%－210＝390(元)。

二、劳务报酬所得

（一）计税方法

非居民个人劳务报酬所得按"次"计征个人所得税。

（二）适用税率

非居民个人劳务报酬所得执行 3%～45% 七级超额累进税率，参见表 5-18。

（三）应纳税所得额

非居民个人劳务报酬所得以收入减除"20%"的费用后的余额为收入额，以该收入额为应纳税所得额。其计算公式如下：

$$应纳税所得额＝每月收入×(1－20\%)$$

（四）应纳税额

应纳税额计算公式如下：

$$应纳税额＝应纳税所得额×适用税率－速算扣除数$$

【例题 5-16·计算题】 20×2 年 10 月，"非居民个人"汤姆为李某提供一个月的钢琴培训，取得劳务报酬 4 000 元。计算汤姆当月劳务报酬所得应缴纳个人所得税税额。

【正确答案】

（1）应纳税所得额＝4 000×(1－20%)＝3 200(元)，适用税率为 10%，速算扣除数为 210。

（2）应纳税额＝3 200×10%－210＝110(元)

三、稿酬所得

（一）计税方法

非居民个人稿酬所得按"次"计征个人所得税。

（二）适用税率

非居民个人稿酬所得执行 3%～45% 七级超额累进税率，参见表 5-18。

（三）应纳税所得额

非居民个人稿酬所得以收入减除"20%"的费用后的余额为收入额，收入额减按"70%"计算为应纳税所得额。其计算公式如下：

$$应纳税所得额＝每月收入×(1-20\%)×70\%$$

（四）应纳税额

应纳税额计算公式如下：

$$应纳税额＝应纳税所得额×适用税率-速算扣除数$$

【例题 5-17·计算题】 20×2 年 11 月，"非居民个人"汤姆在某出版社出版了一本销售，取得稿酬 20 000 元。计算汤姆当月稿酬所得应缴纳个人所得税税额。

【正确答案】

（1）应纳税所得额＝20 000×(1-20%)×70%＝11 200(元)，适用税率为 10%，速算扣除数为 210。

（2）应纳税额＝11 200×10%-210＝910(元)。

四、特许权使用费所得

（一）计税方法

非居民个人特许权使用费按"次"计征个人所得税。

（二）适用税率

非居民个人特许权使用费执行 3%～45% 七级超额累进税率，参见表 5-18。

（三）应纳税所得额

非居民个人特许权使用费以收入减除"20%"的费用后的余额为收入额，以收入额为应纳税所得额。其计算公式如下：

$$应纳税所得额＝每月收入×(1-20\%)$$

（四）应纳税额

应纳税额计算公式如下：

$$应纳税额＝应纳税所得额×适用税率-速算扣除数$$

【例题 5-18·计算题】 20×2 年 12 月，"非居民个人"汤姆在我国转让了一项专利权，取得特许权使用费所得税 50 000 元。计算汤姆当月特许权使用费所得应缴纳个人所得税税额。

【正确答案】

（1）应纳税所得额＝50 000×(1-20%)＝40 000(元)，适用税率为 30%，速算扣除数为 4 410。

（2）应纳税额＝11 200×10%-210＝910(元)。

任务 5.4 经营所得

一、经营所得税目

（一）基本规定

经营所得的征税范围参见任务 5.1 中"四、征税范围"的有关内容。

(二) 特殊规定

1. 出租车运营

(1) 经营单位对出租车驾驶员采取"单车承包或承租方式运营",驾驶员收入按"工资、薪金所得"缴纳个税。

(2) "出租车属于个人所有",但挂靠出租车经营单位缴纳管理费的,或出租车经营单位将出租车"所有权转移给驾驶员"的,驾驶员收入按"经营所得"缴纳个税。

2. 企业为个人购置房屋及其他财产的个人所得税税务处理

企业为个人购置房屋及其他财产的个人所得税税务处理如表 5-19 所示。

表 5-19　　　　企业为个人购置房屋及其他财产的个人所得税税务处理

所得项目	所属税目
为个人独资企业、合伙企业投资者及其家庭成员购买资产	经营所得
为"非"个人独资企业、合伙企业投资者及其家庭成员购买资产	利息、股息、红利所得
为企业的其他成员购买资产	工资、薪金所得

二、应纳税额的计算

(一) 计税方法

经营所得按"年"计征个人所得税。

(二) 税率

"经营所得"个人所得税税率采用五级超额累进税率,参见表 5-6。

(三) 应纳税额计算

1. 没有综合所得的

纳税人没有综合所得的,计算公式如下:

$$应纳税额=[(收入总额-成本-费用-损失)\times 分配比例-60\,000-专项扣除-专项附加扣除-依法确定的其他扣除-准予扣除的捐赠]\times 适用税率-速算扣除数$$

2. 有综合所得的

纳税人有综合所得的,计算公式如下:

$$应纳税额=[(收入总额-成本-费用-损失)*分配比例-准予扣除的捐赠]\times 适用税率-速算扣除数$$

3. 特殊扣除规定

经营所得扣除项目特殊规定如表 5-20 所示。

表 5-20　　　　经营所得扣除项目特殊规定

扣除项目		税前扣除规定
生产经营费用和个人、家庭费用	划分清晰	据实扣除
	混用,难以分清的费用	"40%"视为与生产经营有关的费用,准予扣除
工资	职工	据实扣除
	业主本人	(1) 不得扣除:实发工资 (2) 可以扣除:6万元+专项扣除+专项附加扣除+其他扣除

(续表)

扣除项目		税前扣除规定
三项经费（工会经费、职工福利费、职工教育经费）	职工	以"实发工资薪金总额"为计算依据
	业主本人	以"当地上年度社会平均工资3倍"为计算依据
	职工教育经费	扣除比例为2.5%
补充养老、补充医疗保险	职工	分别不超过实发工资薪金总额的5%的部分准予扣除
	业主本人	分别不超过"当地上年度社会平均工资3倍"的5%的部分准予扣除
捐赠	公益性捐赠	不超过"应纳税所得额30%"的部分可以扣除
		符合法定条件的准予"全额扣除"
	非公益性捐赠	不得扣除
购置研发专用设备	单价<10万元	准予一次性全额扣除
	单价≥10万元	按固定资产管理

其他扣除项目和不得扣除项目，如业务招待费、广告和业务宣传费、借款费用、社会保险等与企业所得税完全一致，此处不再赘述。

【例题5-19·计算题】胡昊与吴桢在上海共同创办了景鸿合伙企业，合伙协议约定了利润分配比例：胡昊为60%，吴桢为40%。20×2年景鸿合伙企业实现收入总额为1 000万元，成本费用为600万元，其中，列支胡昊工资12万元，其他事项纳税调整增加额为38万元。胡昊20×2年无任何综合所得，实际缴纳基本养老保险和基本医疗保险2.4万元，符合条件的专项附加扣除为3.6万元。吴桢在一家公司上班，20×2年的工资薪金为20万元，实际缴纳三险一金4万元，符合条件的专项附加扣除为3万元，已由单位在发放工资预扣预缴个人所得税时进行了扣除，另外吴桢从经营所得中拿出50万元捐赠给公益慈善事业。

计算：胡昊与吴桢来源于景鸿合伙企业的经营所得应该缴纳多少个人所得税？

【正确答案】

(1) 计算景鸿合伙企业的应纳税所得额：

应纳税所得额＝收入－成本费用＋税前列支的投资者工资＋纳税调整增加额＝1 000－600＋12＋38＝450(万元)。

(2) 计算个人来源于景鸿合伙企业的经营所得：

合伙企业的投资者按照合伙企业的全部经营所得和合伙协议约定的分配比例确定应纳税所得额，计算如下：

胡昊来源于景鸿合伙企业的经营所得＝450×60%＝270(万元)

吴桢来源于景鸿合伙企业的经营所得＝450×40%＝180(万元)

(3) 计算个人经营所得的应纳税额：

① 胡昊没有综合所得，计算应纳税所得额时，可减除费用6万元、专项扣除、专项附加扣除以及依法确定的其他扣除。

胡昊经营所得的应纳税所得额＝270－6－2.4－3.6＝258(万元)，适用税率为35%，速算扣除数为65 500，因此：

应交个人所得税＝258×35%－6.55＝83.75(万元)

② 吴桢有综合所得的，减除费用6万元、专项扣除、专项附加扣除以及依法确定的其他扣除，已在综合所得的应纳税所得额扣除的，不能重复扣除。

吴桢经营所得扣除捐赠之前的应纳税所得额为 180 万元。

准予扣除的公益慈善事业捐赠限额＝180×30％＝54（万元），实际捐赠 50 万元，小于扣除限额，可以据实扣除。扣除捐赠额之后的应纳税所得额＝180－50＝130（万元），适用税率为 35％，速算扣除数为 65 500，因此：

应交个人所得税＝130×35％－6.55＝－38.95（万元）

任务 5.5 分 类 所 得

一、财产租赁所得

（一）基本规定

财产租赁所得是指个人"出租"不动产、土地使用权、机器设备、车船以及其他财产而取得的所得。

（二）应纳税额的计算

1. 计税方法

财产租赁所得按次计征个人所得税，以"1 个月"内取得的收入为一次。

2. 税率

财产租赁所得适用 20％的税率，其中，个人出租"住房"取得的所得暂减按"10％"的税率征收个人所得税。

3. 应纳税所得额——采用"定额和定率相结合"的扣除方式

(1) 每次收入≤4 000 元的：应纳税所得额＝每次收入－800。

(2) 每次收入＞4 000 元的：应纳税所得额＝每次收入×(1－20％)。

计算每日收入额时，还须扣除准予扣除的项目（包括出租房屋时缴纳的城市维护建设税、教育费附加以及房产税、印花税等相关税费；不包括增值税），若房屋租赁期间发生"修缮费用"同样准予在税前扣除但以"每月 800 元"为限，多出部分在"以后月份"扣除。每次（月）收入的计算公式为：

每次（月）收入＝每次（月）收入额－财产租赁过程中缴纳的税费－修缮费用(800 元为限)

4. 应纳税额的计算

(1) 每次（月）收入≤4 000 元的：

应纳税额＝[每次（月）收入额－财产租赁过程中缴纳的税费－修缮费用(800 元为限)－800]×20％

(2) 每次（月）收入＞4 000 元的：

应纳税额＝[每次（月）收入额－财产租赁过程中缴纳的税费－修缮费用(800 元为限)]×(1－20％)×20％

【例题 5-20·计算题】赵某有 A、B 两套住房用于出租，20×2 年 3 月，共收取租金 9 600 元，其中住宅 A 租金为 4 799 元，住宅 B 租金为 4 801 元，同时两套住宅分别发生修缮费用各 900 元。计算赵某两套住宅出租所得应缴纳的个人所得税。

【正确答案】

(1) 出租 A 住房应缴纳个人所得税＝[(4 799－0－800)－800]×10％＝319.9(元)。

(2) 出租B住房应缴纳个人所得税＝(4 801－0－800)×(1－20％)×10％＝320.08(元)。

二、财产转让所得

(一) 基本规定

财产转让所得是指个人"转让"有价证券、股权、合伙企业中的财产份额、不动产、机器设备、车船以及其他财产取得的所得。

(二) 应纳税额的计算

1. 计税方法

财产转让所得按"次"计征个人所得税。

2. 税率

财产转让所得适用20％的税率。

3. 应纳税所得额

财产转让所得应纳税所得额的计算公式如下：

$$应纳税所得额＝转让财产收入－原值－合理费用$$

4. 应纳税额

应纳税额的计算公式如下：

$$应纳税额＝应纳税所得额×20％$$

(1) 个人转让房屋的个人所得税应税收入不含增值税，其取得房屋时所支付价款中包含的增值税计入财产原值，计算转让所得时可扣除的税费不包括本次转让缴纳的增值税。

(2) 对个人转让自用"5年以上"并且是家庭"唯一""生活用房"取得的所得，继续免征个人所得税。

【例题5-21·计算题】20×2年11月，林某将一套3年前购入的普通住房出售，取得不含税收入160万元，原值为120万元，售房中发生合理费用0.5万元。计算林某出售该住房应缴纳个人所得税税额。

【正确答案】

应缴纳个人所得税＝(160－120－0.5)×20％＝7.9(万元)

三、利息、股息、红利所得

(一) 基本规定

利息、股息、红利所得是指个人拥有债权、股权等而取得的利息、股息、红利性质的所得。

(二) 应纳税额的计算

1. 计税方法

利息、股息、红利所得按"次"计征个人所得税。

2. 税率

利息、股息、红利所得适用20％税率。

3. 应纳税所得额

利息、股息、红利所得以"每次收入额"为应纳税所得额，不扣减任何费用。

4. 应纳税额

应纳税额的计算公式如下：

$$应纳税额 = 应纳税所得额 \times 20\%$$

【例题 5-22·计算题】20×2 年 12 月，林某取得甲公司的分红 10 万元。计算林某取得该分红应缴纳个人所得税的税额。

【正确答案】
应纳税额 = 100 000×20% = 20 000(元)

四、偶然所得

(一) 基本规定

偶然所得是指个人得奖、中奖、中彩以及其他偶然性质的所得。

(二) 特别规定

1. 企业促销所得

(1) 企业对累积消费达到一定额度的顾客，给予额外"抽奖机会"，个人的获奖所得，按照"偶然所得"项目，缴纳个人所得税。

(2) 企业通过价格折扣、折让方式向个人销售商品和提供服务，不征收个人所得税。

(3) 企业向个人销售商品和提供服务的同时给予"赠品"，不征收个人所得税。

(4) 企业对累积消费达到一定额度的个人按消费积分反馈的"礼品"，不征收个人所得税。

2. 担保所得

个人提供"担保"获得收入，按照"偶然所得"项目，缴纳个人所得税。

3. 受赠所得

(1) 因无偿"受赠房屋"取得的受赠收入，按照"偶然所得"项目，缴纳个人所得税。

(2) 企业在业务宣传、广告等活动中，随机向本单位以外的个人赠送礼品(包括网络红包，下同)，以及企业在年会、座谈会、庆典以及其他活动中向本单位以外的个人赠送礼品，个人取得的"礼品"收入，按照"偶然所得"项目，缴纳个人所得税。

4. 发票和彩票中奖所得的"起征点"

(1) 个人购买彩票一次中奖收入"在 1 万元以下"的暂免征收个人所得税；超过 1 万元的，全额征收个人所得税。

(2) 个人取得单张有奖发票奖金所得"不超过 800 元"的，暂免征收个人所得税；超过 800 元的，按全额征收个人所得税。

(三) 应纳税额的计算

1. 计税方法

偶然所得按"次"计征个人所得税。

2. 税率

偶然所得适用 20% 的税率。

3. 应纳税所得额

偶然所得以"每次收入额"为应纳税所得额，不扣减任何费用。

4. 应纳税额

应纳税额的计算公式如下：

应纳税额＝应纳税所得额×20%

【例题 5-23·计算题】 20×2 年 5 月，张某购买福利彩票取得一次中奖收入 100 000 元，购买彩票支出为 1 000 元。算张某当月该笔中奖收入应缴纳的个人所得税税额。

【正确答案】

应纳税额＝100 000×20%＝20 000(元)

任务 5.6 税 收 优 惠

一、免征个人所得税

免征个人所得税项目包括：

(1) 国债和国家发行的金融债券利息。

(2) 保险赔款。

(3) 退休工资。

(4) 个人转让自用"5 年以上"并且是家庭"唯一""生活用房"取得的所得。

(5) 储蓄存款利息。

(6) 持有上市公司股票的股息所得。具体规定如下：①持股期限＞1 年：免征。②1 个月＜持股期限≤1 年：减半征收。③期限≤1 个月：全额征收。④限售股解禁前取得的股息：减半征收。

(7) 上市公司股票转让所得。

(8) 彩票一次中奖收入"在 1 万元以下"。

(9) 发票奖金所得"不超过 800 元"。

(10) "省级"人民政府、"国务院部委"和中国人民解放军"军以上"单位，以及"外国组织、国际组织"颁发的科学、教育、技术、文化、卫生、体育、环境保护等方面的奖金。

(11) 按照国家统一规定发给的补贴、津贴。

(12) 福利费、抚恤金、救济金。

(13) 军人的转业费、复员费、退役金。

(14) 外交代表、领事官员和其他人员的所得。

(15) 拆迁补偿款。

(16) 企业职工从破产企业取得的一次性安置费收入。

(17) 外籍个人。具体规定如下：①"非现金"形式或"实报实销"的住房补贴、伙食补贴、搬迁费、洗衣费。②合理标准的境内外出差补贴。③合理的探亲费、语言训练费、子女教育费。④从外商投资企业取得的股息、红利所得。⑤符合条件的工资、薪金所得（针对特定外籍专家）。

(18) 以下情形的房屋产权无偿赠与的，对当事双方不征收个人所得税。具体规定如下：①房屋产权所有权人将房屋产权无偿赠与"近亲属"。②房屋产权所有人将房屋产权无偿赠与对其承担直接"抚养或赡养义务"的人。③房屋产权所有人死亡，依法取得房屋产权的"继承人"。

(19) 个人举报、协查各种违法、犯罪行为而获得的奖金。

(20) 个人办理代扣代缴手续，按规定取得的扣缴手续费。

二、减征个人所得税

有下列情形之一的,可以减征个人所得税,具体幅度和期限,由省、自治区、直辖市人民政府规定,并报同级人民代表大会常务委员会备案:
(1) 残疾、孤老人员和烈属的所得。
(2) 因自然灾害遭受重大损失的。

三、公益性捐赠

(一) 限额扣除

个人将其所得对"教育、扶贫、济困"等公益慈善事业进行捐赠,捐赠额未超过纳税人申报的"应纳税所得额"30%的部分,可以从其"应纳税所得额"中扣除。

(二) 全额扣除

全额扣除包括以下内容:
(1) 向"红十字事业"的捐赠。
(2) 向"教育事业"的捐赠。
(3) 向"农村义务教育"的捐赠。
(4) 向"公益性青少年活动场所"的捐赠。
(5) 向"福利性、非营利性老年服务机构"的捐赠。
(6) "通过特定基金会,用于公益救济"的捐赠。

(三) 非公益性捐赠

个人的直接捐赠属于非公益性捐赠,不得在计算应纳税额时扣除。

【例5-24·计算题】20×2年5月,李某花费500元购买体育彩票,一次中奖30 000元,将其中10 000元通过公益性社会团体捐赠给贫困地区。计算李某彩票中奖收入应缴纳个人所得税税额。

【正确答案】
(1) 计算应纳税所得额:偶然所得以收入全额为应纳税所得额,不扣除任何费用,即应纳税所得额为30 000元。
(2) 计算公益性捐赠限额:应纳税所得额为30 000元,应纳税所得额的限额=30 000×30%=9 000(元)。
(3) 计算可扣除的公益性捐赠:捐赠额10 000元超过了9 000元,则可以在应纳税所得额中扣除的捐赠额为9 000元。
(4) 计算应纳税额:应纳税额=30 000×(1−30%)×20%=4 200(元)。

任务5.7 征收管理与纳税申报

一、纳税申报方式

(一) 代扣代缴

代扣代缴方式有关的征收管理规定如下:

(1) 以支付所得的"单位"或"个人"为扣缴义务人。

(2) 扣缴义务人在代扣税款的次月15日内,向主管税务机关报送其支付所得的所有个人的相关涉税信息资料。

(3) 税务机关给付2%的手续费。

(二) 自行申报

自行申报方式的适用情况如下:

(1) 取得"综合所得"需要办理汇算清缴。具体情况如下:①在"两处或者两处以上"取得综合所得,且综合所得年收入额"减去专项扣除"的余额"超过6万元"。②取得劳务报酬所得、稿酬所得、特许权使用费所得中一项或者多项所得,且综合所得年收入额"减去专项扣除"的余额"超过6万元"。③纳税年度内预缴税额"低于"应纳税额的。④纳税人"申请退税"。

(2) 取得应税所得没有扣缴义务人。

(3) 取得应税所得,扣缴义务人未扣缴税款。

(4) 取得境外所得。

(5) 因移居境外注销中国户籍。

(6) "非居民个人"在中国境内从"两处以上"取得工资、薪金所得。

二、纳税期限

(一) 综合所得

(1) 居民个人取得综合所得,按年计算个人所得税。有扣缴义务人的,由扣缴义务人按月或者按次预扣预缴税款;需要办理汇算清缴的,应当在取得所得的次年"3月1日至6月30日"内办理汇算清缴。

(2) 非居民个人取得工资、薪金所得,劳务报酬所得,稿酬所得和特许权使用费所得,有扣缴义务人的,由扣缴义务人"按月或者按次"代扣代缴税款,不办理汇算清缴。

(二) 经营所得

纳税人取得经营所得,按年计算个人所得税,由纳税人在月度或者季度终了后"15日内"向税务机关报送纳税申报表,并预缴税款;在取得所得的次年"3月31日"前办理汇算清缴。

(三) 分类所得

纳税人取得利息、股息、红利所得,财产租赁所得,财产转让所得和偶然所得,按月或者按次计算个人所得税,有扣缴义务人的,由扣缴义务人按月或者按次代扣代缴税款。

(四) 纳税人取得应税所得没有扣缴义务人

若无扣缴义务人,纳税人应当在取得所得的次月15日内向税务机关报送纳税申报表,并缴纳税款。

(五) 扣缴义务人未扣缴税款

(1) 纳税人应当在取得所得的次年6月30日前,缴纳税款。

(2) 税务机关通知限期缴纳的,纳税人应当按照期限缴纳税款。

(六) 居民个人从中国境外取得所得

应当在取得所得的次年3月1日至6月30日内申报纳税。

(七) 非居民个人在中国境内从两处以上取得工资、薪金所得

非居民个人在中国境内从两处以上取得工资、薪金所得的,应当在取得所得的次月15日内申报纳税。

(八) 纳税人因移居境外注销中国户籍

纳税人因移居境外注销中国户籍的,应当在注销中国户籍前办理税款清算。

(九) 扣缴义务人每月或者每次预扣、代扣税款的缴库

扣缴义务人每月或者每次预扣、代扣的税款,应当在次月15日内缴入国库,并向税务机关报送扣缴个人所得税申报表。

注意:纳税期限的最后一日是法定休假日的,以休假日的次日为期限的最后一日。

三、居民纳税人综合所得纳税申报流程

(一) 预缴申报

1. 登录自然人电子税务局(扣缴端)

自然人电子税务局(扣缴端)如图5-1所示。

图5-1 自然人电子税务局(扣缴端)

2. 进行人员信息采集

人员信息采集如图5-2、图5-3所示。

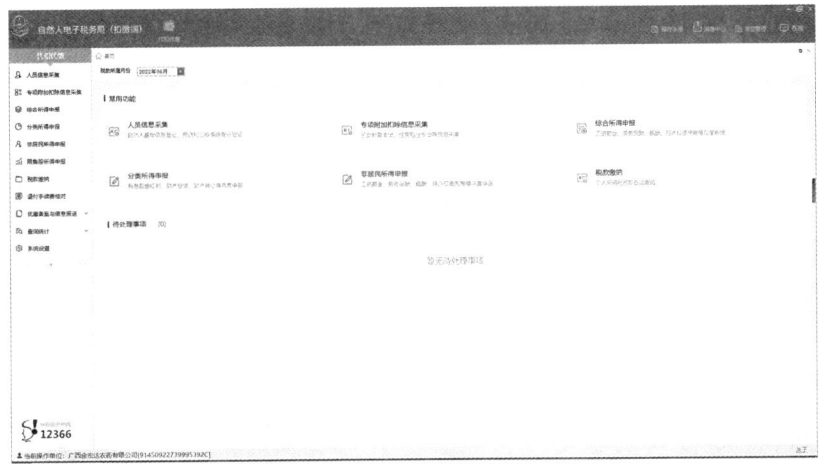

图5-2 人员信息采集-1

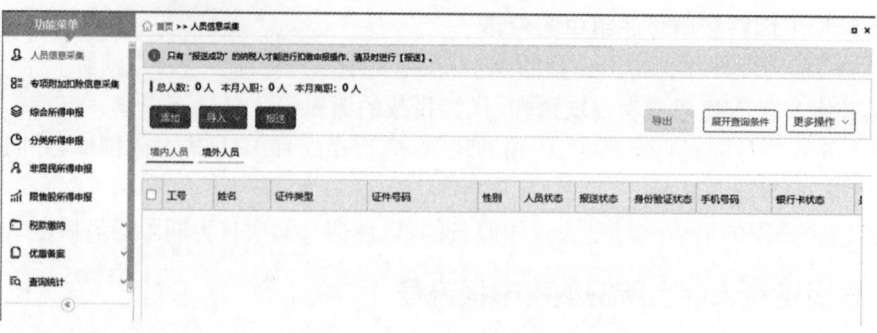

图 5-3　人员信息采集-2

3. 进行专项附加扣除信息采集

专项附加扣除信息采集如图 5-4 所示。

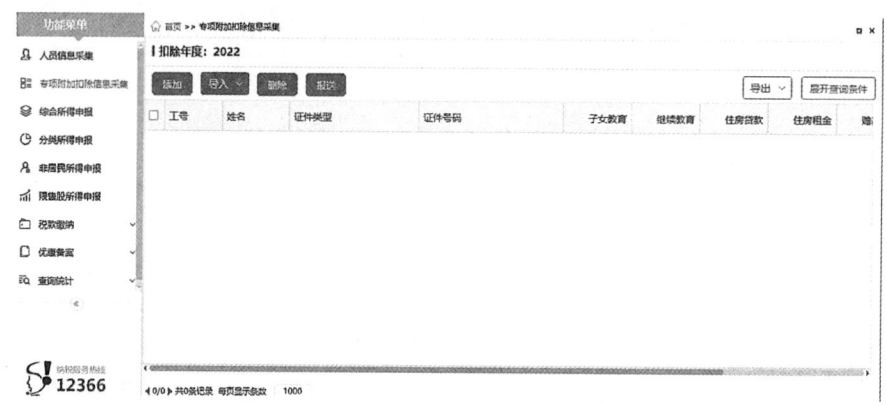

图 5-4　专项附加扣除信息采集

4. 选择需要填报的收入进行填写

各项所得填报选择如图 5-5 所示。

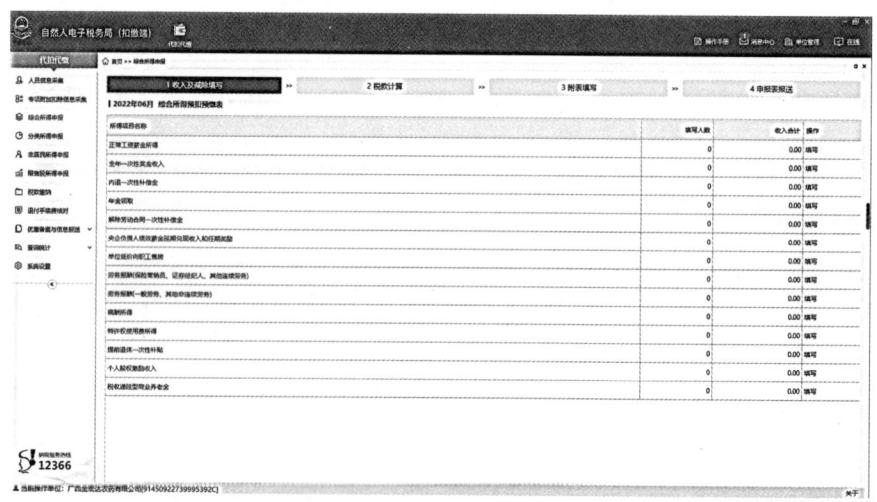

图 5-5　各项所得填报选择

5. 申报表发送

申报表发送如图 5-6 所示。

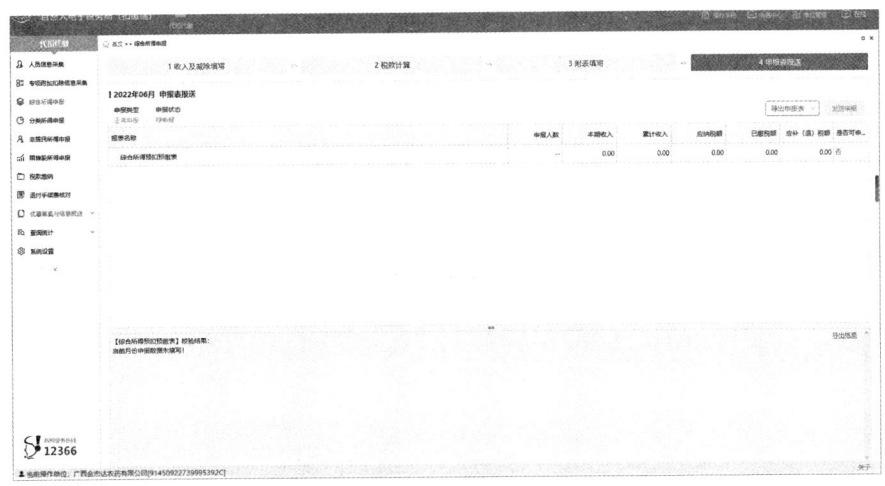

图 5-6 申报表发送

(二) 年度汇算清缴

1. 下载并注册登录个人所得税 App

个人所得税 App 可以从手机各大应用商城下载。个人所得税 App 图标如图 5-7 所示。

2. 进入"综合所得年度汇算"模块

打开 App 后可以使用两种方法中的其中一种进入"综合所得年度汇算"模块：

（1）从首页的"常用业务"区块的"综合所得年度汇算"进入模块页面，进入综合所得年度汇算（方式一）如图 5-8 所示。

图 5-7 个人所得税 App

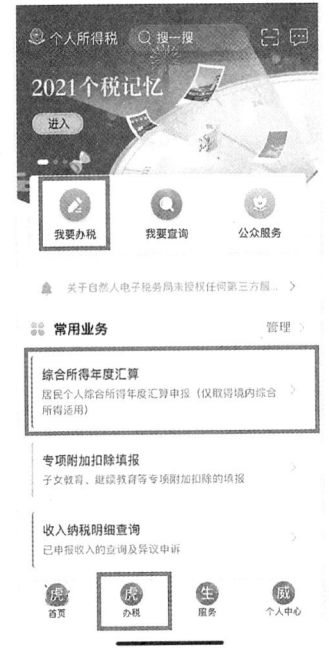

图 5-8 进入综合所得年度汇算（方式一）　图 5-9 进入综合所得年度汇算（方式二）

(2)从快捷入口的"我要办税"或底部"办税"菜单进入后,点击在"税费申报"下的"综合所得年度汇算"。进入综合所得年度汇算(方式二)如图 5-9 所示。

3. 年度汇算清缴申报

在确认收入、专项附加扣除、银行卡等信息无误后,选择需要汇算的年度,开始进入年度汇算清缴申报环节。选择申报年度如图 5-10 所示。

4. 年度填报

年度填报方式分为两种:一是申报表预填报,由税务局将纳税年度平时预扣预缴申报收入直接导入申报表;二是自行申报,需要您根据自己在年度取得的四项综合所得收入情况如实填报。选择填报方式如图 5-11 所示。

图 5-10　选择申报年度

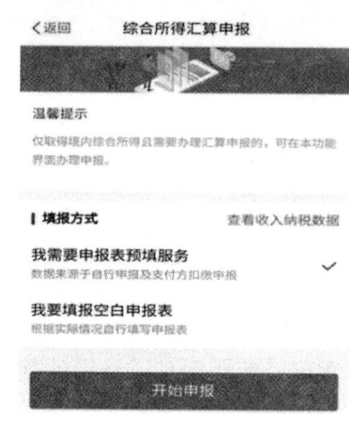

图 5-11　选择填报方式

5. 确认相关信息

确认相关申报信息如图 5-12、图 5-13 所示。

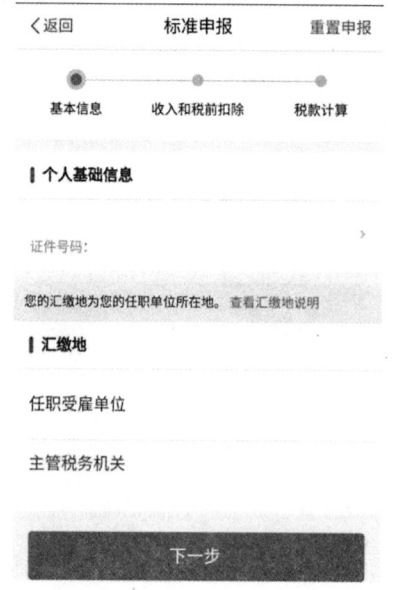

图 5-12　基本信息确认

图 5-13　收入和税前扣除信息确认

6. 确认无误后点击申报

确认无误后点击申报。提交申报如图 5-14 所示。

7. 缴纳税款或申请退税

如果收入不足 12 万元且有应补税额或者收入超出 12 万元但应补税额小于等于 400 元的,符合免予汇算申报条件,则申报提交后无需缴款。如果不符合免予申报条件,则需点击"立即缴税"进入缴税。进行缴税界面后,选择相应的缴税方式完成支付。如果存在多预缴税款的情况,可点击"申请退税"。申请退税如图 5-15 所示。

图 5-14　提交申报　　　　图 5-15　申请退税

四、居民纳税人综合所得纳税申报案例

(一) 代扣代缴申报

南宁阳光广告有限公司发放 20×2 年 4 月工资并申报,共有 2 名员工,均为居民纳税人,请帮助该公司的办税员张小丽,为员工代为扣缴个人所得税(假设每月收入、专项扣除、专项附加扣除均相同)。

员工基本信息如表 5-21 所示。

表 5-21　　　　　　　员工基本信息表　　　　　　金额单位:元

项目	员工信息 1	员工信息 2
姓名	李大能	张小丽
身份证号	130683197811063000	350306197605216000
收入	12 680.00	9 828.00
养老保险	1 014.40	786.24
医疗保险	253.60	196.56
失业保险	126.80	98.28
住房公积金	634.00	491.40
住房贷款利息	1 000.00	—
子女教育	—	1 000.00
住房租金	—	1 500.00
赡养老人	—	500.00
已预扣预缴税款	418.61	23.00

南宁阳光广告有限公司个人所得税扣缴申报表如表 5-22 所示。

表 5-22

个人所得税扣缴申报表

税款所属期：20×2年4月1日至20×2年4月30日

扣缴义务人名称：南宁阳光广告有限公司
扣缴义务人纳税人识别号（统一社会信用代码）：□□□□□□□□□□□□□□□□□□

金额单位：人民币元（列至角分）

序号	姓名	身份证件类型	身份证件号码	纳税人识别号	是否为非居民个人	所得项目	本月收入情况 收入额计算			专项扣除						其他扣除					累计情况		累计专项附加扣除					累计其他扣除	减按计税比例	准予扣除的捐赠额	税款计算							备注
							收入	费用	免税收入	减除费用	基本养老保险费	基本医疗保险费	失业保险费	住房公积金	年金	商业健康保险	税延养老保险	财产原值	允许扣除的税费	其他	累计收入额	累计减除费用	累计专项扣除额	子女教育	赡养老人	住房贷款利息	住房租金	继续教育				应纳税所得额	税率/预扣率	速算扣除数	应纳税额	减免税额	已缴税额	应补/退税额	
1	2	3	4	5	6	7	8	9	10	11	12	13	14	15	16	17	18	19	20	21	22	23	24	25	26	27	28	29	30	31	32	33	34	35	36	37	38	39	40
1	李大能	身份证	略	略	否	工资	12680	0	0	5000	1014.4	253.6	126.80	634							50720	20000	8115.2	4000	2000	4000		6000		100%		18604.8	3%	0	558.14		418.61	139.53	
2	张小丽	身份证	略	略	否	工资	9828	0	0	5000	786.24	196.56	98.28	191.40							39312	20000	6289.92	4000	2000					100%		1022.8	3%	0	30.66		23	7.66	
合计合计							22508	0	0	10000	1800.64	450.16	225.08	1125.4	0	0	0	0	0	0	90032	40000	14405.12	4000	4000	4000	0	6000	0		2	19627.6		0.06	588.8	0	441.61	147.19	

谨声明：本表是根据国家税收法律法规及相关规定填报的，是真实的、可靠的、完整的。

经办人签字：张小雨
经办人身份证件号码：350306197605216821
代理机构章：

扣缴义务人（签章）：

受理人：
受理税务机关章：
受理日期：　年　月　日

20×2年5月10日

国家税务总局监制

(二) 汇算清缴申报

南宁阳光广告有限公司员工李大能20×2年收入情况如下，请你作为办税员张小丽，代李大能完成20×2年度个人所得税汇算清缴。

员工李大能基本信息如下：

身份证号：130683197811063271

每月工资收入：12 680元

养老保险：1 014.4元

医疗保险：253.6元

失业保险：126.8元

住房公积金：634元

住房贷款利息：1 000元

年终奖：30 000元

5月取得劳务报酬：30 000元

已预扣预缴税款：8 861.44元

南宁阳光广告有限公司个人所得税年度申报表如表5-23所示。

表5-23　　　　　　个人所得税年度自行纳税申报表（A表）
（仅取得境内综合所得年度汇算适用）

税款所属期：20×2年 1 月 1 日至20×2年12 月 31 日
纳税人姓名：李大能
纳税人识别号：□□□□□□□□□□□□□□□□□□ 金额单位：人民币元（列至角分）

基本情况					
手机号码	—	电子邮箱	—	邮政编码	□□□□□□
联系地址	广西 省(区、市) 南宁 市 青秀 区(县) _____ 街道(乡、镇) _____				
纳税地点（单选）					
1. 有任职受雇单位的，需选本项并填写"任职受雇单位信息"：			☑任职受雇单位所在地		
任职受雇单位信息	名称	南宁阳光广告有限公司			
	纳税人识别号	□□□□□□□□□□□□□□□□□□			
2. 没有任职受雇单位的，可以从本栏次选择一地：			□户籍所在地	□经常居住地	
户籍所在地/经常居住地	____省(区、市)____市____区(县)____街道(乡、镇)____				
申报类型（单选）					
☑首次申报				□更正申报	
综合所得个人所得税计算					

项目	行次	金额
一、收入合计（第1行＝第2行＋第3行＋第4行＋第5行）	1	182 160.00
（一）工资、薪金	2	152 160.00
（二）劳务报酬	3	30 000.00
（三）稿酬	4	

(续表)

项目	行次	金额
(四)特许权使用费	5	
二、费用合计[第6行＝(第3行＋第4行＋第5行)×20％]	6	6 000.00
三、免税收入合计(第7行＝第8行＋第9行)	7	
(一)稿酬所得免税部分[第8行＝第4行×(1－20％)×30％]	8	
(二)其他免税收入(附报《个人所得税减免税事项报告表》)	9	
四、减除费用	10	60 000.00
五、专项扣除合计(第11行＝第12行＋第13行＋第14行＋第15行)	11	24 345.60
(一)基本养老保险费	12	12 172.80
(二)基本医疗保险费	13	3 043.20
(三)失业保险费	14	1 521.60
(四)住房公积金	15	7 608.00
六、专项附加扣除合计(附报《个人所得税专项附加扣除信息表》)(第16行＝第17行＋第18行＋第19行＋第20行＋第21行＋第22行)	16	12 000.00
(一)子女教育	17	
(二)继续教育	18	
(三)大病医疗	19	
(四)住房贷款利息	20	12 000.00
(五)住房租金	21	
(六)赡养老人	22	
七、其他扣除合计(第23行＝第24行＋第25行＋第26行＋第27行＋第28行)	23	
(一)年金	24	
(二)商业健康保险(附报《商业健康保险税前扣除情况明细表》)	25	
(三)税延养老保险(附报《个人税收递延型商业养老保险税前扣除情况明细表》)	26	
(四)允许扣除的税费	27	
(五)其他	28	
八、准予扣除的捐赠额(附报《个人所得税公益慈善事业捐赠扣除明细表》)	29	
九、应纳税所得额(第30行＝第1行－第6行－第7行－第10行－第11行－第16行－第23行－第29行)	30	79 814.40
十、税率(％)	31	10％
十一、速算扣除数	32	2 520.00
十二、应纳税额(第33行＝第30行×第31行－第32行)	33	5 461.44

(续表)

全年一次性奖金个人所得税计算
（无住所居民个人预判为非居民个人取得的数月奖金，选择按全年一次性奖金计税的填写本部分）

一、全年一次性奖金收入	34	20 000.00
二、准予扣除的捐赠额（附报《个人所得税公益慈善事业捐赠扣除明细表》）	35	
三、税率(%)	36	3%
四、速算扣除数	37	
五、应纳税额[第38行＝(第34行－第35行)×第36行－第37行]	38	600.00

税额调整

一、综合所得收入调整额（需在"备注"栏说明调整具体原因、计算方式等）	39	
二、应纳税额调整额	40	

应补/退个人所得税计算

一、应纳税额合计(第41行＝第33行＋第38行＋第40行)	41	6 061.44
二、减免税额（附报《个人所得税减免税事项报告表》）	42	
三、已缴税额	43	8 861.44
四、应补/退税额(第44行＝第41行－第42行－第43行)	44	－2 800.00

无住所个人附报信息

纳税年度内在中国境内居住天数		已在中国境内居住年数	

退税申请
（应补/退税额小于0的填写本部分）

☑申请退税(需填写"开户银行名称""开户银行省份""银行账号")   □放弃退税

开户银行名称	—	开户银行省份	广西
银行账号	—		

备注

谨声明：本表是根据国家税收法律法规及相关规定填报的，本人对填报内容(附带资料)的真实性、可靠性、完整性负责。

纳税人签字：李大能

20×3年3月5日

经办人签字：张小丽 经办人身份证件类型：身份证 经办人身份证件号码：350306197605216821 代理机构签章： 代理机构统一社会信用代码：	受理人： 受理税务机关(章)： 受理日期：　　年　　月　　日

国家税务总局监制

模 块 测 试

一、单选题

1. 根据个人所得税法律制度的规定,下列各项中,属于工资、薪金所得项目的是( )。
   A. 劳动分红　　　B. 托儿补助费　　　C. 独生子女补贴　　　D. 误餐补助

2. 根据个人所得税法律制度的规定,下列所得中属于劳务报酬所得的是( )。
   A. 兼职所得
   B. 个人取得特许权的经济赔偿收入
   C. 从任职公司取得的年终奖
   D. 从任职公司取得的董事费收入

3. 某画家于20×2年5月将其精选的书画作品交由某出版社出版,从出版社取得报酬10万元。该笔报酬在缴纳个人所得税时适用的税目是( )。
   A. 工资薪金所得　　B. 劳务报酬所得　　C. 稿酬所得　　D. 特许权使用费所得

4. 根据个人所得税法律制度的规定,综合所得采用的税率形式是( )。
   A. 超额累进税率　　B. 全额累进税率　　C. 超率累进税率　　D. 超倍累进税率

5. 某单位高级工程师蒋某于20×2年2月取得一项特许权使用费收入3 000元。已知特许权使用费所得每次收入不超过4 000元的,减除费用800元,适用预扣率为20%。蒋某取得该项收入应预缴个人所得税税额的下列算式中正确的是( )。
   A. (3 000−800)×20%
   B. (3 000−800)×(1−20%)×20%
   C. 3 000×(1−20%)×20%
   D. 3 000×20%

6. 20×2年1月,某居民纳税人出租用于居住的住房,取得出租房屋的租金收入5 000元。假定不考虑其他税费,计算其应缴纳个人所得税税额的下列算式中,正确的是( )。
   A. 5 000×(1−20%)×10%
   B. (5 000−800)×10%
   C. 5 000×(1−20%)×20%
   D. (5 000−800)×20%

7. 根据个人所得税法律制度的规定,下列应按"工资、薪金所得"税目,征收个人所得税的是( )。
   A. 单位全勤奖
   B. 参加商场活动中奖
   C. 出租闲置房屋取得的所得
   D. 利息、股息、红利所得

8. 20×2年1月,周某在商场举办的有奖销售活动中获得奖金4 000元,周某领奖时支付餐费30元、交通费70元。已知偶然所得适用的个人所得税税率为20%。计算周某中奖奖金应缴纳的个人所得税税额的下列算式中,正确的是( )。
   A. (4 000−70)×20%
   B. (4 000−30−70)×20%
   C. (4 000−30)×20%
   D. 4 000×20%

9. 20×2年12月9日,李某取得本月初购入的A上市公司股票红利5万元,该股票于本月15日转让。假定不考虑其他因素,下列有关李某取得的上市公司股利的表述中,正确的是( )。
   A. 李某取得的上市公司股利免征个人所得税
   B. 李某取得的上市公司股利应全额计入应纳税所得额
   C. 李某取得的上市公司股利,暂减按50%计入应纳税所得额
   D. 李某取得的上市公司股利,应按"财产转让所得"项目计征个人所得税

10. 根据个人所得税法律制度的规定,下列支出中,应按照"偶然所得"计征个人所得税的是(　　)。

　　A. 个人购买彩票中奖收入　　　　B. 个人转让房屋

　　C. 个人取得的出租房屋收入　　　D. 个人取得特许权的转让收入

11. 根据个人所得税法律制度的规定,下列关于子女教育专项附加扣除的表述中不正确的是(　　)。

　　A. 包括学前教育和全日制学历教育

　　B. 按照每个子女每年12 000元的标准定额扣除

　　C. 由父母双方分别按照扣除标准的50%扣除

　　D. 学历教育包括义务教育、高中阶段教育、高等教育

12. 根据个人所得税法律制度的规定,下列各项中,属于综合所得计算应纳税额时可以扣除的是(　　)。

　　A. 赵某2岁儿子小赵的婴幼儿照看支出

　　B. 钱某使用商业银行贷款购买第二套住房,发生的贷款利息支出

　　C. 孙某赡养55岁母亲的支出

　　D. 李某在上海拥有一套住房,在上海租房发生的租金支出

13. 作家赵某(非居民个人)在一家晚报上发表了一篇小说,取得稿酬收入12 000元。已知稿酬所得每次应纳税所得额不超过3 000元的,适用税率为3%;超过3 000元至12 000元的部分,适用税率为10%,速算扣除数为210。赵某取得该笔稿酬时,该晚报应代扣代缴赵某稿酬所得应缴纳的个人所得税的下列算式中,正确的是(　　)。

　　A. 12 000×(1−20%)×70%×3%　　　B. 12 000×(1−20%)×70%×10%−210

　　C. 12 000×70%×10%−210　　　　　D. 12 000×(1−20%)×10%−210

14. 某企业雇员王某20×2年每月领取工资8 500元,9月领取加班奖金350元、季度奖金1 500元。前8个月王某的工资、薪金所得已经累计预扣预缴个人所得税840元。已知累计预扣预缴应纳税所得额不超过36 000元的部分,适用预扣率为3%。下列计算王某9月工资、薪金所得应预扣预缴的个人所得税算式中正确的是(　　)。

　　A. (8 500×9+350+1 500−5 000×9)×3%−840

　　B. (8 500×9−5 000×9)×3%−840

　　C. (8 500×9+1 500−5 000×9)×3%−840

　　D. (8 500×9+350−5 000×9)×3%−840

15. 根据个人所得税法律制度的规定,下列各项中,不属于专项附加扣除的是(　　)。

　　A. 基本养老保险　　B. 住房租金　　C. 大病医疗　　D. 子女教育

二、多选题

1. 根据个人所得税法律制度的规定,下列各项中,属于个人所得税纳税义务人的有(　　)。

　　A. 个体工商户　　　　　　　　　　B. 个人独资企业的投资者

　　C. 在中国有所得的外籍人员　　　　D. 股份制企业

2. 根据个人所得税法律制度的规定,下列各项中,应当按照"工资、薪金所得"项目征收个人所得税的有(　　)。

　　A. 劳动分红　　　　　　　　　　　B. 兼职教师劳务费

　　C. 差旅费津贴　　　　　　　　　　D. 以误餐补助名义发给职工的补助

3. 根据个人所得税法律制度的规定,下列关于个人取得所得的表述中,正确的有( )。
A. 个人通过注册登记的个体工商户取得的所得,按经营所得征税
B. 个体工商户经营所得按月计征
C. 个人依法取得执照从事办学活动取得的所得,按经营所得计征个人所得税
D. 境内合伙企业的个人合伙人从事生产经营活动取得的所得,征收企业所得税

4. 根据个人所得税法律制度的规定,下列关于个人取得股息红利所得的处理,表述正确的有( )。
A. 个人取得的上市公司股票,持有期限在1个月以内的,股息红利所得全额计入应纳税所得额
B. 个人取得的上市公司股票,持有期限在1个月以上至1年的,股息红利所得减半计入应纳税所得额
C. 个人取得的上市公司股票,持有期限超过1年的,股息红利所得暂免征收个人所得税
D. 个人持有的上市公司限售股,解禁前取得的股息红利所得暂免征收个人所得税

5. 根据个人所得税法律制度的规定,下列属于来源于中国境内的所得有( )。
A. 劳务报酬所得,实际提供劳务地在我国境内
B. 在中国境内转让机器设备取得的所得
C. 特许权使用费所得,特许权的使用地在我国境内
D. 从中国境内的公司、企业以及其他经济组织或者个人取得的利息、股息、红利所得

6. 根据个人所得税法律制度的规定,下列项目中可以免征个人所得税的奖金有( )。
A. 购物抽奖所获奖金   B. 省级政府颁发的科技奖奖金
C. 企业年会抽奖所获的奖金   D. 举报偷税行为所获奖金

7. 根据个人所得税法律制度的规定,以下关于个人购买福利彩票、体育彩票一次中奖收入应缴纳的个人所得税表述正确的有( )。
A. 一次中奖收入在1万元以下(含1万元)的,减半征收个人所得税
B. 一次中奖收入在1万元以下(含1万元)的,暂免征收个人所得税
C. 一次中奖收入超过1万元的,超过部分征收个人所得税
D. 一次中奖收入超过1万元的,全额征收个人所得税

8. 根据个人所得税法律制度的规定,下列各项中应按"工资、薪金所得"计算缴纳个人所得税的有( )。
A. 单位发放的差旅费津贴、误餐补助   B. 单位发放的加班补贴
C. 退休人员再任职取得的收入   D. 单位发放的年终奖

9. 根据个人所得税法律制度的规定,下列所得中,属于综合所得的有( )。
A. 财产转让所得   B. 工资、薪金所得   C. 劳务报酬所得   D. 财产租赁所得

10. 根据个人所得税法律制度的规定,个体工商户的下列支出中,在计算经营所得应纳税所得额时,不得扣除的有( )。
A. 税收滞纳金   B. 个人所得税税款
C. 赞助支出   D. 符合扣除规定的捐赠支出

三、判断题

1. 个人担任公司董事,且不在公司任职、受雇的,其担任董事职务所取得的董事费收入,按照"劳务报酬所得"税目缴纳个人所得税。( )

2. 企业对累计消费达到一定额度的顾客给予额外抽奖机会,个人的获奖所得免征个人所得税。（   ）

3. 个人取得稿酬收入,收入额减按30%计算。（   ）

4. 刘某于20×2年12月取得彩票中奖所得100万元,为了扶持家乡教育事业发展,遂拿出50万元通过当地政府给家乡农村义务教育进行捐赠。则刘某计算中奖所得应缴纳的个人所得税时,应纳税所得额为50万元。（   ）

5. 偶然所得按次计征个人所得税。（   ）

四、计算题

1. 某公司高级工程师陈某20×2年取得如下收入:①工资收入7 000元;②稿费收入5 000元;③讲学收入500元;④到期国债利息收入1 286元;⑤出租用于居住的住房,取得出租住房的租金收入为6 000元。

已知:陈某每月三险一金扣除1 000元,符合条件的专项附加扣除为1 000元,无其他扣除项目。财产租赁所得每次收入不超过4 000元的,减除费用800元;超过4 000元的,减除20%的费用,其余额为应纳税所得额。已知自2001年1月1日起,对个人出租住房取得的所得暂减按10%的税率征收个人所得税,20×2年已符合该条件。

要求:计算陈某20×2年应缴纳的个人所得税。

2. 20×2年10月,杨某取得如下收入:

(1) 出租住房,取得租金收入3 000元,发生相关税费168元、修缮费2 000元。

(2) 出版书稿,获得稿酬9 000元。

(3) 转让境内A股股票,取得转让收入100 000元;取得A股股息收入1 000元(持股18个月)。

(4) 杨某的汽车被盗,获得保险赔偿200 000元。

(5) 取得国家发行金融债券利息收入1 000元。

已知:个人出租住房所得适用的个人所得税税率为10%。

要求:计算杨某20×2年10月应缴纳的个人所得税。

3. 中国公民王某20×2年的收入情况如下:

(1) 每月取得工资收入10 000元、独生子女补贴150元、误餐补助500元、无迟到奖金200元。

(2) 将自编剧本手稿原件公开拍卖取得所得10 000元。

(3) 5月,取得上市公司股息所得2 000元(持股8个月)。

(4) 10月,将一套自用住房转让,取得转让收入200万元,支付转让税费5万元,该套住房当时的购买价为120万元,购买时间为2010年6月并且是唯一的家庭生活用房。

已知:陈某每月三险一金扣除1 000元,符合条件的专项附加扣除为1 000元,无其他扣除项目。

要求:计算王某20×2年应缴纳的个人所得税。

4. 梁某在一家民营企业担任技术总监,20×2年收入及支出情况如下:

(1) 每月工资收入为15 000元;社会保险和住房公积金个人缴存比例为:基本养老保险8%,基本医疗保险2%,失业保险0.5%,住房公积金12%;梁某缴纳社会保险费核定的缴费工资基数为10 000元。

(2) 梁某于某大学的博士学位在读。

(3) 10月，梁某因患病住院治疗，扣除医保报销后个人负担20 000元。

(4) 12月，通过当地政府向某农村小学捐赠3 500元。

已知：住院治疗个人负担的费用均为医保目录范围内的自付部分，大病医疗支出累计超过15 000元的部分，在80 000元限额内据实扣除；纳税人在中国境内接受学历继续教育的支出，按照每年4 800元定额扣除。

要求：计算梁某20×2年应缴纳的个人所得税。

模块 6

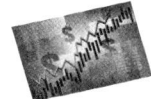

财产和行为税类纳税实务

[考核目标]
1. 掌握财产和行为税类的征税范围
2. 掌握财产和行为税类的税款计算

[实践目标]
1. 掌握财产和行为税类的税源明细表的填写
2. 掌握财产和行为税类的纳税申报表的填写

[思政目标]
1. 培养诚实守信的职业道德
2. 树立遵纪守法、依法纳税的意识
3. 结合税收调节经济作用,树立税收取之于民、用之于民的观念
4. 认知国家实施简并征税给纳税人带来的便利

[知识点思维导图]

```
                                    ┌─ 概念
                                    ├─ 纳税人
                                    ├─ 征税范围和税率
                        城镇土地使用税 ┤
                                    ├─ 应纳税额的计算
                                    ├─ 税收优惠政策
                                    └─ 纳税申报

                                    ┌─ 概念和特征
                                    ├─ 纳税人
                                    ├─ 征税范围和税率
   财产和行为税类纳税实务 ── 房产税    ┤
                                    ├─ 应纳税额的计算
                                    ├─ 税收优惠政策
                                    └─ 纳税申报

                                    ┌─ 概念和特征
                                    ├─ 纳税人和扣缴义务人
                                    ├─ 征税范围和税率
                        车船税       ┤
                                    ├─ 应纳税额的计算
                                    ├─ 税收优惠政策
                                    └─ 纳税申报
```

```
                    ┌ 印花税 ─┬ 概念和特征
                    │        ├ 纳税人和扣缴义务人
                    │        ├ 征税范围和税率
                    │        ├ 应纳税额的计算
                    │        ├ 税收优惠政策
                    │        └ 纳税申报
                    │
                    ├ 耕地占用税 ─┬ 概念
                    │            ├ 纳税人
                    │            ├ 征税范围和税率
                    │            ├ 应纳税额的计算
                    │            ├ 税收优惠政策
                    │            └ 纳税申报
                    │
                    ├ 资源税 ─┬ 概念
                    │        ├ 纳税人
                    │        ├ 征税范围和税率
                    │        ├ 应纳税额的计算
                    │        ├ 税收优惠政策
                    │        └ 纳税申报
                    │
财产和行为税类纳税实务 ┤
                    ├ 土地增值税 ─┬ 概念和特征
                    │            ├ 纳税人
                    │            ├ 征税范围和税率
                    │            ├ 应纳税额的计算
                    │            ├ 税收优惠政策
                    │            ├ 纳税清算
                    │            └ 纳税申报
                    │
                    ├ 契税 ─┬ 概念和特征
                    │      ├ 纳税人
                    │      ├ 征税范围和税率
                    │      ├ 应纳税额的计算
                    │      ├ 税收优惠政策
                    │      └ 纳税申报
                    │
                    ├ 环境保护税 ─┬ 概念和纳税人
                    │            ├ 征税范围
                    │            ├ 应纳税额的计算
                    │            ├ 税收优惠政策
                    │            └ 纳税申报
                    │
                    ├ 烟叶税 ─┬ 概念
                    │        ├ 征税范围和纳税人
                    │        ├ 税率
                    │        ├ 应纳税额的计算
                    │        └ 纳税申报
                    │
                    └ 财产和行为税简并征税 ─┬ 简并申报
                                         └ 财产和行为税类纳税申报表
```

 **案例导读**

为进一步支持小微企业发展,财政部、国家税务总局于2022年3月颁布了《关于进一步实施小微企业"六税两费"减免政策的公告》(2022年第10号)。公告中明确规定从2022年1月1日至2024年12月31日,由省、自治区、直辖市人民政府根据本地区实际情况,以及宏观调控需要确定,对增值税小规模纳税人、小型微利企业和个体工商户可以在50%的税额幅度内减征资源税、城市维护建设税、房产税、城镇土地使用税、印花税(不含证券交易印花税)、耕地占用税和教育费附加、地方教育附加。增值税小规模纳税人、小型微利企业和个体工商户已依法享受资源税、城市维护建设税、房产税、城镇土地使用税、印花税、耕地占用税、教育费附加、地方教育附加其他优惠政策的,可叠加享受公告第一条规定的优惠政策。

陕西省佛坪县国宝岭生态农业发展有限公司是一家致力于天然有机农产品开发、研究和精深加工的小微企业。2022年不仅收到了3.8万元留抵退税款,而且叠加享受"六税两费"减半征收的优惠。"税收优惠政策的助力和税务部门倾力打造的营商环境,为我们这些处在发展关键期的小微企业注入了成长壮大的动力。"该公司负责人表示,税务干部总是在第一时间主动上门送政策,让企业及时享受政策红利。

(资料来源:

杨海洋. 税惠支持暖企助力小微企业(提信心添活力[EB/OL]. (2022-12-07)[2023-06-30]. http://www.chinatax.gov.cn/chinatax/c102095/c5183152/content.html.)

思考: 对小微企业减税降费的主要意义是什么?

任务6.1 城镇土地使用税

一、概念

城镇土地使用税是国家在城市、县城、建制镇和工矿区范围内,对使用土地的单位和个人,以其实际占用的土地面积为计税依据,按照规定的税额计算征收的一种税。

城市是指经国务院批准设立的城市,城市的征税范围为市区和郊区。县城是指县人民政府所在地,县城的征税范围为县人民政府所在的城镇。建制镇是指经省、自治区、直辖市人民政府批准设立的建制镇,建制镇的征税范围为镇人民政府所在的城镇。工矿区是指工商业比较发达,人口比较集中,符合国务院规定的建制镇标准,但尚未设立建制镇的大中型工矿企业所在地。

二、纳税人

城镇土地使用税由拥有土地使用权的单位或个人缴纳。拥有土地使用权的纳税人不在土地所在地的,由代管人或实际使用人缴纳。土地使用权未确定或权属纠纷未解决的,由实际使用人纳税。土地使用权共有的,共有各方均为纳税人,以共有各方实际使用土地的面积占总面积的比例分别计算、缴纳城镇土地使用税。

【提示】用于租赁的房屋,由出租方缴纳房产税、城镇土地使用税。

【例题6-1·单选题】根据城镇土地使用税法律制度的规定,下列关于城镇土地使用税纳税人的表述中,不正确的是( )。
A. 拥有土地使用权的纳税人不在土地所在地的,由代管人或实际使用人缴纳
B. 土地使用权未确定或权属纠纷未解决的,由实际使用人纳税
C. 城镇土地使用税由拥有土地使用权的单位或者个人缴纳
D. 土地使用权共有的,共有各方均为纳税人,应纳税额由各方平摊
【正确答案】 D
【答案解析】 土地使用权共有的,共有各方均为纳税人,由共有各方按比例分别纳税。

三、征税范围和税率

(一)征税范围

凡在城市、县城、建制镇、工矿区范围内的土地,都属于城镇土地使用税的征收范围,不区分国家所有,还是集体所有。征税范围不包括农村集体所有的土地。

【例题6-2·多选题】下列各项中属于城镇土地使用税的征收范围的有( )。
A. 集体所有的建制镇土地　　　B. 集体所有的城市土地
C. 集体所有的农村土地　　　　D. 国家所有的工矿区土地
【正确答案】 ABD
【答案解析】 凡在城市、县城、建制镇、工矿区范围内(不包括农村)的土地,不论是属于国家所有的土地,还是集体所有的土地,都属于城镇土地使用税的征税范围。

【例题6-3·多选题】根据城镇土地使用税法律制度的规定,下列表述正确的有( )。
A. 城市的征税范围只包括市区,不包括郊区和农村
B. 建制镇的征税范围为镇人民政府所在地的地区,不包括所辖建制村
C. 城镇土地使用税的具体征税范围,由各省级人民政府划定
D. 我国境内拥有土地使用权的单位和个人,均应缴纳土地使用税
【正确答案】 BC
【答案解析】 城市的征税范围包括郊区,不包括农村。

(二)税率

城镇土地使用税采用幅度差别定额税率,按大、中、小城市和县城、建制镇、工矿区分别规定每平方米土地应纳税额。城镇土地使用税税率如表6-1所示。

表6-1　　　　　　　　　　城镇土地使用税税率表

级别	人口数	每年每平方米税额(元)
大城市	50万以上	1.5~30
中等城市	20万~50万	1.2~24
小城市	20万以下	0.9~18
县城、建制镇、工矿区	—	0.6~12

四、应纳税额的计算

(一)计税依据

城镇土地使用税以纳税人实际占用的土地面积为计税依据。凡由省级人民政府确定的单

位组织测定土地面积的,以测定的土地面积为准。尚未组织测定,但纳税人持有政府部门核发的土地使用权证书的,以证书确定的土地面积为准。尚未核发土地使用权证书的,应当由纳税人据实申报土地面积,待核发土地使用权证书后再作调整。

(二) 应纳税额的计算方法

应纳税额的计算公式如下:

$$年应纳税额＝实际占用应税土地面积(平方米)×适用税额$$

【**例题 6-4·计算题**】甲贸易公司位于市区,实际占地面积为 5 000 平方米,其中办公区占地 4 000 平方米,生活区占地 1 000 平方米。甲贸易公司还有一个位于农村的仓库,实际占地面积为 1 500 平方米。已知城镇土地使用税适用税率是每平方米税额为 5 元。请计算甲贸易公司全年应缴纳城镇土地使用税税额。

【**正确答案**】 应缴纳城镇土地使用税税额＝5 000×5＝25 000(元)

【**答案解析**】 城镇土地使用税的征税范围包括在城市、县城、建制镇、工矿区范围内的土地,农村的土地不属于城镇土地使用税的征税范围。

五、税收优惠政策

城镇土地使用税税收优惠政策如表 6-2 所示。

表 6-2　　　　　　　　　　城镇土地使用税税收优惠政策

行为		优惠政策
非经营行为	免征	(1) 国家机关、人民团体、军队自用的土地 (2) 由国家财政部门拨付事业经费的单位自用的土地 (3) 宗教寺庙、公园、名胜古迹自用的土地 【提示】公园、名胜古迹内附设的营业单位占用的土地,如"索道公司经营用地",应按规定缴纳城镇土地使用税 (4) 市政街道、广场、绿化地带等公共用地 (5) 老年服务机构的自用土地
国家鼓励的行为	免征	(1) 直接用于农、林、牧、渔业的生产用地 (2) 经批准开山填海整治的土地和改造的废弃土地,从使用的月份起免缴土地使用税 5～10 年 (3) 农产品批发市场、农贸市场用地 (4) 国家级、省级科技企业孵化器等用地 (5) 企业办的学校、医院、托儿所、幼儿园,其用地能与企业其他用地明确区分的 (6) 全民健身体育场馆用地
占用耕地		缴纳了耕地占用税的,从批准征用之日起满 1 年后征收城镇土地使用税
无偿使用	免征	免税单位无偿使用纳税单位的土地
	不免征	纳税单位无偿使用免税单位的土地
房地产开发	免征	经批准开发建设经济适用房的用地
	不免征	其他各类房地产开发用地
各行业免征规定	厂区内征	包括办公区、生活区、绿化带、机场跑道等 【提示】自 2016 年 1 月 1 日起,企业范围内的荒山、林地、湖泊等占地,全额征收城镇土地使用税
	厂区外免征	企业的铁路专用线、公路等用地;在厂区以外、与社会公用地段未加隔离的
		火电厂围墙外的灰场、输灰管、输油(气)管道、铁路专用线用地;水电站发电厂房、生产、办公、生活以外的用地;供电部门的输电线路、变电站用地

(续表)

行为		优惠政策
各行业免征规定	厂区外免征	盐场的盐滩、盐矿的矿井用地
		林场的育林地、运材道、防火道、防火设施用地;森林公园、自然保护区用地
		水利设施及其管护用地:如水库库区、大坝、堤防、灌渠、泵站等用地
		港口、码头用地
		机场:飞行区用地、场内外通信导航设施用地、飞行区四周排水防洪设施用地、场外的道路用地
		石油行业:地质勘探、钻井、井下作业、油气田地面工程等施工临时用地;企业厂区以外的铁路专用线、公路及输油管道用地;油气长输管线用地;在城市、县城、建制镇以外工矿区内的消防、防洪排涝、防风、防沙设施用地

【例题 6-5 · 单选题】根据城镇土地使用税法律制度的规定,下列城市用地中,不属于城镇土地使用税免税项目的是( )。

A. 市政街道公共用地　　　　　　B. 国家机关自用的土地
C. 企业生活区用地　　　　　　　D. 公园自用的土地

【正确答案】　C
【答案解析】　选项 ABD,均属于非经营行为用地,免征城镇土地使用税。

【例题 6-6 · 计算题】甲公园位于市郊,实际占用土地面积为 4 700 000 平方米,其中索道公司经营用地有 32 000 平方米。已知城镇土地使用税适用税率是每平方米年税额为 5 元。请计算甲公园应缴纳城镇土地使用税税额。

【正确答案】　应缴纳城镇土地使用税税额=32 000×5=160 000(元)
【答案解析】　公园自用土地免征城镇土地使用税,索道公司经营用地应按规定缴纳城镇土地使用税。

【例题 6-7 · 计算题】甲服装公司(位于某县城)实际占地面积为 30 000 平方米,其中办公楼占地 500 平方米,厂房仓库占地 22 000 平方米,厂区内铁路专用线、公路等占地 7 500 平方米。该公司还有一个位于农村的仓库,租给公安局使用,实际占用面积为 15 000 平方米,已知当地规定的城镇土地使用税每平方米年税额为 5 元。请计算甲服装公司当年应缴纳城镇土地使用税税额。

【正确答案】　应缴纳城镇土地使用税税额=30 000×5=150 000(元)
【答案解析】　企业的铁路专用线、公路等用地除非另有规定,在企业厂区以内的,应照章征收城镇土地使用税;在厂区以外、与社会公用地段未加隔离的,暂免征收城镇土地使用税。

六、纳税申报

(一)纳税义务发生时间

城镇土地使用税的纳税义务发生时间按不同情形有以下几种规定:
(1)纳税人购置新建商品房,为自房屋交付使用之次月起。
(2)纳税人购置存量房,为自办理房屋权属转移、变更登记手续,房地产权属登记机关签发房屋权属证书之次月起。
(3)纳税人出租、出借房产,为自交付出租、出借房产之次月起。

(4) 以出让或转让方式有偿取得土地使用权的,为合同约定交付土地时间的次月起;合同未约定交付土地时间的,为合同签订的次月起。

(5) 纳税人新征用的耕地,为自批准征用之日起满1年时。

(6) 纳税人新征用的非耕地,为自批准征用次月起。

(二) 征收方式及纳税地点

城镇土地使用税按年计算、分期缴纳。缴纳期限由省、自治区、直辖市人民政府确定。城镇土地使用税由土地所在地的税务机关征收。土地管理机关应当向土地所在地的税务机关提供土地使用权属资料。

【例题6-8·多选题】下列关于城镇土地使用税纳税义务发生时间的表述中,正确的有( )。

A. 纳税人购置新建商品房,自房屋交付使用之次月起缴纳城镇土地使用税

B. 纳税人以出让方式有偿取得土地使用权的,应从合同约定交付土地时间的次月起缴纳城镇土地使用税

C. 纳税人新征用的耕地,自批准征用之日起满1年时缴纳城镇土地使用税

D. 纳税人新征用的非耕地,自批准征用次月起缴纳城镇土地使用税

【正确答案】 ABCD

(三) 填写税源明细表

根据《关于修订城镇土地使用税和房产税申报表单的公告》(国家税务总局公告2019年第32号)规定,城镇土地使用税和房产税使用同一张税源明细表。

【情境实战】城镇土地使用税应纳税额的计算和纳税申报

广西佳源有限责任公司(纳税人识别号为91450130MAA7GW9B39,以下简称佳源公司)的经营地点是广西省南宁市东风路8号,20×2年年初实际占地面积为3 500平方米(土地编号为T4502002016000)。20×2年6月,佳源公司为扩大生产,根据有关部门的批准,新征用非耕地2 000平方米(土地编号为T4502002021687)。已知佳源公司所处地段适用年纳税额为6元/平方米。按照当地规定,城镇土地使用税按季度进行纳税申报。佳源公司于20×2年12月1日对其20×2年下半年城镇土地使用税进行纳税申报。

1. 工作任务要求

(1) 计算佳源公司20×2年下半年应缴纳的城镇土地使用税税额。

(2) 填写20×2年下半年城镇土地使用税税源明细表。

2. 操作步骤

第一步:根据经济业务计算20×2年下半年应缴纳的城镇土地使用税税额如下:

20×2年下半年应纳城镇土地使用税=3 500×8+2 000×8×6÷12=36 000(元)

第二步:填写20×2年下半年城镇土地使用税税源明细表,具体如表6-3、表6-4所示。

表 6-3　城镇土地使用税房产税税源明细表

纳税人识别号(统一社会信用代码)：91450130MAA7GW9B39　　　　　　金额单位：人民币元(列至角分)；面积单位：平方米

纳税人名称：广西佳源有限责任公司

一、城镇土地使用税税源明细

纳税人类型	土地使用权人☑　集体土地使用人□　无偿使用人□　代管人□　实际使用人□（必选）	土地使用权人纳税人识别号（统一社会信用代码）	91450130MAA7GW9B39	土地使用权人名称	
土地编号		土地名称		不动产权证号	
不动产单元号	T450200216000	宗地号		土地性质	国有☑　集体□（必选）
土地取得方式	划拨□　出让□　转让□　租赁□　其他□（必选）	土地用途			工业□　商业□　居住□　综合☑　其他□（必选）　房地产开发企业的开发用地□
土地坐落地址（详细地址）	省(自治区、直辖市)　　市(区)　　县(区)　　乡镇(街道)				
土地所属主管税务所（科、分局）		变更类型	纳税义务终止□　权属转移□　其他□　信息项变更□（土地面积变更□　土地等级变更□　其他□）	变更时间	年　月
土地取得时间	年　月	土地等级	1级	税额标准	8
占用土地面积	3 500	其中取得土地使用权支付金额		其中土地开发成本	
地价					
减免税部分	序号	减免性质代码	减免项目名称	减免起止时间	月减免税金额
				起始月份　年　月	终止月份　年　月
	1				
	2				
	3				

二、房产税税源明细

（一）从价计征房产税源明细

| 纳税人类型 | 产权所有人□　经营管理人□　承典人□　房屋代管人□　房屋使用人□　融资租赁承租人□（必选） | 所有权人纳税人识别号（统一社会信用代码） | | 所有权人名称 | |

(续表)

房产编号	*	房产名称	
不动产权证号		不动产单元号	
房屋坐落地址（详细地址）	省（自治区、直辖市）	市（区）	县（区）	乡镇（街道）（必填）
房产所属主管税务所（科、分局）	*		
房屋所在土地编号	变更类型	纳税义务终止 □ 权属转移 □ 其他 □ 出租房产原值变更 □ 减免税变更 □	房产用途 工业 □ 商业及办公 □ 住房 □ 其他 □（必选）
房产取得时间	年 月（必填）	信息项变更（房产原值变更 □ 其他 □）	变更时间 年 月
建筑面积	（必填）	其中：出租房产面积	
房产原值		其中：出租房产原值	
减免税部分	序号	减免性质代码	减免项目名称	减免起止时间	计税比例	减免税土地面积	月减免税金额
				起始月份 年 月	终止月份 年 月		系统设定
	1						
	2						
	3						

（二）从租计征房产税明细

房产编号		房产名称	（必填）
房产用途	工业 □ 商业及办公 □ 住房 □ 其他 □		
房产坐落地址（详细地址）	省（自治区、直辖市）	市（区）	县（区）	乡镇（街道）
房产所属主管税务所（科、分局）			
承租方纳税人识别号（统一社会信用代码）		承租方名称	
出租面积		合同租金总收入	
合同约定租赁期起		合同约定租赁期止	

(续表)

申报租金所属租赁期起	申报租金所属租赁期止
减免性质代码	减免项目名称	享受减免税租金收入
减免税额		

声明：此表是根据国家税收法律法规及相关规定填写的，本人（单位）对填报内容（及所附带资料）的真实性、可靠性、完整性负责。

纳税人（签章）：

年　月　日

经办人：	受理人：
经办人身份证号：	受理税务机关（章）：
代理机构签章	受理日期：　年　月　日
代理机构统一社会信用代码：	

本表一式两份，一份纳税人留存，一份税务机关留存。

表6-4　城镇土地使用税房产税税源明细表

纳税人识别号（统一社会信用代码）：91450130MAA7GW9B39
纳税人名称：广西佳源有限责任公司

金额单位：人民币元（列至角分）；面积单位：平方米

一、城镇土地使用税税源明细

		土地使用权纳税人识别号（统一社会信用代码）	91450130MAA7GW9B39		
纳税人类型	土地使用权人☑　集体土地使用人□ 无偿使用人□　代管人□ 实际使用人□（必选）	土地使用权人名称			
土地编号	T45020002021687	不动产权证号			
不动产单元号		土地性质			
土地取得方式	划拨□　出让□　转让□　租赁□ 其他□（必选）	土地用途	工业□　商业□　居住□ 其他□（必选）	综合□	国有□　集体□（必选）
土地坐落地址（详细地址）	省（自治区、直辖市）　　市（区）　　县（区）　　乡镇（街道）				房地产开发企业的开发用地□
土地所属主管税务所（科、分局）					

（续表）

土地取得时间	20×2年 6月	变更类型	纳税义务终止（权属转移□ 其他□）信息项变更（土地面积变更□ 土地等级变更□ 减免税变更□ 其他□）		变更时间	年 月
占用土地面积	2 000	减免性质代码	土地等级	1级	税额标准	
地价		其中取得土地使用权支付金额			其中土地开发成本	
减免税部分	序号	减免项目名称	减免起止时间		减免土地面积	月减免税金额
			起始月份	终止月份		
	1		年 月	年 月		8
	2					
	3					

二、房产税税源明细

（一）从价计征房产税明细

纳税人类型	产权所有人□ 经营管理人□ 承典人□ 房屋代管人□ 房屋使用人□ 融资租赁承租人□（必选）	所有权人纳税人识别号（统一社会信用代码）		所有权人名称	
房产编号	*	房产名称			
不动产权证号		不动产单元号			
房屋坐落地址（详细地址）	省（自治区、直辖市） 市（区） 县（区） 乡镇（街道）（必填）				
房产所属主管税务所（科、分局）	*	房产用途	工业□ 商业及办公□ 住房□ 其他□（必选）		
房屋所在土地编号		变更类型	纳税义务终止（权属转移□ 其他□）信息项变更（房产原值变更□ 出租房产原值变更□ 减免税变更□）（必选）	变更时间	年 月
房产取得时间	年 月（必填）				
建筑面积		其中：出租房产面积			

(续表)

房产原值	（必填）	其中：出租房产原值					计税比例	系统设定
	减免性质代码	减免项目名称	减免起止时间				减免税土地面积	月减免税金额
			起始月份	终止月份				
			年 月	年 月				
减免税部分	序号							
	1							
	2							
	3							

（二）从租计征房产税明细

房产编号		房产名称	（必填）
房产用途	工业□ 商业及办公□ 住房□ 其他□		
房产坐落地址（详细地址）	省（自治区、直辖市） 市（区） 县（区） 乡镇（街道）		
房产所属主管税务所（科、分局）			
承租方纳税人识别号（统一社会信用代码）		承租方名称	
出租面积		合同租金总收入	
合同约定租赁期起		合同约定租赁期止	
申报租金收入		申报租金所属租赁期起	
减免性质代码		申报租金所属租赁期止	
减免税额		享受减免税租金收入	

声明：此表是根据国家税收法律法规及相关规定填写的，本人（单位）对填报内容（及附带资料）的真实性、可靠性、完整性负责。

经办人：
经办人身份证号：   纳税人（签章）：
代理机构签章：
代理机构统一社会信用代码：

受理人：
受理税务机关（章）：
受理日期：   年   月   日   年   月   日

本表一式两份，一份纳税人留存，一份税务机关留存。

任务6.2 房 产 税

案例分析

一、概念和特征

(一) 概念

房产税是以城市、县城、建制镇和工矿区的房产为征税对象征收的一种税。

(二) 特征

(1) 房产税属于财产税,以房产为征税对象。
(2) 房产税以房产的计税价值或房产租金收入为计税依据。
(3) 房产税以房产所有人为纳税人。

二、纳税人

房产税的纳税人是指在我国城市、县城、建制镇和工矿区(不包括农村)内拥有房屋产权的单位和个人,具体包括产权所有人、承典人、房产代管人或者使用人。

(1) 产权属于国家的,其经营管理的单位为纳税人。
(2) 产权属于集体和个人的,集体单位和个人为纳税人。
(3) 产权出典的,承典人为纳税人。

产权出典是指产权所有人为了某种需要,将自己的房屋在一定的期限内转让给他人使用,以押金形式换取一定数额的现金(或者实物),并立有某种合同(契约)的行为。在此,房屋所有人又称房屋"出典人",支付现金(或者实物)的人称为房屋的"承典人"。

(4) 产权所有人、承典人均不在房产所在地的,房产代管人或者使用人为纳税人。
(5) 产权未确定以及租典(租赁、出典)纠纷未解决的,房产代管人或者使用人为纳税人。
(6) 纳税单位和个人无租使用房产管理部门、免税单位及纳税单位的房产,由使用人代为缴纳房产税。
(7) 房地产开发企业建造的商品房,在出售前,不征收房产税,但对出售前房地产开发企业已使用或出租、出借的商品房应按规定征收房产税。

纳税人的具体情形如表6-5所示。

表6-5　　　　　　　　　　　　　纳税人的具体情形

具体情形	纳税人
产权属于国家所有	经营管理单位
产权属于集体和个人所有	集体单位和个人
产权出典	承典人
产权所有人、承典人均不在房产所在地	房产代管人或者使用人
产权未确定、租典纠纷未解决	房产代管人或者使用人
居民住宅区内业主共有的经营性房产	房产代管人或者使用人
产权出租	出租人

【例题6-9·多选题】关于房产税纳税人的下列表述中,符合法律制度规定的有( )。

A. 房屋出租的,承租人为纳税人
B. 房屋产权所有人不在房产所在地的,房产代管人为纳税人
C. 房屋产权属于国家的,其经营管理单位为纳税人
D. 房屋产权未确定的,房产代管人为纳税人

【正确答案】 BCD
【答案解析】 选项 A 错误,房屋产权所有人(出租人)为纳税人。

三、征税范围和税率

(一)征税范围

房产税的征税范围为城市、县城、建制镇和工矿区的房产,不包括农村。房产是以房屋形态存在的财产,包括房屋和与房屋不可分割的配套设施和附属设备。但独立于房屋之外的建筑物,如房产围墙、水塔、烟囱、室外游泳池等,不属于房产。

房地产开发企业建造的商品房,在出售前,不征收房产税,但对出售前房地产开发企业已使用或出租、出借的商品房应按规定征收房产税。

【例题 6-10·多选题】根据房产税法律制度的规定,下列各项中,属于房产税征税范围的有( )。
A. 工矿区工业企业的厂房
B. 农村的村民住宅
C. 市区商场的地下车库
D. 县城商业企业的办公楼

【正确答案】 ACD
【答案解析】 房产税的征税范围为城市、县城、建制镇和工矿区的房屋(不包括农村)。

(二)税率

我国现行房产税采用比例税率,依据房产的用途是自用还是出租,分为从价计征和从租计征,设置不同的税率,具体如下:
(1)从价计征,税率为 1.2%。
(2)从租计征,税率为 12%。

对个人按市场价格出租的居民住房,可暂减按 4% 的税率征收房产税。对企事业单位、社会团体以及其他组织按市场价格向个人出租的住房,减按 4% 的税率征收房产税。

四、应纳税额的计算

(一)计税依据

1. 从价计征的计税依据

从价计征的计税依据为按照房产原值一次减除 10%～30% 损耗后的余值(扣除比例由省、自治区、直辖市人民政府确定)。

对于房产原值的规定主要有以下几个方面。

(1)房产原值是指纳税人按照会计制度规定,在会计账簿"固定资产"账户中记载的房屋原价。因此,凡按会计制度规定在账簿中记载有房屋原价的,应以房屋原价按规定减除一定比例后作为房产余值计征房产税;没有记载房屋原价的,按照上述原则,并参照同类房屋确定房产原值,按规定计征房产税。

值得注意的是:自 2009 年 1 月 1 日起,对依照房产原值计税的房产,不论是否记载在会计

账簿固定资产账户中,均应按照房屋原价计算缴纳房产税。房屋原价应根据国家有关会计制度规定进行核算。对纳税人未按国家会计制度规定核算并记载的,应按规定予以调整或重新评估。

(2) 房产原值应包括与房屋不可分割的各种附属设备或一般不单独计算价值的配套设施。主要有:暖气、卫生、通风、照明、煤气等设备;各种管线,如蒸汽、压缩空气、石油、给水排水等管道及电力、电讯、电缆导线;电梯、升降机、过道、晒台等。属于房屋附属设备的水管、下水道、暖气管、煤气管等应从最近的探视井或三通管起计算原值;电灯网、照明线从进线盒连接管起计算原值。

(3) 纳税人对原有房屋进行改建、扩建的,要相应增加房屋的原值。

(4) 居民住宅区内业主共有的经营性房产,自营且没有房产原值或不能将业主共有房产与其他房产的原值准确划分开的,由房产所在地税务机关参照同类房产核定房产原值。

2. 从租计征的计税依据

从租计征的计税依据为租金收入(包括实物收入和货币收入)。以劳务或其他形式抵付房租收入的,按当地同类房产租金水平确定。但根据《财政部 税务总局 住房城乡建设部关于完善住房租赁有关税收政策的公告》(2021年第24号)的规定,对企事业单位、社会团体以及其他组织向个人、专业化规模化住房租赁企业出租住房的,减按4%的税率征收房产税。

营业税改征增值税后,房产出租的,计征房产税的租金收入不含增值税。免征增值税的,确定计税依据时,租金收入不扣减增值税税额。

(二) 应纳税额的计算方法

1. 从价计征

从价计征应纳税额的计算公式如下:

$$全年应纳税额 = 应税房产原值 \times (1-扣除比例) \times 适用税率$$

【提示】扣除比例为10%~30%,由省级人民政府确定。

2. 从租计征

从租计征应纳税额的计算公式如下:

$$应纳税额 = 租金收入 \times 适用税率$$

计税租金为不含增值税的租金收入,既包括货币收入,也包括实物收入。房产税计税规则如表6-6所示。

表6-6 房产税计税规则

计税方法	计税依据	税率	税额计算公式
从价计征	房产余值	1.2%	全年应纳税额=应税房产原值×(1-扣除比例)×1.2%
从租计征	房产租金	12%	全年应纳税额=(不含增值税)租金收入×12%
税收优惠	个人出租住房		减按4%的税率
	单位按市场价格向个人出租住房		

注:
(1) 对以房产投资联营,投资者参与投资利润分红、共担风险的,按房产余值作为计税依据计缴房产税。
(2) 对以房产投资收取固定收入,不承担联营风险的,实际上是以联营名义取得房产租金,应以出租方取得的租金收入为计税依据计缴房产税。
(3) 对于融资租赁的房屋,由承租人以房产余值计征房产税。

【例题6-11·计算题】甲公司的房产原值为3 000万元,已提折旧800万元。已知从价计征房产税税率为1.2%,当地规定的房产税扣除比例为30%。请计算甲公司年应缴纳房产税税额。

【正确答案】 应缴纳房产税税额＝3 000×(1－30%)×1.2%＝25.2(万元)。

【答案解析】 从价计征房产税的,以房产原值一次减除10%～30%后的"余值"为计税依据,不扣除折旧。

【例题6-12·计算题】乙公司将一幢办公楼出租,全年取得含增值税租金184.86万元。已知增值税征收率为5%。房产税从租计征的税率为12%。请计算乙公司出租办公楼应缴纳房产税税额。

【正确答案】 应缴纳房产税税额＝184.86÷(1＋5%)×12%＝21.13(万元)。

【答案解析】 房产出租的,计征房产税的租金收入不含增值税。

五、税收优惠政策

下列房产免征房产税:
(1) 国家机关、人民团体、军队自用的房产。
(2) 由国家财政部门拨付事业经费的单位自用的房产。
(3) 宗教寺庙、公园、名胜古迹自用的房产。
(4) 个人所有非营业用的房产。
(5) 企业办的各类学校、医院、托儿所、幼儿园自用的房产。
(6) 经营公租房的租金收入,免征房产税。
(7) 经财政部和省税务局批准免税的其他房产。纳税人纳税确有困难的,可由省、自治区、直辖市人民政府确定,定期减征或者免征房产税。

六、纳税申报

(一) 纳税义务发生时间

房产税纳税义务发生时间主要分以下几种情形:
(1) 将原有房产用于生产经营的,从生产经营之月起,计征房产税。
(2) 自建的房产用于生产经营的,自建成之日的次月起,计征房产税。
(3) 委托施工企业建设的房屋,从办理验收手续之日的次月起,计征房产税。对于在办理验收手续前已使用或出借的新建房屋,应从使用或出租、出借的当月起按规定计征房产税。
(4) 购置新建商品房,自房屋交付使用之次月起计征房产税。
(5) 购置存量房,自办理房屋权属转移、变更登记手续,房地产权属登记机关签发房屋权属证书之次月起,缴纳房产税。
(6) 出租、出借房产,自交付出租、出借之次月起计征房产税。
(7) 房地产开发企业自用、出租、出借本企业建造的商品房,自房屋使用或交付之次月起计征房产税。
(8) 纳税人因房产、土地的实物或权利状态发生变化而依法终止房产税纳税义务的,其应纳税款的计算应截止到房产、土地的实物或权利状态发生变化的当月月末。

(二) 缴纳期限

房产税按年征收、分期缴纳,具体纳税期限由省、自治区、直辖市人民政府确定。房产税可分季缴纳,也可分上下半年两次缴纳。

(三) 纳税地点

房产税在房产所在地缴纳。房产不在同一地方的纳税人,应按房产的坐落地点分别向房产所在地的税务机关纳税。房产税由房产所在地的税务局征收。

(四) 填写税源明细表

根据《关于修订城镇土地使用税和房产税申报表单的公告》(国家税务总局公告2019年第32号)的规定,城镇土地使用税和房产税两税种使用同一张税源明细表。

【情境实战】房产税应纳税额的计算和纳税申报

承接任务6.1中[情境实战],佳源公司20×2年度拥有办公用房房产原值为3 000万元,建筑面积为2 000平方米。按照当地规定,房产税按半年进行纳税申报(房产原值的扣除比例为30%),税源编号为:F45010220170069,该房产坐落于广西省南宁市东风路8号。该公司于20×2年6月1日对其上半年房产税进行纳税申报。

1. 工作任务要求

(1) 计算佳源公司20×2年上半年应缴纳的房产税税额。

(2) 填写20×2年上半年房产税税源明细表。

2. 操作步骤

第一步:根据经济业务计算20×2年上半年应缴纳的房产税税额。

全年应纳房产税=30 000 000×(1−30%)×1.2%=252 000(元)。其中,20×2年上半年应纳房产税=252 000÷2=126 000(元)。

第二步:填写20×2年上半年房产税税源明细表,如表6-7所示。

任务6.3 车 船 税

案例分析

一、概念和特征

(一) 概念

对在我国境内拥有或使用属于《车船税法》规定的车辆、船舶(以下简称车船)的所有人或者管理人征收的一种税。

(二) 特征

(1) 车船税属于财产税。

(2) 以《车船税法》所附《车船税税目税额表》规定的车、船为征税范围。

(3) 以应税车、船的所有人或者管理人为纳税人。

二、纳税人和扣缴义务人

(一) 纳税人

属于《车船税法》规定的车、船的所有人或者管理人,为车船税的纳税人。这里的管理人,是指对车船具有管理使用权,不具有所有权的单位。

表 6-7 城镇土地使用税房产税税源明细表

纳税人识别号（统一社会信用代码）：91450130MAA7GW9B39
纳税人名称：广西佳源有限责任公司

金额单位：人民币元（列至角分）；面积单位：平方米

一、城镇土地使用税税源明细

纳税人类型	土地使用权人□ 集体土地使用人□ 无偿使用人□ 代管人□ 实际使用人□（必选）		土地使用权人名称	
土地编号			土地名称	
不动产单元号			不动产权证号	
土地取得方式	划拨□ 出让□ 转让□ 租赁□ 其他□（必选）		土地性质	国有□ 集体□（必选）
土地坐落地址（详细地址）	省（自治区、直辖市） 市（区） 县（区） 乡镇（街道）		土地用途	工业□ 商业□ 居住□ 综合□ 房地产开发企业的开发用地□ 其他□（必选）
土地所属主管税务所（科、分局）				
土地取得时间	年 月	变更类型	纳税义务终止（权属转移）□ 信息项变更（土地面积变更□ 土地等级变更□ 减免税变更□ 其他□）	变更时间 年 月
占用土地面积		土地等级		税额标准 年 月
地价		其中取得土地使用权支付金额		其中土地开发成本

减免税部分	序号	减免性质代码	减免项目名称	减免土地面积	减免起止时间		月减免税金额
					起始月份 年 月	终止月份 年 月	
	1						
	2						
	3						

二、房产税税源明细

（一）从价计征房产税明细

| 纳税人类型 | 产权所有人□ 经营管理人□ 承典人□ 房屋代管人□ 房屋使用人□ 融资租赁承租人□（必选） | 所有权人纳税人识别号（统一社会信用代码） | 91450130MAA7GW9B39 | 所有权人名称 | 广西佳源有限责任公司 |

(续表)

房产编号	F45010220170069	房产名称		办公楼	
不动产权证号		不动产单元号			
房屋坐落地址（详细地址）	广西壮族自治区（自治区、直辖市）	南宁市（区）	县（区）东风路	乡镇（街道） 8号	（必填）
房产所属主管税务所（科、分局）					
房屋所在土地编号	*	房产用途	工业□ 商业及办公☑ 住房□ 其他□（必选）		
房产取得时间	年 月	变更类型	纳税义务终止（权属转移□ 其他□）信息项变更（房产原值变更□ 出租房产原值变更□ 其他□）减免税变更□	变更时间	年 月
建筑面积	2 000	其中：出租房产面积			
房产原值	30 000 000.00	其中：出租房产原值			
减免税部分	序号	减免性质代码	减免项目名称	减免起止时间	计税比例	减免税土地面积	系统设定
				起始月份	终止月份			月减免税金额
				年 月	年 月			
	1							
	2							
	3							

（二）从租计征房产税明细

房产编号		房产名称	
房产用途	工业□ 商业及办公□ 住房□ 其他□		
房产坐落地址（详细地址）	省（自治区、直辖市） 市（区） 县（区） 乡镇（街道）	（必填）	
房产所属主管税务所（科、分局）			
承租方纳税人识别号（统一社会信用代码）		承租方名称	
出租面积		合同租金总收入	

(续表)

合同约定租赁期起		合同约定租赁期止	
申报租金收入	申报租金所属租赁期起		申报租金所属租赁期止
减免性质代码	减免项目名称		享受减免税租金收入
减免税额			

声明：此表是根据国家税收法律法规及相关规定填写的，本人（单位）对填报内容（及附带资料）的真实性、可靠性、完整性负责。

纳税人（签章）：

年　月　日

经办人：	受理人：	
经办人身份证号：	受理税务机关（章）：	
代理机构签章：	受理日期：	年　月　日
代理机构统一社会信用代码：		

本表一式两份，一份纳税人留存，一份税务机关留存。

（二）扣缴义务人

车船税以从事机动车第三者责任强制保险业务的保险机构为扣缴义务人。

【例题6-13·多选题】下列纳税主体中，属于车船税纳税人的有（　　）。

A. 在中国境内拥有并使用船舶的国有企业
B. 在中国境内拥有并使用车辆的外籍个人
C. 在中国境内拥有并使用船舶的内地居民
D. 在中国境内拥有并使用车辆的外国企业

【正确答案】　ABCD

【答案解析】　车船税的纳税人，是指在中国境内拥有或者管理车辆、船舶的单位和个人，包括外商投资企业、外籍个人。

三、征税范围和税率

（一）征税范围

车船税的征税范围包括依法应当在车船登记管理部门登记的机动车辆和船舶和依法不需要在车船登记管理部门登记的在单位内部场所行驶或者作业的机动车辆和船舶，包括乘用车、商用车、挂车、专用作业车、轮式专用机械车、摩托车和船舶。

（1）乘用车，是指在设计和技术特性上主要用于载运乘客及随身行李，核定载客人数包括驾驶员在内不超过9人的汽车。

（2）商用车，是指乘用车以外，在设计和技术特性上用于载运乘客、货物的汽车，划分为半挂牵引车、三轮汽车、低速载货汽车。半挂牵引车，是指装备有特殊装置用于牵引半挂车的商用车。三轮汽车，是指最高设计车速不超过每小时50千米，具有三个车轮的货车。低速载货汽车，是指以柴油机为动力，最高设计车速不超过每小时70千米，具有四个车轮的货车。

（3）挂车，是指就其设计和技术特性需由汽车或者拖拉机牵引，才能正常使用的一种无动力的道路车辆。

（4）专用作业车，是指在其设计和技术特性上用于特殊工作的车辆。

（5）轮式专用机械车，是指有特殊结构和专门功能，装有橡胶车轮可以自行行驶，最高设计车速大于每小时20千米的轮式工程机械车。

（6）摩托车，是指无论采用何种驱动方式，最高设计车速大于每小时50千米，或者使用内燃机，其排量大于50毫升的两轮或者三轮车辆。

（7）船舶，是指各类机动、非机动船舶以及其他水上移动装置，但是船舶上装备的救生艇筏和长度小于5米的艇筏除外。其中，机动船舶是指用机器推进的船舶；拖船是指专门用于拖（推）动运输船舶的专业作业船舶；非机动驳船，是指在船舶登记管理部门登记为驳船的非机动船舶；游艇是指具备内置机械推进动力装置，长度在90米以下，主要用于游览观光、休闲娱乐、水上体育运动等活动，并应当具有船舶检验证书和适航证书的船舶。

【例题6-14·单选题】根据车船税法律制度的规定，下列各项中，不属于车船税征税范围的是（　　）。

A. 自行车　　　　B. 乘用车　　　　C. 商用车　　　　D. 摩托车

【正确答案】　A

【答案解析】　车船税的税目包括乘用车、商用车、挂车、其他车辆、摩托车和船舶。自行车不属于车船税的征税范围。

【例题6-15·判断题】甲钢铁厂拥有的依法不需要在车船登记部门登记的在单位内部场所行驶的机动车辆,属于车船税的征税范围。( )

【正确答案】 √

【答案解析】 车船税的征税范围包括:①依法应当在车船登记管理部门登记的机动车辆和船舶;②依法不需要在车船登记管理部门登记的机场、港口、铁路站场内部行驶或作业的车船。

(二)税率

车船税的征收实行有幅度的定额税率。车船税税目、税额如表6-8所示。

表6-8　　　　　　　　车船税税目、税额表

税目		计税单位	年基准税额	备注
乘用车〔按发动机汽缸容量(排气量)分档〕	1.0升(含)以下的	每辆	60元至360元	核定载客人数9人(含)以下
	1.0升以上至1.6升(含)的		300元至540元	
	1.6升以上至2.0升(含)的		360元至660元	
	2.0升以上至2.5升(含)的		660元至1 200元	
	2.5升以上至3.0升(含)的		1 200元至2 400元	
	3.0升以上至4.0升(含)的		2 400元至3 600元	
	4.0升以上的		3 600元至5 400元	
商用车	客车	每辆	480元至1 440元	核定载客人数9人以上,包括电车
	货车	整备质量每吨	16元至120元	包括半挂牵引车、三轮汽车和低速载货汽车等
挂车		整备质量每吨	按照货车税额的50%计算	
其他车辆	专用作业车	整备质量每吨	16元至120元	不包括拖拉机
	轮式专用机械车		16元至120元	
摩托车		每辆	36元至180元	
船舶	机动船舶	净吨位每吨	3元至6元	拖船、非机动驳船分别按照机动船舶税额的50%计算
	游艇	艇身长度每米	600元至2 000元	

四、应纳税额的计算

车船税应纳税额的计算采用从量计征的方法,分别按照征税对象的辆数、整备质量吨数、净吨位、艇身长度等进行计算。车船税应纳税额的计算方法如表6-9所示。

表6-9　　　　　　　　车船税应纳税额的计算方法

税目	计税单位	应纳税额
乘用车、客车和摩托车	每辆	辆数×适用年税额
≤1.6升的节能乘用车		辆数×适用年税额×50%

(续表)

税目	计税单位	应纳税额
货车、专用作业车和轮式专用机械车(不包括拖拉机)	整备质量每吨	整备质量吨位数×适用年税额
挂车		整备质量吨位数×适用年税额×50%
机动船舶	净吨位每吨	净吨位数×适用年税额
非机动驳船、拖船		净吨位数×适用年税额×50%
游艇	艇身长度每米	艇身长度×适用年税额

注:购入当年不足1年的自纳税义务发生"当月"按月计征。

【例题6-16·单选题】根据车船税法律制度的规定,下列项目中,以"净吨位"为计税依据来征收车船税的是( )。
A. 货车 B. 客车 C. 机动船舶 D. 摩托车
【正确答案】 C
【答案解析】 选项A,以整备质量吨数为计税依据;选项BD,以辆数为计税依据。

【例题6-17·单选题】我国车船税的税率形式是( )。
A. 地区差别比例税率
B. 有幅度的比例税率
C. 有幅度的定额税率
D. 全国统一的定额税率
【正确答案】 C

【例题6-18·计算题】甲公司20×2年拥有机动船舶8艘,每艘净吨位为150吨,非机动驳船6艘,每艘净吨位为80吨。已知机动船舶适用年基准税额为每吨3元。请计算甲公司当年应缴纳车船税税额。
【正确答案】 应缴纳车船税税额=8×150×3+6×80×3×50%=4 320(元)
【答案解析】 非机动驳船的车船税税额按照机动船舶税额的50%计算。

【例题6-19·计算题】20×2年6月27日,甲公司购买3辆乘用车。已知乘用车发动机气缸容量排气量为2.0升,当地规定的车船税年基准税额为480元/辆。请计算甲公司当年应纳车船税税额。
【正确答案】 应纳车船税税额=3×480×7÷12=840(元)
【答案解析】 ①购置的新车船,购置当年的应纳税额自纳税义务发生的当月起按月计算,本题中应从6月开始计算车船税;②购入1.6升及以下排量的乘用车,减半征收车船税,本题为2.0升,不享受减半征收的税收优惠政策。

五、税收优惠政策

(一) 免征车船税的情形

免征车船税的情形有如下几种:①捕捞、养殖渔船。②军队、武装警察部队专用的车船。③警用车船。④消防车船。⑤依照法律规定应当予以免税的外国驻华使领馆、国际组织驻华代表机构及其有关人员的车船。⑥商用新能源车船。

【注意1】免征车船税的使用新能源汽车是指纯电动商用车、插电式(含增程式)混合动力汽车、燃料电池商用车。纯电动乘用车和燃料电池乘用车不属于车船税征税范围,对其不征车船税。

【注意2】临时入境的外国车船和中国香港特别行政区、中国澳门特别行政区、中国台湾地区的车船,不属于车船税征税范围,不征收车船税。

(二)减半征收车船税的情形

减半征收车船税的情形有如下几种:①节能汽车(1.6升及以下小排量)。②拖船、非机动驳船。③挂车。

【例题 6-20·单选题】 根据车船税法律制度的规定,下列车船中,需要缴纳车船税的是(   )。

A. 临时入境的外国车船　　　　　　B. 公安机关的警务用车
C. 养殖渔船　　　　　　　　　　　D. 专用作业车

【正确答案】　D

【例题 6-21·单选题】 下列各项中,免征车船税的是(   )。

A. 家庭自用的纯电动乘用车　　　　B. 国有企业的公用汽油动力乘用车
C. 外国驻华使领馆的自用商务车　　D. 个体工商户自用摩托车

【正确答案】　C

【答案解析】　选项A,纯电动乘用车不属于车船税征税范围,对其不征车船税,而非免税;选项BD,按每辆计征车船税;选项C,外国驻华使领馆、国际组织驻华代表机构及其有关人员的车船免征车船税。

六、纳税申报

(一)纳税义务发生时间

车船税纳税义务发生时间为取得车船所有权或者管理权的当月。当月是指购买车船的发票或其他证明文件所载月份。

(二)纳税地点

车船税的纳税地点为车船的登记地或者车船税扣缴义务人所在地。扣缴义务人代收代缴车船税的,纳税地点为扣缴义务人所在地。纳税人自行申报缴纳车船税的,纳税地点为车船登记地的主管税务机关所在地。依法不需要办理登记的车船,其车船税的纳税地点为车船的所有人或者管理人所在地。

(三)纳税申报的注意事项

(1)车船税按年申报,分月计算,一次性缴纳。

(2)扣缴义务人应当在收取保险费时依法代收车船税,并出具代收税款凭证,扣缴义务人已代收代缴车船税的,纳税人不再向车辆登记地的主管税务机关申报缴纳车船税。

(3)没有扣缴义务人的,纳税人应当向主管税务机关自行申报缴纳车船税。

(4)已缴纳车船税的车船在同一纳税年度内办理转让过户的,不另纳税,也不办理退税。

(5)在一个纳税年度内,已完税的车船被盗抢、报废、灭失的,纳税人可以凭有关机关出具的证明和完税凭证,向纳税所在地的主管税务机关申请退还自被盗抢、报废、灭失月份起至该纳税年度终了期间的税款。失而复得的,自公安机关出具相关证明的当月起计算缴纳车船税。

【例题 6-22·多选题】 根据车船税法律制度的规定,下列说法中正确的有(   )。

A. 扣缴义务人代收代缴车船税的,纳税地点为扣缴义务人所在地
B. 纳税人自行申报缴纳车船税的,纳税地点为车船登记地的主管税务机关所在地

C. 车船税按年申报,分月计算,分期缴纳

D. 已缴纳车船税的车船在同一纳税年度内办理转让过户的,不另纳税,也不退税

【正确答案】 ABD

【例题6-23·计算题】某企业20×2年年初拥有小轿车2辆;当年3月,1辆小轿车被盗,已按照规定办理退税。通过公安机关的侦查,8月被盗车辆失而复得,并取得公安机关的相关证明。已知当地小轿车车船税年税额为500元/辆,请计算该企业当年实际应缴纳的车船税。

【正确答案】 实际应缴纳的车船税＝500＋500×7÷12＝792(元)

【答案解析】 该企业两辆车中一辆丢失,则未丢失车辆正常缴纳车船税,丢失车辆自丢失月份起可凭证明申报退还已纳车船税,其后又失而复得的,自公安机关出具相关证明的当月起计算缴纳车船税。该企业3月丢失车辆8月找回,可申报退还3～7月共计5个月的税款。

(四) 填写税源明细表

【情境实战】车船税应纳税额的计算和纳税申报

承接任务6.1中【情境实战】,佳源公司20×2年拥有1辆乘用汽车,车牌号桂为AJ8903,车辆识别代号(车架号码)为ABCD1232562236011,发动机气缸容量为1.8升,载客人数为4人。另有载货汽车1辆,车牌号为桂A65469,车辆识别代号(车架号码)为ABCD7548562965043,整备质量为20吨;按照当地规定,每年年初申报缴纳当年全年的车船税(说明:一般情况下,纳税人在"交强险"时,由扣缴义务人代收代缴车船税了,但本例是特殊情况,即纳税人自行申报缴纳车船税)。

车船税税率为:发动机气缸容量为1.0升以上至1.6升(含)的,载客人数9人(含)以下的乘用车每辆360元;1.6升以上至2.0升(含)以下的乘用车每辆420元。该公司所在省规定载货汽车基准税额为每吨60元。

该公司于20×2年1月10日对本年度的车船税进行纳税申报。

1. 工作任务要求

(1) 计算佳源公司20×2年应缴纳的车船税税额。

(2) 填写"车船税税源明细表"。

2. 操作步骤

第一步:根据经济业务计算20×2年应缴纳的车船税税额。

全年应纳车船税＝420＋20×60＝1 620(元)

第二步:对车船税进行纳税申报。填写"车船税税源明细表",如表6-10所示。

表 6-10   车船税税源明细表

纳税人识别号（统一社会信用代码）：91450130MAA7GW9B39
纳税人名称：广西佳源有限责任公司

体积单位：升；质量单位：吨；功率单位：千瓦；长度单位：米

车辆税源明细

序号	车牌号码	*车辆识别代码（车架号）	*车辆类型	车辆品牌	车辆型号	*车辆发票日期或注册登记日期	排气量	核定载客	整备质量	*单位税额	减免性质代码和项目名称	纳税义务终止时间
1	桂AJ3903	ABCD12325622360l1	乘用汽车				1.8升	4		420		
2	桂A65469	ABCD75485629650l43	载货汽车						20吨	60		
3												

船舶税源明细

序号	船舶登记号	*船舶识别号	*船舶种类	*中文船名	初次登记号码	船籍港	发证日期	取得所有权日期	建成日期	净吨位	主机功率	艇身长度（总长）	*单位税额	减免性质代码和项目名称	纳税义务终止时间
1															
2															
3															

任务6.4 印 花 税

案例分析

一、概念和特征

(一) 概念

印花税是对在中华人民共和国境内书立应税凭证、进行证券交易行为所征收的一种税。因纳税人主要是通过在应税凭证上粘贴印花税票来完成纳税义务,故名印花税。它是一种具有行为税性质的税种。

(二) 特点

(1) 征税面广。印花税规定的征税范围广泛,凡税法列举的合同或具有合同性质的凭证、产权转移书据、营业账簿及证券交易,都必须依法纳税。印花税的应税凭证共有四大类、十七个税目,涉及经济活动的各个方面。

(2) 税率低,税负轻。印花税的最高税率为1‰,最低税率为0.05‰。

(3) 纳税人自行完税。印花税可以实行"三自"纳税办法,即纳税人在发生纳税义务的同时,先根据凭证所载计税金额和应适用的税目、税率,自行计算其应纳税额;再由纳税人自行购买印花税票,并一次足额粘贴在应税凭证上;最后,由纳税人对已粘贴的印花税票自行注销或者划销。

二、纳税人和扣缴义务人

(一) 纳税人

在中华人民共和国境内书立应税凭证、进行证券交易的单位和个人,为印花税的纳税人,应当依法缴纳印花税。不同情形下的纳税人有关规定如下:

(1) 立合同人:书立各类经济合同的,以合同的当事人为纳税人,不包括合同的"担保人、证人、鉴定人"。注意:这种情况下印花税"双向征收",签订合同或应税凭证的"各方"都是纳税人。

(2) 立据人:订立各种产权转移书据的,以立据人为纳税人。

(3) 立账簿人:建立营业账簿的,以立账簿人为纳税人。

(4) 使用人:在国外书立,在国内使用应税凭证的单位和个人。

(5) 签订人:各类电子应税凭证的签订人为印花税的纳税人。

(6) 证券交易的出让方:证券交易印花税对证券交易的出让方征收,不对受让方征收。注意:这种情况下印花税"单向征收"。

(二) 扣缴义务人

证券登记结算机构为证券交易印花税的扣缴义务人。

【例题6-24·单选题】 甲公司与乙公司签订购销合同,合同约定丙为担保人,丁为鉴定人。下列关于该合同印花税纳税人的表述中,正确的是( )。

A. 甲、乙、丙和丁为纳税人　　B. 甲、乙和丁为纳税人
C. 甲、乙为纳税人　　D. 甲、乙和丙为纳税人

【正确答案】 C

【答案解析】 立合同人为印花税的纳税人,立合同人是指合同的当事人,即对凭证有直接权利义务关系的单位和个人,但不包括合同的担保人、证人、鉴定人。

三、征税范围和税率

印花税的征税范围包括合同、产权转移书据、营业账簿及证券交易,共有四大类、十七个税目。印花税的税目和税率如表 6-11 所示。

表 6-11　　　　　　　　　　印花税税目税率表

税目		税率	备注
合同(指书面合同)	借款合同	借款金额的 0.05‰	指银行业金融机构、经国务院银行业监督管理机构批准设立的其他金融机构与借款人(不包括同业拆借)的借款合同
	融资租赁合同	租金的 0.05‰	
	买卖合同	价款的 0.3‰	指动产买卖合同(不包括个人书立的动产买卖合同)
	承揽合同	报酬的 0.3‰	
	建设工程合同	价款的 0.3‰	
	运输合同	运输费用的 0.3‰	指货运合同和多式联运合同(不包括管道运输合同)
	技术合同	价款、报酬或者使用费的 0.3‰	不包括专利权、专有技术使用权转让书据
	租赁合同	租金的 1‰	
	保管合同	保管费的 1‰	
	仓储合同	仓储费的 1‰	
	财产保险合同	保险费的 1‰	不包括再保险合同
产权转移书据	土地使用权出让书据	价款的 0.5‰	转让包括买卖(出售)、继承、赠与、互换、分割
	土地使用权、房屋等建筑物和构筑物所有权转让书据(不包括土地承包经营权和土地经营权转移)	价款的 0.5‰	
	股权转让书据(不包括应缴纳证券交易印花税的)	价款的 0.5‰	
	商标专用权、著作权、专利权、专有技术使用权转让书据	价款的 0.3‰	
营业账簿		实收资本(股本)、资本公积合计金额的 0.25‰	
证券交易		成交金额的 1‰	

【注意1】专利申请转让、非专利技术转让按技术合同核算印花税;专利权转让、专利实施许可按产权转移书据核算印花税;商品房买卖合同、土地使用权出让与转让合同均按产权转移

书据核算印花税。

【注意 2】凡属于明确双方供需关系,据以供货和结算,具有合同性质的凭证,应按规定缴纳印花税(仅有凭证而无合同)。

【例题 6-25·多选题】下列合同中,应该缴纳印花税的有(　　)。
A. 买卖合同　　　　B. 技术合同　　　　C. 货物运输合同　　　　D. 财产租赁合同
【正确答案】　ABCD

四、应纳税额的计算

(一)计税依据

1. 合同

应税合同的计税依据为合同所列的金额,不包括列明的增值税税款。但若合同价款和增值税未分别列明,则按照合计金额计税贴花。合同的计税依据如表 6-12 所示。

表 6-12　　　　　　　　　　　　　合同的计税依据

类别	包括	不包括
借款合同	借款金额	利息
融资租赁合同	租金	租赁财产价值
买卖合同	价款	—
承揽合同	报酬	委托方提供的材料
建设工程合同	价款	
运输合同	运输费用	装卸费等其他杂费
技术合同	价款、报酬或者使用费	—
租赁合同	租金	租赁财产价值
保管合同	保管费	装卸费等其他杂费
仓储合同	仓储费	装卸费等其他杂费
财产保险合同	保险费	被保险物价值

【注意】上述应税合同的计税依据不包括增值税,但若合同价款和增值税未分别列明,则按照合计金额计税贴花。

2. 产权转移书据

应税产权转移书据的计税依据,为产权转移书据所列的金额,不包括列明的增值税税款,具体有三种情形如表 6-13 所示。

表 6-13　　　　　　　　　　　　　计税依据的三种情形

适用情形	计税依据
价款与增值税分开列明	价款
价款与增值税未分开列明	价款与增值税的合计金额
未列明价款	(1) 按订立时市场价格确定 (2) 依法执行政府定价的,按照其规定确定 (3) 按照实际结算价款或报酬确定

3. 营业账簿

应税营业账簿的计税依据,为账簿记载的实收资本(股本)、资本公积合计金额。只征一次,金额不变不再纳税,金额增加仅对差额纳税。不记载金额的营业账簿免征印花税。

4. 证券交易

证券交易的计税依据,一般为成交金额。以非集中交易方式转让证券时无转让价格的,按照办理过户登记手续前一个交易日收盘价计算确定;办理过户登记手续前一个交易日无收盘价的,按照证券面值计算确定。

5. 其他规定

(1) 同一应税凭证载有两个或两个以上经济事项并分别列明价款或者报酬的,按照各自适用税目税率计算应纳税额;未分别列明价款或者报酬的,按税率高的计算应纳税额。

(2) 同一应税凭证由两方或者两方以上当事人订立的,应当按照各自涉及的价款或者报酬分别计算应纳税额(即双向征收)。

【注意】"证券交易印花税"只对出让方征收,不对受让方征收。

(3) 同一应税合同、应税产权转移书据中涉及两方以上纳税人,且未列明纳税人各自涉及金额的,以纳税人平均分摊的应税凭证所列金额(不包括列明的增值税税款)确定计税依据。

(4) 应税合同、应税产权转移书据所列的金额与实际结算金额不一致,不变更应税凭证所列金额的,以所列金额为计税依据;变更应税凭证所列金额的,以变更后的所列金额为计税依据。

(二) 应纳税额的计算方法

印花税采用从价计征的征收方式,计算公式为:

$$应纳税额 = 应税凭证计税金额 \times 适用税率$$

【例题 6-26·多选题】下列关于印花税计税依据的说法,不正确的有( )。

A. 租赁合同,以所租赁财产的金额作为计税依据
B. 运输合同,以所运货物金额和运输费用的合计金额为计税依据
C. 借款合同,以借款金额和借款利息的合计金额为计税依据
D. 财产保险合同,以保险费收入为计税依据

【正确答案】 ABC

【答案解析】 选项 A,以租金作为计税依据;选项 B,以运输费用金额作为计税依据;选项 C,以借款金额作为计税依据。

【例题 6-27·单选题】某企业本月签订两份合同:①承揽合同,合同载明材料金额 40 万元,加工费 15 万元;②财产保险合同,合同载明被保险财产价值为 2 000 万元,保险费为 2 万元。已知承揽合同印花税税率为 0.3‰,财产保险合同印花税税率为 1‰。有关应缴纳的印花税算式中正确的是( )。

A. $40 \times 0.3‰ + 2\,000 \times 1‰$
B. $15 \times 0.3‰ + 2\,000 \times 1‰$
C. $40 \times 0.3‰ + 2 \times 1‰$
D. $15 \times 0.3‰ + 2 \times 1‰$

【正确答案】 D

【答案解析】 ①承揽合同以加工费为计税依据,不包括材料金额;②财产保险合同以保险费为计税依据,不包括被保险财产价值。

【例题 6-28·单选题】某电厂与某运输公司签订了两份运输保管合同:第一份合同载明的

金额合计为 60 万元(运费和保管费并未分别记载);第二份合同中注明运费 40 万元、保管费 10 万元。已知:运输合同印花税税率为 0.3‰,保管合同印花税税率为 1‰,则该电厂签订两份合同应缴纳的印花税税额的下列算式中,正确的是(　　)。

A. 400 000×0.3‰+100 000×1‰
B. 600 000×1‰
C. 600 000×1‰+400 000×0.3‰+100 000×1‰
D. (600 000+400 000+100 000)×1‰

【正确答案】 C

【答案解析】 ①载有两个或两个以上应适用不同税目税率经济事项的同一凭证,如分别记载金额的,应分别计算应纳税额,相加后按合计税额贴花;如未分别记载金额的,按税率高的计算贴花;②第一份合同应缴纳印花税税额为 600 元(600 000×1‰),第二份合同应缴纳印花税税额为 220 元(400 000×0.3‰+100 000×1‰),合计为 820 元。

【例题 6-29·单选题】甲公司向乙公司租赁 2 台起重机并签订租赁合同,合同注明起重机总价值为 80 万元,租期为 3 个月,每台每月租金为 2 万元。已知租赁合同适用印花税税率为 1‰。计算甲公司和乙公司签订该租赁合同共计应缴纳印花税税额的下列算式中,正确的是(　　)。

A. 2×3×2×1‰×10 000
B. 2×3×2×2×1‰×10 000
C. 80×1‰×10 000
D. 80×3×1‰×10 000

【正确答案】 B

【答案解析】 租赁合同以合同列明的租金为计税依据。合同双方当事人均应当缴纳印花税,因此,甲公司和乙公司应缴纳的印花税=2×3×2×2×1‰×10 000=240(元)。

五、税收优惠政策

下列凭证免征印花税:
(1)已缴纳印花税的凭证的副本或抄本,但副本或抄本视同正本使用的,应另行贴花。
(2)财产所有者将财产赠给政府、社会福利机构及学校所书立的书据。
(3)国家指定的收购部门与村民委员会、农民个人书立的农副产品收购合同。
(4)无息、贴息贷款合同。
(5)外国政府或国际金融组织向我国政府及国家金融机构提供优惠贷款所书立的合同。
(6)房地产管理部门与个人签订的用于生活居住的租赁合同。
(7)农牧业保险合同。
(8)特殊的货运凭证,包括军需物资运输、抢险救灾物资运输凭证、新建铁路的工程临管线运输凭证。

六、纳税申报

(一)纳税方法

印花税可以采用粘贴印花税票或者由税务机关依法开具其他完税凭证的方式缴纳。印花税票粘贴在应税凭证上的,由纳税人在每枚税票的骑缝处盖戳注销或者画销。

(二)纳税义务发生时间

印花税的纳税义务发生时间为纳税人书立应税凭证的当日,具体是指:合同在签订时贴花,产权转移书据在立据时贴花,营业账簿在启用时贴花,证券交易印花税纳税义务发生时间为证券交易完成的当日。如果合同在国外签订,并且不便在国外贴花的,应在将合同带入境时办理贴花纳税手续。

(三)纳税地点

纳税人为单位的,应当向其机构所在地的主管税务机关申报缴纳印花税;纳税人为个人的,应当向应税凭证书立地或者纳税人居住地的主管税务机关申报缴纳印花税。不动产产权发生转移的,纳税人应当向不动产所在地的主管税务机关申报缴纳印花税。

印花税纳税地点的规定如表6-14所示。

表6-14　　　　　　　　印花税纳税地点的规定

适用情形	纳税地点
单位纳税人	机构所在地的税务机关
证券交易印花税的扣缴义务人	
个人纳税人	应税凭证订立、领受地或者居住地的税务机关
出让或者转让不动产产权	不动产所在地的税务机关

(四)纳税期限

应税合同、产权转移书据印花税可以按季或者按次申报缴纳,应税营业账簿印花税可以按年或者按次申报缴纳,境外单位或者个人的应税凭证印花税可以按季、按年或者按次申报缴纳,具体纳税期限由各省、自治区、直辖市、计划单列市税务局结合征管实际确定。

印花税的三种计征方式下的期限规定如表6-15所示。

表6-15　　　　　　　　印花税的三种计征方式下的期限规定

方式	纳税期限
按季、按年计征	季度、年度终了之日起15日内申报并缴纳税款
按次计征	纳税义务发生之日起15日内申报并缴纳税款
按周解缴(证券交易印花税)	每周终了之日起5日内申报解缴税款及孳息

(五)填写税源明细表

【情境实战】印花税应纳税额的计算和纳税申报

承接任务6.1中的[情境实战],佳源公司于20×2年8月签订一项销货合同,合同金额为50万元;于9月28日签订一项专利技术转让书据,有关金额为10万元。佳源公司于20×2年10月9日对其第3季度的印花税进行纳税申报,请代为申报印花税。

1. 工作任务要求

(1)计算佳源公司20×2年第3季度应缴纳的印花税税额。

(2)填写"印花税税源明细表"。

2. 操作步骤

第一步:根据经济业务计算20×2年第3季度应缴纳的印花税税额。

应纳印花税=500 000×0.3‰+100 000×0.5‰=200(元)

第二步:填写"印花税税源明细表",如表6-16所示。

表 6-16　　　　　　　　　　　印花税税源明细表

纳税人识别号(统一社会信用代码):91450130MAA7GW9B39
纳税人名称:广西佳源有限责任公司　　　　　　　　　　　　　　　　金额单位:人民币元(列至角分)

序号	*税目	*税款所属期起	*税款所属期止	应纳税凭证编号	应纳税凭证书立(领受)日期	*计税金额或件数	核定比例	*税率	减免性质代码和项目名称
按期申报									
1	买卖合同	20×2-7-1	20×2-9-30			500 000		0.3‰	
2									
3									
按次申报									
1									
2	产权转移书据据	20×2-9-25	20×2-9-25			100 000		0.5‰	
3									

任务6.5　耕地占用税

案例分析

一、概念

耕地占用税是指在我国境内对占用耕地进行建房或者从事非农业建设行为征收的一种税。

二、纳税人

在我国境内占用耕地建设建筑物、构筑物或者从事非农业建设的单位和个人,为耕地占用税的纳税人。单位包括国有企业、集体企业、私营企业、股份制企业、外商投资企业、外国企业以及其他企业、事业单位、社会团体、国家机关、军队以及其他单位;个人包括个体工商户以及其他个人。

纳税人的三种情形如表6-17所示。

表 6-17　　　　　　　　　　　　纳税人的三种情形

是否经批准	纳税人	
经批准	农用地转用审批文件中标明建设用地人	建设用地人
	农用地转用审批文件中未标明建设用地人	用地申请人
未经批准	实际用地人	

【注意】用地申请人为各级人民政府的,由同级土地储备中心、自然资源主管部门或政府委托的其他部门、单位履行耕地占用税申报纳税义务。

【例题 6-30·多选题】下列各项中,属于耕地占用税纳税人的有(　　)。
A. 农村承包经营户　　B. 个体工商户　　　C. 事业单位　　　　D. 国家机关

【正确答案】 ABCD

三、征税范围和税率

(一) 征税范围

耕地占用税的征税范围包括纳税人为建房或从事其他非农业建设而占用的国家所有和集体所有的耕地。耕地是指用于种植农作物的土地(基本农田);占用园地、林地、草地、农田水利用地、养殖水面、渔业水域滩涂以及其他农用地(非基本农田)建设建筑物、构筑物或者从事非农业建设的,也应征收耕地占用税。

【注意】占用耕地建设"直接为农业生产服务"的生产设施的(农田水利设施),不征收耕地占用税。

【例题 6-31·多选题】根据耕地占用税法律制度的规定,下列情形中缴纳耕地占用税的有(   )。

A. 占用市区工厂土地建设住房　　B. 占用农田水利用地建设机动车道
C. 占用牧草地建设学校教职工住房　D. 占用茶园建设公路

【正确答案】 BCD

(二) 税率

实行幅度地区差别定额税率,以县为单位,按人均占有耕地面积分设四档定额。耕地占用税税率如表 6-18 所示。

表 6-18　　　　　　　　耕地占用税税率表

级数	县人均耕地面积(亩)	每平方米税额(元)
1	(0,1]	10~50
2	(1,2]	8~40
3	(2,3]	6~30
4	>3	5~25

四、应纳税额的计算

(一) 计税依据

耕地占用税的计税依据为实际占用的耕地面积,具体计算方法如下:

实际占用的耕地面积="经批准"占用的耕地面积+"未经批准"占用的耕地面积

(二) 计税公式

耕地占用税应纳税款的计算公式如下:

应纳税额=实际占用耕地面积×适用税额

(三) 加征规定

1. 加征不超过 50%

在人均耕地低于 0.5 亩的地区,可以根据当地经济发展情况,适当提高耕地占用税的适用税额,但提高的部分不得超过每平方米 8 元至 40 元税额的 50%。

2. 加征150%

占用基本农田的,应当按照每平方米8元至40元税额确定的当地适用税额,或者按在人均耕地低于0.5亩的地区的适用税额,加按150%征收。

五、税收优惠政策

(一) 免征

免征耕地占用税的情形如下:

(1) 军事设施、学校、幼儿园、社会福利机构、医疗机构占用耕地,免征耕地占用税。

(2) 农村居民经批准搬迁,新建自用住宅占用耕地不超过原宅基地面积的部分,免征耕地占用税。

(3) 农村烈士遗属、因公牺牲军人遗属、残疾军人以及符合农村最低生活保障条件的农村居民,在规定用地标准以内新建自用住宅,免征耕地占用税。

【注意】学校内经营性场所、教职工住房和医院内职工住房不免征耕地占用税。

(二) 减半征收

农村居民在规定用地标准以内占用耕地新建自用住宅,按照当地适用税额减半征收耕地占用税。

(三) 部分减征

占用非基本农田,适用税额可以适当低于本地区占用耕地的适用税额,但降低的部分不得超过50%。

【注意】非基本农田是指园地、林地、草地、农田水利用地、养殖水面,以及渔业水域滩涂以及其他农用地。

(四) 减按2元/平方米的税额征收

铁路、公路、飞机场跑道和停机坪、港口、航道、水利工程减按2元/平方米的税额征收耕地占用税。

(五) 补税规定

按规定免征或减征耕地占用税后,纳税人改变原占地用途,不再属于免征或者减征耕地占用税情形的,应当按照当地适用税额补缴耕地占用税。

(六) 纳税退还

(1) 纳税人因建设项目施工或者地质勘查临时占用耕地,应当缴纳耕地占用税。纳税人在批准临时占用耕地期满之日起1年内依法复垦,恢复种植条件的,全额退还已经缴纳的耕地占用税。

(2) 因挖损、采矿塌陷、压占、污染等损毁耕地属于税法所称的非农业建设,应依照税法规定缴纳耕地占用税;自然资源、农业农村等相关部门认定损毁耕地之日起3年内依法复垦或修复,恢复种植条件的,全额退还已经缴纳的耕地占用税。

【例题6-32·计算题】甲公司开发高档住宅小区,经批准共占用耕地200 000平方米,其中1 000平方米用于兴建幼儿园,5 000平方米用于修建学校,2 000平方米用于修建购物广场。已知耕地占用税税率为30元/平方米。请计算甲公司应缴纳耕地占用税税额。

【正确答案】 甲公司应缴纳耕地占用税税额=(200 000-1 000-5 000)×30=5 820 000(元)

【答案解析】 学校、幼儿园占用耕地,免征耕地占用税。

【例题6-33·多选题】下列各项中,免征耕地占用税的有( )。
A. 公立学校教学楼占用耕地
B. 厂区内机动车道占用耕地
C. 军事设施占用耕地
D. 医院内职工住房占用耕地
【正确答案】 AC
【答案解析】 免征耕地占用税的项目包括:军事设施、学校、幼儿园、社会福利机构和医疗机构占用耕地。医院内职工住房占用耕地的,应缴纳耕地占用税。

六、纳税申报

(一)纳税义务发生时间

耕地占用税纳税义务发生时间为纳税人收到自然资源主管部门办理占用耕地手续的书面通知的当日。未经批准占用耕地的,耕地占用税纳税义务发生时间为自然资源主管部门认定的纳税人实际占用耕地的当日。因挖损、采矿塌陷、压占、污染等损毁耕地的纳税义务发生时间为自然资源、农业农村等相关部门认定损毁耕地的当日。

(二)纳税期限

纳税人应当自纳税义务发生之日起30日内申报缴纳耕地占用税。

【例题6-34·单选题】甲企业经批准新占用一块耕地建造办公楼,另占用一块非耕地建造企业仓库。下列关于甲企业城镇土地使用税和耕地占用税的有关处理,说法正确的是( )。
A. 甲企业建造办公楼占地,应征收耕地占用税,并自批准征用之次月起征收城镇土地使用税
B. 甲企业建造办公楼占地,应征收耕地占用税,并自批准征用之日起满一年后征收城镇土地使用税
C. 甲企业建造仓库占地,不征收耕地占用税,应自批准征用之月起征收城镇土地使用税
D. 甲企业建造仓库占地,不征收耕地占用税,应自批准征用之日起满一年时征收城镇土地使用税
【正确答案】 B
【答案解析】 为避免对一块土地同时征收耕地占用税和城镇土地使用税,凡是缴纳了耕地占用税的,从批准征用之日起满1年后征收城镇土地使用税;征用非耕地因不需要缴纳耕地占用税,应从批准征用之次月起征收城镇土地使用税。

(三)纳税地点

纳税人占用耕地,应当在耕地所在地申报纳税。

(四)填写税源明细表

【情境实战】耕地占用税应纳税额的计算和纳税申报
广西强盛公司(纳税人识别号为91452160MAA6GW7B59,以下简称强盛公司)在南宁市枫林路3号开发一个住宅小区,20×2年8月,经批准共占用耕地250 000平方米,其中6 000平方米用于兴建幼儿园。已知耕地占用税适用税率为30元/平方米。该公司于20×2年8月29日对其应纳耕地占用税进行纳税申报。

1. 工作任务要求
(1)计算强盛公司20×2年8月应缴纳的耕地占用税税额。

（2）填写"耕地占用税税源明细表"。

2. 操作步骤

第一步：根据经济业务计算强盛公司8月应缴纳耕地占用税税额：

$$应纳耕地占用税 = (250\,000 - 6\,000) \times 30 = 7\,320\,000(元)$$

第二步：填写"耕地占用税税源明细表"，如表6-19所示。

表6-19　　　　　　　　　　耕地占用税税源明细表

纳税人识别号(统一社会信用代码)：91452160MAA6GW7B59

纳税人名称：广西强盛公司　　　　　　　　　　　　　面积单位：平方米；金额单位：人民币元(列至角分)

占地方式	1.经批准按批次转用□ 2.经批准单独选址转用☑ 3.经批准临时占用□	项目(批次)名称	略	批准占地文号	略
		批准占地部门	略	经批准占地面积	250 000
		收到书面通知日期(或收到经批准改变原占地用途日期)	20×2年8月5日	批准时间	20×2年8月1日
	4.未批先占□	认定的实际占地日期(或认定的未经批准改变原占地用途日期)	年　月　日	认定的实际占地面积	
损毁耕地	挖损□　采矿塌陷□　压占□ 污染□	认定的损毁耕地日期	年　月　日	认定的损毁耕地面积	
税源编号	占地位置	占地用途	征收品目	适用税额	计税面积	减免性质代码和项目名称	减免税面积
	南宁市枫林路3号	住宅建设	耕地-基本农田	30	244 000	略	6 000

任务6.6　资　源　税

案例分析

一、概念

资源税是对我国领域和我国管辖的其他海域开发应税资源的单位和个人征收的一种税。

二、纳税人

在我国领域和我国管辖的其他海域开发应税资源的单位和个人，为资源税的纳税人。

资源税法律制度规定仅对在中国领域及管辖海域从事应税产品开采或生产的单位和个人征收，进口的相关产品不征收资源税；资源税纳税义务人不仅包括符合规定的中国企业和个人，还包括外商投资企业和外国企业；独立矿山、联合企业和其他收购未税矿产品的单位为资源税的扣缴义务人。

【例题6-35·单选题】根据资源税法律制度的规定,下列各项中,属于资源税纳税人的是( )。

A. 生产人造石油的股份制企业　　　　B. 生产盐的国有企业
C. 生产煤炭制品的集体企业　　　　　D. 进口有色金属矿的私营企业

【正确答案】　B

【答案解析】　选项A,人造石油不是在我国领域和我国管辖的其他海域开发的应税资源;选项C,煤矿开采企业是资源税纳税人,但生产煤炭制品的企业不是纳税人;选项D,进口矿产不在资源税征税范围内。

三、征税范围和税率

(一) 征税范围

根据我国《资源税法》,现行资源税征税范围主要包括能源矿产、金属矿产、非金属矿产、水气矿产、盐五个税目,同时设若干个子目。

1. 能源矿产

能源矿产包括油、天然气、煤、铀、钍、地热等。

2. 金属矿产

金属矿产包括黑色金属(如铁)、有色金属(如金)。

3. 非金属矿产

非金属矿产包括矿物类(如高岭土)、岩石类(如花岗岩)、宝玉石类(如玛瑙)。

4. 水气矿产

水气矿产包括二氧化碳气、硫化氢气、氦气、氡气等。

5. 盐

盐包括钠盐、钾盐、镁盐、锂盐;天然卤水;海盐。

【例题6-36·单选题】根据资源税法律制度的规定,下列各项中不属于资源税征税范围的是( )。

A. 井矿盐　　　　B. 海盐　　　　C. 原油　　　　D. 人造石油

【正确答案】　D

【答案解析】　人造石油不是在我国领域和我国管辖的其他海域开发的应税资源。

【例题6-37·单选题】根据资源税法律制度的规定,下列各项中不属于资源税征税范围的是( )。

A. 开采的煤成(层)气　　　　　　　B. 以空气加工生产的液氧
C. 开采的原煤　　　　　　　　　　D. 开采的天然气

【正确答案】　B

【答案解析】　选项A,适用免税规定,但仍属于资源税征税范围;选项B,空气不属于我国境内不可再生的自然资源,因此以空气加工生产的液氧不属于资源税的征税范围。

(二) 税率

资源税实行从价定率和从量定额计征,以从价定率为主,从量定额为辅。绝大多数应税矿产品执行比例税率。"地热、石灰岩、其他粘土、砂石、矿泉水、天然卤水"纳税人可以选择适用比例税率或者定额税率。

纳税人开采或者生产不同税目应税产品的,应当分别核算不同税目应税产品的销售额或者销售数量;未分别核算或者不能准确提供不同税目应税产品的销售额或者销售数量的,从高适用税率。

资源税税目、税率如表6-20所示。

表6-20　　　　　　　　　　　资源税税目、税率表

税目			征税对象	税率
能源矿产	原油		原矿	6%
	天然气、页岩气、天然气水合物		原矿	6%
	煤		原矿或者选矿	2%~10%
	煤成(层)气		原矿	1%~2%
	铀、钍		原矿	4%
	油页岩、油砂、天然沥青、石煤		原矿或者选矿	1%~4%
	地热		原矿	1%~20%或者每立方米1~30元
金属矿产	黑色金属	铁、锰、铬、钒、钛	原矿或者选矿	1%~9%
	有色金属	铜、铅、锌、锡、镍、锑、镁、钴、铋、汞	原矿或者选矿	2%~10%
		铝土矿	原矿或者选矿	2%~9%
		钨	选矿	6.5%
		钼	选矿	8%
		金、银	原矿或者选矿	2%~6%
		铂、钯、钌、锇、铱、铑	原矿或者选矿	5%~10%
		轻稀土	选矿	7%~12%
		中重稀土	选矿	20%
		铍、锂、锆、锶、铷、铯、铌、钽、锗、镓、铟、铊、铪、铼、镉、硒、碲	原矿或者选矿	2%~10%
非金属矿产	矿物类	高岭土	原矿或者选矿	1%~6%
		石灰岩	原矿或者选矿	1%~6%或者每吨(或者每立方米)1~10元
		磷	原矿或者选矿	3%~8%
		石墨	原矿或者选矿	3%~12%
		萤石、硫铁矿、自然硫	原矿或者选矿	1%~8%
		天然石英砂、脉石英、粉石英、水晶、工业用金刚石、冰洲石、蓝晶石、硅线石(矽线石)、长石、滑石、刚玉、菱镁矿、颜料矿物、天然碱、芒硝、钠硝石、明矾石、砷、硼、碘、溴、膨润土、硅藻土、陶瓷土、耐火粘土、铁矾石、凹凸棒石粘土、海泡石粘土、伊利石粘土、累托石粘土	原矿或者选矿	1%~12%
		叶蜡石、硅灰石、透辉石、珍珠岩、云母、沸石、重晶石、毒重石、方解石、蛭石、透闪石、工业用电气石、白垩、石棉、蓝石棉、红柱石、石榴子石、石膏	原矿或者选矿	2%~12%

(续表)

税目			征税对象	税率
非金属矿产	矿物类	其他粘土(铸型用粘土、砖瓦用粘土、陶粒用粘土、水泥配料用粘土、水泥配料用红土、水泥配料用黄土、水泥配料用泥岩、保温材料用粘土)	原矿或者选矿	1%～5%或者每吨(或者每立方米)0.1～5元
	岩石类	大理岩、花岗岩、白云岩、石英岩、砂岩、辉绿岩、安山岩、闪长岩、板岩、玄武岩、片麻岩、角闪岩、页岩、浮石、凝灰岩、黑曜岩、霞石正长岩、蛇纹岩、麦饭石、泥灰岩、含钾岩石、含钾砂页岩、天然油石、橄榄岩、松脂岩、粗面岩、辉长岩、辉石岩、正长岩、火山灰、火山渣、泥炭	原矿或者选矿	1%～10%
		砂石	原矿或者选矿	1%～5%或者每吨(或者每立方米)0.1～5元
	宝玉石类	宝石、玉石、宝石级金刚石、玛瑙、黄玉、碧玺	原矿或者选矿	4%～20%
水气矿产	二氧化碳气、硫化氢气、氦气、氡气		原矿	2%～5%
	矿泉水		原矿	1%～20%或者每立方米1～30元
盐	钠盐、钾盐、镁盐、锂盐		选矿	3%～15%
	天然卤水		原矿	3%～15%或者每吨(或者每立方米)1～10元
	海盐			2%～5%

四、应纳税额的计算

资源税的税款计算以从价计征为主,少数情况采用从量计征,地热、石灰岩、其他粘土、砂石、矿泉水、天然卤水等矿产品纳税人可以选择适用从价或者从量计算。

(一) 从价计征

采用从价计征方式时应纳税额的计算公式为:

$$应纳资源税＝销售额 \times 适用税率$$

销售额不包括应税产品从坑口或洗选(加工)地到车站、码头或购买方指定地点的运输费用、建设基金以及随运销产生的装卸、仓储、港杂费用。

(二) 从量计征

采用从量计征方式时应纳税额的计算公式为:

$$应纳资源税＝销售数量 \times 适用税额$$

纳税人开采或者生产应税产品,自用于连续生产应税产品的,移送使用时不缴纳资源税;自用于其他方面的,视同销售,缴纳资源税。

(三) 特殊情况下应纳税额的计算

1. 应税产品为矿产品的(包括"原矿"和"选矿")

(1) 纳税人以自采原矿直接销售,或自用于应当缴纳资源税情形的,按照原矿计征资源税。

(2) 纳税人以自采原矿洗选加工为选矿产品销售,或将选矿产品自用于应当缴纳资源税情形的,按照选矿产品计征资源税,在原矿移送环节不缴纳资源税。

2. 纳税人外购与自采应税产品混合销售或混合加工为应税产品销售

(1) 纳税人以外购与自采原矿混合为原矿销售,或以外购与自产选矿产品混合为选矿产品销售的,在计算应税产品销售额(数量)时,直接扣减外购原矿或选矿产品的购进金额(数量)。

(2) 纳税人以外购原矿与自采原矿混合洗选加工为选矿产品销售的,在计算应税产品销售额(数量)时的计算公式如下:

$$准予扣减的外购应税产品购进金额(数量)=外购原矿购进金额(数量)\times(本地区原矿适用税率\div本地区选矿产品适用税率)$$

$$准予扣减的外购应税产品的资源税=外购原矿购进金额(数量)\times本地区原矿适用税率$$

上述情形中,未准确核算外购应税产品的购进金额(数量)的,不得扣减,应当一并计算缴纳资源税。

3. 纳税人申报的销售额明显偏低且无正当理由或有自用应税产品行为而无销售额

纳税人申报的销售额明显偏低且无正当理由,或有自用应税产品行为而无销售额的,主管税务机关可以按下列方法确定:

(1) 按纳税人最近时期同类产品的平均销售价格确定。

(2) 按其他纳税人最近时期同类产品的平均销售价格确定。

(3) 按后续加工非应税产品销售价格,减去后续加工环节的成本利润后确定。

(4) 按应税产品组成计税价格确定,计算公式为:

$$组成计税价格=成本\times(1+成本利润率)\div(1-资源税税率)$$

4. 开采或生产同一应税产品既有享受减免税政策的又有不享受减免税政策

纳税人开采或生产同一应税产品,其中既有享受减免税政策的又有不享受减免税政策的,按照免税、减税项目的产量占比等方法分别核算确定免税、减税项目的销售额(数量)。

【例题6-38·计算题】甲砂石企业开采砂石1 200吨,对外销售900吨,移送60吨砂石继续精加工。已知:砂石的资源税税率为4元/吨,请计算甲砂石企业应当缴纳的资源税。

【正确答案】 应当缴纳的资源税=900×4=3 600(元)。

【答案解析】 ①矿石以销售数量为计税依据,而非开采数量;②纳税人开采应税产品,自用于连续生产应税产品的,移送使用时不缴纳资源税。

【例题6-39·计算题】某铜矿于20×2年7月销售铜矿石原矿收取1 500万元不含增值税的价款,其中包括从坑口到车站的运输费用为45万元,随运输产生的装卸、仓储费用为20万元,均取得增值税发票。已知该矿铜矿石原矿适用的资源税税率为6%。请计算该铜矿当月应纳资源税税额。

【正确答案】 应纳资源税=(1 500-45-20)×6%=86.1(万元)。

【答案解析】 计入销售额中的相关运杂费用,凡取得增值税发票或者其他合法有效凭据的,准予从销售额中扣除。相关运杂费用是指应税产品从坑口或者洗选(加工)地到车站、码头或者购买方指定地点的运输费用、建设基金以及随运销产生的装卸、仓储、港杂费用。

五、税收优惠政策

根据国民经济和社会发展需要,国务院对有利于促进资源节约集约利用、保护环境等情形可以规定免征或者减征资源税,具体有以下情形。

(一)免征资源税

(1) 开采原油以及在油田范围内运输原油过程中用于加热的原油、天然气。
(2) 煤炭开采企业因安全生产需要抽采的煤成(层)气。

(二)减征资源税

(1) 从低丰度油气田开采的原油、天然气,减征20%资源税。
(2) 高含硫天然气、三次采油和从深水油气田开采的原油、天然气,减征30%资源税。
(3) 稠油、高凝油减征40%资源税。
(4) 从衰竭期矿山开采的矿产品,减征30%资源税。
(5) 省、自治区、直辖市可以决定免征或者减征资源税的情形,包括:①纳税人开采或者生产应税产品过程中,因意外事故或者自然灾害等原因遭受重大损失;②纳税人开采共伴生矿、低品位矿、尾矿。

纳税人的免税、减税项目,应当单独核算销售额或者销售数量;未单独核算或者不能准确提供销售额或者销售数量的,不予免税或者减税。

【注意】"免征"区别于"不征":"人造"石油、"进口"石油,不属于开采我国境内不可再生的自然资源,因此不征收资源税。

资源税减征优惠情况如表6-21所示。

表6-21 资源税减征优惠情况表

税目	条件	优惠幅度
石油天然气	低丰度油气田	减征20%
	高含硫天然气、三次采油、深水油气田	减征30%
	稠油、高凝油	减征40%
所有矿产品	填充开采	减征50%
	从衰竭期矿山开采	减征30%

【注意】上述优惠不能叠加适用。

【例题6-40·单选题】下列各项中,免征资源税的是(   )。
A. 天然气
B. 进口的原油
C. 出口的原油
D. 开采原油过程中用于加热的原油
【正确答案】 D
【答案解析】 进口原油不属于资源税征税范围;出口原油正常征税;开采原油以及油田范围内运输原油过程中用于加热的原油免征资源税。

六、纳税申报

(一)纳税义务发生时间

纳税人销售应税产品,纳税义务发生时间为收讫销售款或者取得索取销售款凭据的当日;

自用应税产品的,纳税义务发生时间为移送应税产品的当日。

(二) 纳税期限

资源税按月或者按季申报缴纳;不能按固定期限计算缴纳的,可以按次申报缴纳。

纳税人按月或者按季申报缴纳的,应当自月度或者季度终了之日起15日内,向税务机关办理纳税申报并缴纳税款;按次申报缴纳的,应当自纳税义务发生之日起15日内,向税务机关办理纳税申报并缴纳税款。

(三) 纳税地点

纳税人应当向应税产品开采地或者生产地的税务机关申报缴纳资源税。

(四) 填写税源明细表

【情境实战】资源税应纳税额的计算和纳税申报

广西富能公司(纳税人识别号:91450176HWQ8GD2B81)于20×2年9月对外销售锰矿石1 000吨,每吨销售价为1 000元,销售额为100万元,适用的资源税税率为6%。

1. 工作任务要求

(1) 计算广西富能公司该期应缴纳的资源税税额。

(2) 填写"资源税税源明细表"。

2. 操作步骤

第一步:根据经济业务计算该期应缴纳的资源税税额。

应缴纳资源税=100×6%=6(万元)

第二步:填写相关税源明细表和纳税申报表,如表6-22所示。

表6-22　　　　　　　　　　　　资源税税源明细表

税款所属期限:自20×2年9月1日至20×2年9月30日
纳税人识别号(统一社会信用代码):91450176HWQ8GD2B81
纳税人名称:广西富能公司　　　　　　　　　　　　　　　　　　　　　　　　　金额单位:人民币元(列至角分)

申报计算明细										
序号	税目	子目	计量单位	销售数量	准予扣减的外购应税产品购进数量	计税销售数量	销售额	准予扣除的运杂费	准予扣减的外购应税产品购进金额	计税销售额
	1	2	3	4	5	6=4−5	7	8	9	10=7−8−9
1	金属矿产	黑色金属锰	吨				1 000 000			1 000 000
2										
合计										

减免税计算明细									
序号	税目	子目	减免性质代码和项目名称	计量单位	减免税销售数量	减免税销售额	适用税率	减征比例	本期减免税额
	1	2	3	4	5	6	7	8	9①=5×7×8 9②=6×7×8
1									
2									
合计									

案例分析

任务6.7 土地增值税

一、概念和特征

（一）土地增值税的概念

土地增值税是以纳税人转让国有土地使用权、地上的建筑物及其附着物（简称转让房地产）所取得的增值额为征税对象，依照规定税率征收的一种税。

（二）土地增值税的特征

（1）土地增值税属于财产转移税。

（2）土地增值税以转让土地使用权、地上建筑物及其附着物取得的增值额为计税依据。

（3）土地增值税以转让方为纳税人。

二、纳税人

土地增值税的纳税人是转让国有土地使用权、地上建筑物及其附着物并取得收入的单位和个人。

三、征税范围和税率

（一）征税范围

土地增值税的征税范围是转让国有土地使用权、地上的建筑物及其附着物（以下简称转让房地产），包括转让国有土地使用权以及地上建筑物及其附着物连同国有土地使用权一并转让。这里的转让指有偿转让。转让非国有土地、出让国有土地不征土地增值税。

土地增值税征税范围的具体情形如表6-23所示。

表6-23　土地增值税征税范围的具体情形

具体事项	是否征收土地增值税的规定
合作建房	（1）建成后自用，暂免 （2）建成后转让，征税
房地产交换	征税（个人之间互换自有居住用房免税）
房地产抵押	（1）抵押期：不征 （2）期满房地产抵债：征税
房地产出租	不征
房地产评估增值	不征
国家收回国有土地使用权、征用地上建筑物及附着物	免征
代建房行为	不征
房地产的继承	不征
房地产的赠与	不征： （1）赠与直系亲属或承担直接赡养义务人 （2）赠与福利、公益事业 征税：除上述以外的房地产赠与

房地产开发企业将开发产品用于职工福利、奖励、对外投资、分配给股东或投资人、抵偿债务、换取其他单位和个人的非货币性资产等,发生所有权转移时应视同销售房地产。

【例题6-41·多选题】下列行为中应征收土地增值税的有(   )。
A. 企业出售不动产
B. 个人出租不动产
C. 企业转让土地使用权
D. 政府出让土地使用权

【正确答案】 BC
【答案解析】 选项A,不涉及土地使用权的转移,不征收土地增值税;选项CD,土地增值税对转让土地使用权的行为征税,对出让土地的行为(政府行为)不征税。

【例题6-42·单选题】下列各项中,属于土地增值税征税范围的是(   )。
A. 房地产的出租
B. 企业间房地产的交换
C. 房地产的代建
D. 房地产的评估增值

【正确答案】 B
【答案解析】 选项ACD,出租、代建、抵押、评估增值等行为未发生权属转移,不属于土地增值税的征税范围;选项B,房地产交换发生了房产产权、土地使用权的转移,交换双方取得了实物形态的收入,属于土地增值税的征税范围。

【例题6-43·判断题】房产所有人将房屋产权赠与直系亲属的行为,不征收土地增值税。(   )
【正确答案】 √

(二)税率
土地增值税适用四级超率累进税率,税率如表6-24所示。

表6-24　　　　　　　　　　土地增值税税率表

级数	增值额与扣除项目金额的比率	税率	速算扣除系数
1	不超过50%的部分	30%	0
2	超过50%至100%的部分	40%	5%
3	超过100%至200%的部分	50%	15%
4	超过200%的部分	60%	35%

四、应纳税额的计算

(一)计税公式
土地增值税的计税公式如下:

$$土地增值税 = 增值额 \times 适用税率 - 扣除项目金额 \times 速算扣除系数$$
$$增值额 = 转让房地产取得的收入 - 扣除项目金额$$

【注意】转让房地产取得的收入为不含增值税收入。

(二)不同项目的扣除内容
1. 新建项目
1)扣除标准
新建项目具体扣除项目及标准如表6-25所示。

表 6-25　　　　　　　　　　新建项目具体扣除项目及标准

转让项目		具体扣除项目		扣除标准
新建项目	房地产开发企业	拿地	取得土地使用权所支付的金额	据实扣除（成本＋契税）
		建房	房地产开发成本	据实扣除
			房地产开发费用	利息明确：利息＋(①＋②)×省级政府确定的比例
				利息不明确：(①＋②)×省级政府确定的比例
		销售	与转让房地产有关的税金	城市维护建设税、教育费附加(不包括印花税)、不得抵扣的增值税
		优惠	加计扣除额	(①＋②)×20%
	非房地产开发企业	拿地	同房地产开发企业	同房地产开发企业
		建房	同房地产开发企业	同房地产开发企业
		销售	不同房地产开发企业	不同,城市维护建设税、教育费附加、印花税

房地产开发成本包括土地的征用及拆迁补偿费、前期工程费、建筑安装工程费、基础设施费、公共配套设施费、开发间接费用等。

两项即使明确也不得扣除的利息：①利息的上浮幅度按国家的有关规定执行，超过上浮幅度的部分不允许扣除；②超过贷款期限的利息部分和加罚的利息不允许扣除。

税收优惠：纳税人建造普通标准住宅出售，增值额未超过扣除项目金额 20% 的，予以免税。

2) 计算步骤

新建项目土地增值税的计算步骤包括：①确定收入。②确定扣除项目金额：取得土地使用权所支付的金额、房地产开发成本、房地产开发费用、与转让房地产有关的税金、计算加计扣除。③确定增值额。④确定增值额与扣除项目的比率。⑤找税率。⑥算税额，计算公式为：

$$应纳税额＝增值额×税率－扣除项目金额×速算扣除系数$$

【例题 6-44·计算题】甲房地产企业于 20×2 年 5 月开发一普通标准住宅，已知支付的土地出让金为 284 万元，缴纳相关税费 16 万元；住宅开发成本为 280 万元，其中含装修费用 50 万元；房地产开发费用中的利息支出为 30 万元(不能提供金融机构证明)；当年住宅全部销售，取得不含税销售收入 900 万元；缴纳城市维护建设税和教育费附加 49 万元、印花税 4.5 万元。已知：该企业所在省人民政府规定的房地产开发费用的计算扣除比例为 10%，房地产开发加计扣除比率为 20%。则该企业应缴纳的土地增值税为多少万元？

【正确答案】

(1) 住宅销售收入为 900 万元。

(2) 确定转让房地产的扣除项目金额包括：①取得土地使用权所支付的金额＝284＋16＝300(万元)。②住宅开发成本为 280 万元。③房地产开发费用＝(300＋280)×10%＝58(万元)。④与转让房地产有关的税金＝49(万元)，缴纳的印花税已在税金及附加中扣除。⑤加计扣除＝(300＋280)×20%＝116(万元)，转让房地产的扣除项目金额＝300＋280＋58＋49＋116＝803(万元)。

(3) 转让房地产的增值额＝900－803＝97(万元)。

(4) 增值额与扣除项目金额的比率＝97÷803＝12.1%。

纳税人建造普通标准住宅出售,增值额未超过扣除项目金额20%的,予以免税。

2. 销售旧房

1) 销售旧房具体扣除标准

销售旧房具体扣除标准如表6-26所示。

表6-26　　　　　　　　销售旧房具体扣除项目及标准

转让项目			具体扣除项目	扣除标准
存量项目	房屋	房	房屋及建筑物的评估价格	重置成本价×成新率
		地	取得土地使用权所支付的地价款和缴纳的有关费用	据实扣除
		销售	与转让房地产有关的税金	据实扣除
	土地	地	取得土地使用权所支付的地价款和缴纳的有关费用	据实扣除
		销售	与转让土地使用权有关的税金	据实扣除

2) 计税依据的特殊规定

(1) 纳税人隐瞒、虚报房地产成交价格的,应由评估机构参照同类房地产的市场交易价格进行评估,税务机关根据评估价格确定转让房地产的收入。

(2) 纳税人申报扣除项目金额不实的,应由评估机构按照房屋重置成本价乘以成新度折扣率,计算的房屋成本价和取得土地使用权时的基准地价进行评估,税务机关根据评估价格确定扣除项目金额。

(3) 转让房地产的成交价格低于房地产评估价格,又无正当理由的应按评估的市场交易价确定其实际成交价,并以此作为转让房地产的收入。

(4) 非直接销售和自用房地产收入的确定。非直接销售和自用房地产收入按本企业在同一地区、同一年度销售的同类房地产的平均价格确定;由主管税务机关参照当地当年、同类房地产的市场价格或评估价值确定。

【例题6-45·单选题】甲房地产开发公司销售自行开发的一处住宅项目,取得不含增值税价款80万元,扣除项目金额50万元。已知,土地增值税税率为40%,速算扣除系数为5%。计算甲房地产开发公司销售该住宅项目应缴纳土地增值税税额的下列算式中,正确的是(　　)。

A. 80×40%　　　　　　　　B. (80－50)×(40%－5%)

C. (80－50)×40%×5%　　　D. (80－50)×40%－50×5%

【正确答案】 D

【答案解析】 土地增值税应纳税额＝增值额×税率－扣除项目金额×速算扣除系数;增值额＝不含增值税的房地产转让收入－扣除项目金额。

【例题6-46·单选题】甲公司开发一项房地产项目,取得土地使用权支付的金额为100万元,发生开发成本600万元,发生开发费用200万元,其中利息支出90万元无法提供金融机构贷款利息证明。已知当地房地产开发费用的计算扣除比例为10%。甲公司计算缴纳土地增值税时,可以扣除的房地产开发费用的下列等式中,正确的是(　　)。

A. 200－90　　B. 600×10%　　C. 200×10%　　D. (100＋600)×10%

【正确答案】 D

【答案解析】 财务费用中的利息支出,凡不能按转让房地产项目计算分摊利息支出或不能提供金融机构证明的,房地产开发费用按"取得土地使用权所支付的金额和房地产开发成本"之和的10%以内计算扣除。计算扣除的具体比例,由各省、自治区、直辖市人民政府规定。

【例题6-47·多选题】下列各项中,在计算土地增值税时,应计入房地产开发成本的有( )。

A. 建筑安装工程费 B. 公共配套设施费
C. 取得土地使用权所支付的地价款 D. 土地征用及拆迁补偿费

【正确答案】 ABD

【答案解析】 选项C,属于"取得土地使用权所支付的金额"。

【例题6-48·多选题】纳税人转让旧房及建筑物,在计算土地增值税时,准予扣除的项目有( )。

A. 转让环节缴纳的税金 B. 取得土地使用权所支付的地价款
C. 重置成本 D. 评估价格

【正确答案】 ABD

【答案解析】 转让旧房的,应按房屋及建筑物的评估价格、取得土地使用权所支付的地价款和按国家统一规定缴纳的有关费用以及在转让环节缴纳的税金作为扣除项目金额计征土地增值税。

五、税收优惠政策

土地增值税税收优惠如下:

(1) 纳税人建造普通标准住宅出售,增值额未超过扣除项目金额20%的,予以免税;超过20%的,应按全部增值额缴纳土地增值税。如果房地产开发项目中同时包含普通住宅和非普通住宅的,应分别计算土地增值税的税额。

(2) 因国家建设需要依法征用、收回的房地产,免征土地增值税。

注意:因上述原因而自行转让比照国家收回处理。

(3) 企事业单位、社会团体以及其他组织转让旧房作为廉租住房、经济适用住房房源且增值额未超过扣除项目金额20%的,免征土地增值税。

(4) 个人转让住房暂免征收土地增值税。

(5) 2022年亚运会和亚残运会、三项国际综合运动会:对组委会赛后出让资产取得的收入,免征增值税和土地增值税。

【例题6-49·单选题】下列各项中,不属于土地增值税免税项目的是( )。

A. 个人转让住房
B. 因国家建设需要被政府批准收回的土地使用权
C. 企业出售闲置办公用房
D. 因城市规划需要被政府批准征用的房产

【正确答案】 C

【答案解析】 选项A,个人转让住房暂免征收土地增值税;选项BD,因国家建设需要依法征用、收回的房地产,免征土地增值税。

六、纳税清算

符合下列情形之一的,纳税人应当进行土地增值税的清算:
(1) 房地产开发项目全部竣工、完成销售的。
(2) 整体转让未竣工决算房地产开发项目的。
(3) 直接转让土地使用权的。

符合下列情形之一的,主管税务机关可以要求纳税人进行土地增值税清算:
(1) 已竣工验收的房地产开发项目,已转让的房地产建筑面积占整个项目可售建筑面积的比例在85%以上,或该比例虽未超过85%,但剩余的可售建筑面积已经出租或自用的。
(2) 取得销售(预售)许可证满3年仍未销售完毕的。
(3) 纳税人申请注销税务登记但未办理土地增值税清算手续的。

七、纳税申报

(一) 纳税义务发生时间及缴纳期限

(1) 纳税人应自转让房地产合同签订之日起7日内纳税申报。
(2) 对纳税人在项目全部竣工结算前转让房地产取得的收入可以预征土地增值税。

对实行预征办法的地区(除保障性住房外),预征率如下:①东部地区省份不得低于2%;②中部和东北地区省份不得低于1.5%;③西部地区省份不得低于1%。

(二) 纳税地点

土地增值税的纳税人应向房地产所在地主管税务机关办理纳税申报,并在税务机关核定的期限内缴纳土地增值税。房地产所在地是指房地产的坐落地。纳税人转让的房地产坐落在两个或两个以上地区的,应按房地产所在地分别申报纳税。

实务中,纳税地点的确定又可分为以下两种情况:

(1) 纳税人是法人的:当转让的房地产坐落地与其机构所在地或经营所在地一致时,则在办理税务登记的原管辖税务机关申报纳税即可;如果转让的房地产坐落地与其机构所在地或经营所在地不一致时,则应在房地产坐落地所管辖的税务机关申报纳税。

(2) 纳税人是自然人的:当转让的房地产坐落地与其居住所在地一致时,则在住所所在地税务机关申报纳税;当转让的房地产坐落地与其居住所在地不一致时,在办理过户手续所在地的税务机关申报纳税。

(三) 填写纳税申报表

【情境实战】从事房地产开发的纳税人对土地增值税进行清算

广西全和房地产开发有限公司(私营房地产有限责任公司,纳税人识别号为91450130MAA7GW6B66),专门从事普通住宅商品房开发,公司坐落于南宁市西乡塘区大学路35号。20×2年5月8日,该公司出售普通住宅(宝丽小区)一幢,总面积为11 000平方米,不含增值税的销售价格为10 000元/平方米。该房屋支付土地出让金400万元,房地产开发成本为1 760万元,另外支付利息支出1 000万元,其中40万元为银行罚息(不能按收入项目准确分摊)。假设城市维护建设税税率为7%,教育费附加征收率为3%,地方教育附加为征收率2%。南宁市人民政府规定允许扣除的房地产开发费用的扣除比例为10%。假设该项目缴纳增值税800万元,请计算该项目应该计算缴纳的土地增值税(申报时保留两位小数)。

已知:

(1) 纳税人能按转让房地产项目分摊利息支出并能提供金融机构贷款证明的,其他房地产开发费用的扣除比例是5%。

(2) 纳税人不能按转让房地产项目分摊利息支出或不能提供金融机构贷款证明的,其他房地产开发费用的扣除比例是10%。

1. 工作任务要求

(1) 计算广西全和房地产开发有限公司该期应缴纳的土地增值税税额。

(2) 填写"土地增值税税源明细表"。

2. 操作步骤

第一步:根据经济业务计算20×2年5月该公司土地增值税应纳税额。

(1) 销售收入=11 000×10 000÷10 000=11 000(万元)

(2) 扣除项目:

① 取得土地使用权所支付的金额为400万元。

② 房地产开发成本为1 760万元。

③ 房地产开发费用=(400+1 760)×10%=216(万元)

④ 税金:

城市维护建设税及教育费附加、地方教育附加=800×(7%+3%+2%)=96万元

土地增值税中可以扣除的税金为96万元。

⑤ 加计扣除=(400+1 760)×20%=432(万元)

扣除项目金额合计=400+1 760+216+96+432=2 904(万元)

(3) 计算增值额:

增值额=11 000−2 904=8 096(万元)

(4) 计算增值率:

增值率=8 096÷2 904=278.79%>200%

(5) 找税率:适用税率为60%。

(6) 计算土地增值税税额:

土地增值税税额=8 096×60%−2 904×35%=4 857.6−1 016.4=3 841.2(万元)

第二步:填写土地增值税税源明细表,如表6-27所示。

表6-27　　　　　　　　　土地增值税税源明细表

税款所属期限:自20×2年5月1日至20×2年5月31日
纳税人识别号(统一社会信用代码):91450130MAA7GW6B66
纳税人名称:广西全和房地产开发有限公司　　　　　　　　金额单位:人民币元(列至角分)
　　　　　　　　　　　　　　　　　　　　　　　　　　　　面积单位:平方米

土地增值税项目登记表(从事房地产开发的纳税人适用)			
项目名称	宝丽小区	项目地址	南宁市西乡塘区大学路35号
土地使用权受让(行政划拨)合同号		受让(行政划拨)时间	

(续表)

建设项目起讫时间		总预算成本		单位预算成本	
项目详细坐落地点		南宁市西乡塘区大学路35号			
开发土地总面积		开发建筑总面积		房地产转让合同名称	
转让次序	转让土地面积(按次填写)		转让建筑面积(按次填写)	转让合同签订日期(按次填写)	
第1次			11 000	20×2年5月8日	
第2次					
……					
备注					

土地增值税申报计算及减免信息

申报类型：

1. 从事房地产开发的纳税人预缴适用□

2. 从事房地产开发的纳税人清算适用□

3. 从事房地产开发的纳税人按核定征收方式清算适用□

4. 纳税人整体转让在建工程适用□

5. 从事房地产开发的纳税人清算后尾盘销售适用□

6. 转让旧房及建筑物的纳税人适用□

7. 转让旧房及建筑物的纳税人核定征收适用□

项目名称		项目编码	
项目地址			
项目总可售面积		自用和出租面积	
已售面积		其中:普通住宅已售面积		其中:非普通住宅已售面积		其中:其他类型房地产已售面积	
清算时已售面积		清算后剩余可售面积	

申报类型	项目		序号	金额			总额
				普通住宅	非普通住宅	其他类型房地产	
1. 从事房地产开发的纳税人预缴适用	一、房产类型子目		1				—
	二、应税收入		2=3+4+5				
		1. 货币收入	3				
		2. 实物收入及其他收入	4				
		3. 视同销售收入	5				
	三、预征率(%)		6				—

(续表)

申报类型	项目	序号	金额			
			普通住宅	非普通住宅	其他类型房地产	总额
2.从事房地产开发的纳税人清算适用 3.从事房地产开发的纳税人按核定征收方式清算适用 4.纳税人整体转让在建工程适用	一、转让房地产收入总额	1=2+3+4	11 000			
	1.货币收入	2	11 000			
	2.实物收入及其他收入	3				
	3.视同销售收入	4				
	二、扣除项目金额合计	5=6+7+14+17+21+22	2 904			
	1.取得土地使用权所支付的金额	6	400			
	2.房地产开发成本	7=8+9+10+11+12+13	1 760			
	其中:土地征用及拆迁补偿费	8				
	前期工程费	9				
	建筑安装工程费	10				
	基础设施费	11				
	公共配套设施费	12				
	开发间接费用	13				
	3.房地产开发费用	14=15+16	216			
	其中:利息支出	15				
	其他房地产开发费用	16				
	4.与转让房地产有关的税金等	17=18+19+20	96			
	其中:营业税	18				
	城市维护建设税	19	56			
	教育费附加	20	40			
	5.财政部规定的其他扣除项目	21	432			
	6.代收费用(纳税人整体转让在建工程不填此项)	22				
	三、增值额	23=1-5	8 096			
	四、增值额与扣除项目金额之比(%)	24=23÷5	278.79%			
	五、适用税率(核定征收率)(%)	25	60%			
	六、速算扣除系数(%)	26	35%			
	七、减免税额	27=29+31+33				
	其中:减免税(1)	减免性质代码和项目名称(1)	28			
		减免税额(1)	29			
	减免税(2)	减免性质代码和项目名称(2)	30			
		减免税额(2)	31			

(续表)

申报类型	项目		序号	金额			
				普通住宅	非普通住宅	其他类型房地产	总额
	减免税(3)	减免性质代码和项目名称(3)	32				
		减免税额(3)	33				
5. 从事房地产开发的纳税人清算后尾盘销售适用	一、转让房地产收入总额		1=2+3+4				
	1. 货币收入		2				
	2. 实物收入及其他收入		3				
	3. 视同销售收入		4				
	二、扣除项目金额合计		5=6×7+8				
	1. 本次清算后尾盘销售的销售面积		6				
	2. 单位成本费用		7				
	3. 本次与转让房地产有关的税金		8=9+10+11				
	其中:营业税		9				
	城市维护建设税		10				
	教育费附加		11				
	三、增值额		12=1-5				
	四、增值额与扣除项目金额之比(%)		13=12÷5				
	五、适用税率(核定征收率)(%)		14				
	六、速算扣除系数(%)		15				
	七、减免税额		16=18+20+22				
	其中:减免税(1)	减免性质代码和项目名称(1)	17				
		减免税额(1)	18				
	减免税(2)	减免性质代码和项目名称(2)	19				
		减免税额(2)	20				
	减免税(3)	减免性质代码和项目名称(3)	21				
		减免税额(3)	22				
6. 转让旧房及建筑物的纳税人适用 7. 转让旧房及建筑物的纳税人核定征收适用	一、转让房地产收入总额		1=2+3+4				
	1. 货币收入		2				
	2. 实物收入		3				
	3. 其他收入		4				
	二、扣除项目金额合计		(1) 5=6+7+10+15 (2) 5=11+12+14+15				

(续表)

申报类型	项目		序号	金额			
				普通住宅	非普通住宅	其他类型房地产	总额
6. 转让旧房及建筑物的纳税人适用 7. 转让旧房及建筑物的纳税人核定征收适用	(1)提供评估价格						
		1. 取得土地使用权所支付的金额	6				
		2. 旧房及建筑物的评估价格	7＝8×9				
		其中:旧房及建筑物的重置成本价	8				
		成新度折扣率	9				
		3. 评估费用	10				
	(2)提供购房发票						
		1. 购房发票金额	11				
		2. 发票加计扣除金额	12＝11×5‰×13				
		其中:房产实际持有年数	13				
		3. 购房契税	14				
		4. 与转让房地产有关的税金等	15＝16＋17＋18＋19				
		其中:营业税	16				
		城市维护建设税	17				
		印花税	18				
		教育费附加	19				
	三、增值额		20＝1－5				
	四、增值额与扣除项目金额之比(％)		21＝20÷5				
	五、适用税率(核定征收率)(％)		22				
	六、速算扣除系数(％)		23				
	七、减免税额		24＝26＋28＋30				
	其中: 减免税(1)	减免性质代码和项目名称(1)	25				
		减免税额(2)	26				
	减免税(2)	减免性质代码和项目名称(2)	27				
		减免税额(2)	28				
	减免税(3)	减免性质代码和项目名称(3)	29				
		减免税额(3)	30				

任务6.8 契 税

案例分析

一、概念和特征

(一) 概念

契税是对在中华人民共和国境内转移土地、房屋权属行为征收的一种税。

(二) 特征

(1) 契税属于转移财产税。契税以发生转移的不动产,即土地和房屋为征税对象,具有财产转移课税性质。土地、房屋产权未发生转移的,不征契税。

(2) 契税由财产承受人缴纳。一般税种都确定销售者为纳税人,即卖方纳税;契税则属于土地、房屋产权发生交易过程中的财产税,由承受人纳税,即买方纳税。

二、纳税人

根据我国《契税法》规定,在中华人民共和国境内转移土地、房屋权属,承受的单位和个人为契税的纳税人。

【注意】契税的纳税人强调的是"谁获得产权谁纳税",产权仅限土地使用权和房屋所有权。

【例题6-50·多选题】下列各项中,属于契税纳税人的有(   )。
A. 以买房拆料为目的取得房屋权属的张某
B. 出让土地使用权的国土资源管理局
C. 以土地作价入股的投资方
D. 购入国有土地使用权进行房地产开发的单位
【正确答案】 AD
【答案解析】 契税应由承受土地、房屋权属的一方缴纳,选项B、C不是土地、房屋权属的承受方。

三、征税范围和税率

(一) 征税范围

1. 属于征税范围的情形

(1) 土地使用权出让:土地使用权出让是指承受国有土地使用权并支付出让金。国家可凭其土地所有者的身份将土地使用权在一定年限内让与土地使用者,并由土地使用者向国家支付土地使用权出让金。这种行为使得土地使用权发生了转移,因此属于契税的征税范围。

(2) 土地使用权转让(包括出售、赠与、互换):土地使用权转让是指土地使用者以出售、赠予、交换或者其他方式将土地使用权转移给其他单位和个人的行为。土地使用权的转让不包括农村集体土地承包经营权的转移。

(3) 房屋买卖:房屋买卖是指买方为取得房产所有权向卖方支付一定金额货币或实物的交易行为,包括以预购方式或者预付集资建房款方式承受房屋所有权。以房产抵债、以房产作价投资或作股权转让、买房拆料或翻建新房等行为均视同房屋买卖。

(4) 房屋赠与：房屋赠与是指房屋产权所有人将房屋无偿转让给他人所有。单位、个人因突出贡献或者参加社会活动（如抽奖等）而获得奖励的土地、房屋，属于无偿转移，视同土地使用权或房屋赠与征收契税。

非法定继承人根据遗嘱承受死者生前的土地、房屋权属，属于赠与行为，应缴纳契税。

(5) 房屋交换：房屋交换是指房屋所有者之间相互交换房屋的行为。如果交换的房屋价值不等，一方需支付差价，则支付差价方需按差价缴纳契税；当房屋价值相等，差额为零，交换双方均免契税。

【注意】以作价投资（入股）、偿还债务、划转、奖励等方式转移土地、房屋权属的，应当征收契税。

2. 不属于征税范围的情形

(1) 土地使用权的转让不包括土地承包经营权和土地经营权的转移。

(2) 土地、房屋权属的典当、出租、抵押，不属于契税的征税范围。

【例题 6-51·单选题】根据税收法律制度的规定，下列各项中属于契税纳税人的是（　　）。
A. 向养老院捐赠房产的李某　　　B. 承租住房的刘某
C. 购买商品房的张某　　　　　　D. 出售商铺的林某
【正确答案】　C

【例题 6-52·单选题】根据契税法律制度的规定，下列各项中，属于契税纳税人的是（　　）。
A. 抵押商铺的甲公司　　　　　　B. 转让土地使用权的乙公司
C. 出租住房的王某　　　　　　　D. 受让土地使用权的丙公司
【正确答案】　D
【答案解析】　选项 AC，土地、房屋典当、分拆（分割）、抵押以及出租等行为，不属于契税的征税范围；选项 B，"受让方"为契税纳税人。

【例题 6-53·多选题】下列各项中，属于契税征税范围的有（　　）。
A. 土地承包经营权转移　　　　　B. 土地使用权赠与
C. 土地使用权出让　　　　　　　D. 房屋互换
【正确答案】　BCD
【答案解析】　选项 A，不属于契税的征收范围。

(二) 税率

契税采用3%～5%的幅度比例税率。

契税的具体适用税率，由省、自治区、直辖市人民政府在规定的税率幅度内确定。省、自治区、直辖市可以对不同主体、不同地区、不同类型的住房的权属转移确定差别税率。

四、应纳税额的计算

(一) 计税依据

(1) 土地使用权出让、出售，房屋买卖，计税依据为土地、房屋权属转移合同确定的成交价格，包括应交付的货币以及实物、其他经济利益对应的价款。

(2) 土地使用权赠与、房屋赠与以及其他没有价格的转移土地、房屋权属行为，计税依据为税务机关参照土地使用权出售、房屋买卖的市场价格依法核定的价格。

(3) 土地使用权互换、房屋互换，计税依据为所互换的土地使用权、房屋价格的差额。互换价格不相等的，由多交付货币的一方缴纳契税；互换价格相等的，免征契税。"互换"行为是指"房房、地地、房地"互换，"以房抵债"和"以房易货"均属于买卖行为。纳税人申报的成交价格、互换价格差额明显偏低且无正当理由的，由税务机关核定。

(二) 应纳税额的计算方法

契税采用从价计税的方法，应纳税额的计算公式为：

$$应纳税额＝计税依据\times 税率$$

【例题 6-54·多选题】根据契税法律制度的规定，下列各项中，以成交价格作为契税计税依据的有(　　)。

A. 房屋买卖　　　B. 土地使用权交换　　C. 房屋赠与　　　D. 土地使用权转让

【正确答案】　AD

【答案解析】　土地使用权出让、出售，房屋买卖，计税依据为土地、房屋权属转移合同确定的成交价格。

【例题 6-55·计算题】王某购买一套住房，支付房价 97 万元，增值税税额 8.73 万元。已知契税适用税率为 3%。请计算王某应缴纳契税税额。

【正确答案】　应缴纳契税税额＝97×3%＝2.91(万元)

【答案解析】　房屋买卖，应以不含增值税的成交价格为计税依据，计征契税。

【例题 6-56·计算题】张某获得县人民政府奖励住房一套，经税务机关核定该住房价值为 130 万元。张某对该住房进行装修，支付装修费用 5 万元。已知契税适用税率为 3%。计算张某应缴纳契税税额。

【正确答案】　应缴纳契税税额＝130×3%＝3.9(万元)

【答案解析】　获奖取得的房产，计税依据为税务机关核定的房屋价值，不得扣减装修支出。

【例题 6-57·单选题】陈某与李某互换房屋，经房地产评估机构评估，陈某房屋价值 230 万元，李某房屋价值 190 万元，李某向陈某支付差价 40 万元，该房屋互换行为缴纳契税的计税依据是(　　)万元。

A. 230　　　　　　B. 190　　　　　　C. 40　　　　　　D. 420

【正确答案】　C

【答案解析】　房屋互换，以互换房屋的价格差额为契税的计税依据。

五、税收优惠政策

(一) 法定免征契税

法定免征契税的情形包括以下几类：

(1) 国家机关、事业单位、社会团体、军事单位承受土地、房屋权属，用于办公、教学、医疗、科研和军事设施。

(2) 非营利性的学校、医疗机构、社会福利机构承受土地、房屋权属用于办公、教学、医疗、科研、养老、救助。

(3) 承受荒山、荒地、荒滩土地使用权用于农、林、牧、渔业生产。
(4) 婚姻关系存续期间夫妻之间变更土地、房屋权属。
(5) 法定继承人通过继承承受土地、房屋权属。
(6) 依照法律规定应当予以免税的外国驻华使馆、领事馆和国际组织驻华代表机构承受土地、房屋权属。

(二) 国务院可以规定免征或减征契税的情形

国务院可以规定免征或减征契税的情形包括居民住房需求保障、企业改制重组、灾后重建等。

(三) 省、自治区、直辖市人民政府可以决定免征或者减征契税的情形

省、自治区、直辖市人民政府可以决定免征或者减征契税的情形包括以下几类：
(1) 因土地、房屋被县级以上人民政府征收、征用,重新承受土地、房屋权属。
(2) 因不可抗力灭失住房,重新承受住房权属。

【注意】纳税人改变有关土地、房屋的用途,或者有其他不再属于免征、减征契税情形的,应当缴纳已经免征、减征的税款。

【例题6-58·单选题】根据契税法律制度的规定,可以享受免征契税优惠待遇的是( )。
A. 城镇职工购买公有住房的
B. 国家机关承受房屋用于对外从事饭店经营的
C. 纳税人开采荒地修建工厂
D. 纳税人开采荒山用于农业生产

【正确答案】 D
【答案解析】 纳税人承受荒山、荒地、荒滩土地使用权用于农、林、牧、渔业生产免征契税。

六、纳税申报

(一) 纳税义务发生时间

契税纳税义务发生时间是纳税人签订土地、房屋权属转移合同的当日,或者纳税人取得其他具有土地、房屋权属转移合同性质凭证的当日。

(二) 纳税期限

契税的纳税期限是依法办理土地、房屋权属登记手续前。

【注意】纳税人办理土地、房屋权属登记,不动产登记机构应当查验契税完税、减免税凭证或者有关信息。未按照规定缴纳契税的,不动产登记机构不予办理土地、房屋权属登记。

(三) 纳税地点

契税纳税地点是土地、房屋所在地。

(四) 纳税退还

在依法办理土地、房屋权属登记前,权属转移合同、权属转移合同性质凭证不生效、无效、被撤销或者被解除的,纳税人可以向税务机关申请退还已缴纳的税款。

(五) 填写税源明细表

【情境实战】契税应纳税额的计算和纳税申报

承接任务6.5中的【情境实战】,20×2年9月2日,强盛公司与乙公司签订合同,从乙公司购入一处写字楼,地址位于南宁市东风路139号,房屋面积为400平方米,支付不含增值税价款600万元。该写字楼乙公司账面原值为350万元,已提折旧75万元。已知契税税率为4%。强盛公司于20×2年9月25日对其应纳契税进行纳税申报。

1. 工作任务要求

(1) 计算强盛公司20×2年9月应缴纳的契税。

(2) 填写"契税税源明细表"。

2. 操作步骤

第一步:根据经济业务计算20×2年9月应缴纳契税税额。应纳契税=600×4%=24(万元)。

第二步:填写"契税税源明细表",如表6-28所示;权属转移对象、方式,用途逻辑关系对照表如表6-29所示。

表6-28　　　　　　　　　　　　契税税源明细表

纳税人识别号(统一社会信用代码):91452160MAA6GW7B59
纳税人名称:广西强盛公司　　　　　　　　　　　　　　　金额单位:人民币元(列至角分);面积单位:平方米

*税源编号		*土地房屋坐落地址	南宁市东风路139号	不动产单元代码	
合同编号		*合同签订日期	20×2年9月2日	*共有方式	□单独所有/按份共有 □共同共有 (共有人:＿＿＿)
*权属转移对象		*权属转移方式		*用途	
*成交价格	6 000 000	*权属转移面积	400	*成交单价	15 000
*评估价格				*计税价格	6 000 000
*适用税率	4%			减免性质代码和项目名称	

表6-29　　　　　　　权属转移对象、方式、用途逻辑关系对照表

权属转移对象			权属转移方式		用途
一级(大类)	二级(小类)	三级(细目)			
土地	无	无	国有土地使用权出让		1.居住用地;2.商业用地;3.工业用地;4.综合用地;5.其他用地
			土地使用权转让	土地使用权出售	1.居住用地;2.商业用地;3.工业用地;4.综合用地;5.其他用地
				土地使用权赠与	1.居住用地;2.商业用地;3.工业用地;4.综合用地;5.其他用地
				土地使用权交换	1.居住用地;2.商业用地;3.工业用地;4.综合用地;5.其他用地
				其他	1.居住用地;2.商业用地;3.工业用地;4.综合用地;5.其他用地
房屋	增量房	商品住房	1.房屋买卖;2.房屋赠与;3.房屋交换;4.其他		1.居住
		保障性住房	1.房屋买卖;2.房屋赠与;3.房屋交换;4.其他		1.居住
		其他住房	1.房屋买卖;2.房屋赠与;3.房屋交换;4.其他		1.居住
		非住房	1.房屋买卖;2.房屋赠与;3.房屋交换;4.其他		2.商业;3.办公;4.商住;5.附属建筑;6.工业;7.其他

(续表)

权属转移对象			权属转移方式	用途
一级(大类)	二级(小类)	三级(细目)		
房屋	存量房	商品住房	1. 房屋买卖;2. 房屋赠与;3. 房屋交换;4. 其他	1. 居住
		保障性住房	1. 房屋买卖;2. 房屋赠与;3. 房屋交换;4. 其他	1. 居住
		其他住房	1. 房屋买卖;2. 房屋赠与;3. 房屋交换;4. 其他	1. 居住
		非住房	1. 房屋买卖;2. 房屋赠与;3. 房屋交换;4. 其他	2. 商业;3. 办公;4. 商住;5. 附属建筑;6. 工业;7. 其他

任务6.9 环境保护税

案例分析

一、概念和纳税人

(一) 概念

环境保护税也称生态税、绿色税,是为了保护和改善环境,减少污染物排放,推进生态文明建设,对在中华人民共和国领域和中华人民共和国管辖的其他海域,直接向环境排放应税污染物的企业事业单位和其他生产经营者征收的一种税。

(二) 纳税人

环境保护税的纳税人是在我国领域和管辖海域,直接向环境排放应税污染物的企业事业单位和其他生产经营者。按照规定征收环境保护税后,不再征收排污费。

二、征税范围

(一) 税目

环境保护税的税目包括大气污染物、水污染物、固体废物、噪声。其中,应纳环境保护税的噪声只包括工业噪声。

(二) 不属于"直接"排放的情形

(1) 向依法设立的污水、生活垃圾集中处理场所排放应税污染物的。

(2) 在符合国家和地方环境保护标准的设施、场所贮存或者处置固体废物。

【注意】超标排放或不符合环保标准,应当缴纳环境保护税。

【例题6-59·单选题】根据环境保护税法律制度的规定,下列各项中,不属于环境保护税征税范围的是(   )。

A. 噪声　　　　　　B. 固体废物　　　　　C. 光污染　　　　　D. 水污染物

【正确答案】 C

【答案解析】 环境保护税的征税范围包括大气污染物、水污染物、固体废物和噪声等应税污染物。

三、税率

环境保护税采用定额税率,其中大气污染物、水污染物执行幅度定额税率,具体适用税额的确定和调整,由省、自治区、直辖市人民政府在规定的税额幅度内提出,报同级人大常委会决定,并报全国人大常委会和国务院备案。

四、应纳税额的计算

(一)计税依据

环境保护税的计税依据如下:

(1)大气和水污染物按照污染物排放量折合的污染当量数确定。
(2)固体废物按照固体废物的排放量确定。
(3)噪声按照超过国家规定标准的分贝数确定。

(二)排放量和分贝数的确定依据

排放量和分贝数按照下列方法和顺序确定:

(1)安装使用了符合规定的自动监测设备:按自动监测数据计算。
(2)未安装使用自动监测设备:按监测机构出具的监测数据计算。
(3)不具备监测条件的:按规定的排污系数、物料衡算方法计算。
(4)不能按上述方法计算的:按规定的抽样测算的方法核定计算。

(三)计税公式

环境保护税采用从价计征的方法,应纳税额的计算公式为:

$$应纳税额 = 计税依据 \times 适用税额$$

(四)对噪声的特别规定

(1)一个单位边界上有多处噪声超标,根据最高一处超标声级计算应纳税额;当沿边界长度超过100米有两处以上噪声超标,按照两个单位计算应纳税额。
(2)一个单位有不同地点作业场所的,应当分别计算应纳税额,合并计征。
(3)昼、夜均超标的环境噪声,昼、夜分别计算应纳税额,累计计征。
(4)夜间频繁突发和夜间偶然突发厂界超标噪声,按等效声级和峰值噪声两种指标中超标分贝值高的一项计算应纳税额。

【例题6-60·判断题】大气污染物和水污染物按照污染范围计征环境保护税。(　　)

【正确答案】　×

【答案解析】　大气污染物、水污染物按照污染物排放量折合的污染当量数计征环境保护税。

五、税收优惠政策

(一)免征

免征环境保护税的情形有以下几种:

(1)农业生产(不包括规模化养殖)排放应税污染物的。
(2)机动车、铁路机车、非道路移动机械、船舶和航空器等流动污染源排放应税污染物的。
(3)依法设立的城乡污水集中处理、生活垃圾集中处理场所排放相应应税污染物,不超过国家和地方规定的排放标准的。

(4)纳税人综合利用的固体废物,符合国家和地方环境保护标准的。

(二)减征

应征环境保护税的情形有以下几种:

(1)纳税人排放应税大气污染物或者水污染物的浓度值低于国家和地方规定的污染物排放标准30%的,减按75%征收环境保护税。

(2)纳税人排放应税大气污染物或者水污染物的浓度值低于国家和地方规定的污染物排放标准50%的,减按50%征收环境保护税。

(3)工业噪声声源一个月内超标不足15天的,减半计算应纳税额。

【例题6-61·单选题】20×2年9月,甲公司产生炉渣600吨,其中90吨贮存在符合国家和地方环境保护标准的设施中,110吨被综合利用且符合国家和地方环境保护标准,其余的直接倒弃于周边空地。已知炉渣环境保护税税率为25元/吨。计算甲公司当月所产生炉渣应缴纳环境保护税税额的下列算式中,正确的是(   )。

A.(600-90-110)×25   B. 600×25
C.(600-110)×25   D.(600-90)×25

【正确答案】 A

【答案解析】 ①在符合国家和地方环境保护标准的设施、场所贮存或者处置固体废物(90吨),不属于直排污染物,不缴纳环境保护税;②纳税人综合利用的固体废物(110吨),符合国家和地方环境保护标准的免征环境保护税。

【例题6-62·单选题】甲建筑公司20×2年存在因施工作业导致产生的工业噪声超标16分贝以上的情形,其中11月超标天数为12天,12月超标天数为22天,已知工业噪声超标16分贝以上每月税额为11 200元,则下列关于甲建筑公司应纳环境保护税的计算列式正确的是(   )。

A. 11 200×2÷60×(12+22)   B. 11 200×2
C. 11 200×50%+11 200   D. 11 200÷30×22

【正确答案】 C

【答案解析】 工业噪声声源1个月内超标"不足15天"的,减半计算应纳税额。

【例题6-63·判断题】机动车排放应税污染物应征收环境保护税。(   )

【正确答案】 ×

【答案解析】 机动车、铁路机车、非道路移动机械、船舶和航空器等流动污染源排放应税污染物的,暂免征收环境保护税。

【例题6-64·判断题】事业单位和其他生产经营者向依法设立的污水集中处理、生活垃圾集中处理场所排放应税污染物的,不缴纳相应污染物的环境保护税。(   )

【正确答案】 √

六、纳税申报

(一)纳税义务发生时间

环境保护税的纳税义务发生时间为纳税人排放应税污染物的当日。

(二)纳税期限

环境保护税按月计算,按季申报缴纳;不能按固定期限计算缴纳的,可以按次申报缴纳。

纳税人按季申报缴纳的,应当自季度终了之日起15日内,向税务机关办理纳税申报并缴纳税款。纳税人按次申报缴纳的,应当自纳税义务发生之日起15日内,向税务机关办理纳税申报并缴纳税款。

(三) 纳税地点

纳税人向应税污染物排放地的税务机关申报缴纳环境保护税。

【例题6-65·单选题】 下列关于环境保护税的征收管理,说法错误的是( )。
A. 环境保护税的纳税义务发生时间为纳税人排放应税污染物的当日
B. 环境保护税按月计算,按年申报缴纳
C. 环境保护税可以按次申报缴纳
D. 纳税人应当向应税污染物排放地的税务机关申报缴纳环境保护税

【正确答案】 B
【答案解析】 环境保护税按月计算,按季申报缴纳。

(四) 填写税源明细表

【情境实战】 环境保护税应纳税额的计算和纳税申报

20×2年8月5日,杭州隆达化工有限公司向大气直接排放二氧化硫、氮氧化物、烟尘,污染当量数分别为28.21、21.46、11.86,单位税额分别为8.9元、3.4元、5.6元。

已知该公司的有关资料信息如下。

所在区划:杭州市东城区
生产经营场所地址:杭州市东城区东直门内大街193号
环境保护主管部门:杭州市大兴区生态环境局
税源编号:010384810D
排放口名称或噪声源名称:一号排放口
污染物排放量计算方法:自动监测
二氧化硫、氮氧化物、烟尘的污染物排放量分别为:26.80、20.39、25.86
二氧化硫、氮氧化物、烟尘的排污系数分别为:20.31、14.05、12.64
二氧化硫、氮氧化物、烟尘的污染当量值:0.95、0.95、2.18
二氧化硫、氮氧化物、烟尘的废气排放量分别为:13 400、10 195、12 930
二氧化硫、氮氧化物、烟尘的实测浓度值:均为0.2
二氧化硫、氮氧化物、烟尘的月均浓度值分别为:30、40、5
二氧化硫、氮氧化物、烟尘的最高浓度值分别为:40、50、10
二氧化硫、氮氧化物、烟尘的计算基数分别为:12 000、15 600、17 820

1. 工作任务要求
(1) 计算杭州隆达化工有限公司该期环境保护税税额(计算结果保留2位小数)。
(2) 填写"环境保护税税源明细表"。

2. 操作步骤
第一步:计算杭州隆达化工有限公司该期环境保护税税额。
环境保护税应纳税额=28.21×8.9+21.46×3.4+11.86×5.6=390.45(元)
第二步:杭州隆达化工有限公司该期进行纳税申报,填写"环境保护税税源明细表"。杭州隆达化工有限公司该次申报为按次申报("按次申报"勾选后无须填写税源基础信息,直接进行申报计算),污染物单位均为千克,填写环境保护税税源明细表,如表6-30所示。

表6-30　　　　　　　　环境保护税税源明细表

纳税人识别号(统一社会信用代码):□□□□□□□□□□□□□□□□□□
纳税人名称:杭州隆达化工有限公司　　　　　　　　　　　金额单位:人民币元(列至角分)

	1. 按次申报☑		2. 从事海洋工程□	
	3. 城乡污水集中处理场所□		4. 生活垃圾集中处理场所□	
	*5. 污染物类别	大气污染物☑　水污染物□　固体废物□　噪声□		
	6. 排污许可证编号			
	*7. 生产经营所在区划	杭州市东城区		
	*8. 生态环境主管部门	杭州市大兴区生态环境局		
	税源基础采集信息			
			新增□　　变更□　　删除□	
	*税源编号	(1)		
	排放口编号	(2)		
	*排放口名称或噪声源名称	(3)		
	*生产经营所在街乡	(4)		
排放口地理坐	*经度	(5)		
	*纬度	(6)		
	*有效期起止	(7)		
	*污染物类别	(8)		
	水污染物种类	(9)		
	*污染物名称	(10)		
	危险废物污染物子类	(11)		
	*污染物排放量计算方法	(12)		
大气、水污染物标准排放限值	*执行标准	(13)		
	*标准浓度值(毫克/升或毫克/标立方米)	(14)		
产(排)污系数	*计税基数单位	(15)		
	*污染物单位	(16)		
	*产污系数	(17)		
	*排污系数	(18)		
固体废物信息	贮存情况	(19)		
	处置情况	(20)		
	综合利用情况	(21)		
噪声信息	*是否昼夜产生	(22)		
	*标准值——昼间(6时至22时)	(23)		
	*标准值——夜间(22时至次日6时)	(24)		

(续表)

申报计算及减免信息					
*税源编号		(1)	010384810D	010384810D	010384810D
*税款所属月份		(2)	8	8	8
*排放口名称或噪声源名称		(3)	一号排放口	一号排放口	一号排放口
*污染物类别		(4)	大气污染物	大气污染物	大气污染物
*水污染物种类		(5)			
*污染物名称		(6)	二氧化硫	氮氧化物	烟尘
危险废物污染物子类		(7)			
*污染物排放量计算方法		(8)	自动监测	自动监测	自动监测
大气、水污染物监测计算	*废气(废水)排放量(万标立方米、吨)	(9)	13 400.00	10 195.00	12 930.00
	*实测浓度值(毫克/标立方米、毫克/升)	(10)	0.20	0.20	0.20
	*月均浓度(毫克/标立方米、毫克/升)	(11)	30	40	5
	*最高浓度(毫克/标立方米、毫克/升)	(12)	40	50	10
产(排)污系数计算	*计算基数	(13)	12 000.00	15 600.00	17 820.00
	*产污系数	(14)			
	*排污系数	(15)	20.31	14.05	12.64
固体废物计算	*本月固体废物的产生量(吨)	(16)			
	*本月固体废物的贮存量(吨)	(17)			
	*本月固体废物的处置量(吨)	(18)			
	*本月固体废物的综合利用量(吨)	(19)			
噪声计算	*噪声时段	(20)			
	*监测分贝数	(21)			
	*超标不足15天	(22)			
	*两处以上噪声超标	(23)			
抽样测算计算	特征指标	(24)			
	特征单位	(25)			
	特征指标数量	(26)			
	特征系数	(27)			
污染物排放量（千克或吨）		大气、水污染物监测计算：(28)＝(9)×(10)÷100(1 000) 大气、水污染物产(排)污系数计算： (28)＝(13)×(14)×M (28)＝(13)×(15)×M	26.80	20.39	25.86

(续表)

污染物排放量（千克或吨）	pH值、大肠菌群数、余氯量等水污染物计算：(28)=(9) 色度污染物计算：(28)=(9)×色度超标倍数固体废物排放量（含综合利用量）：(28)=(16)-(17)-(18)	26.80	20.39	25.86
*污染当量值(特征值)（千克或吨）	(29)	0.95	0.95	2.18
*污染当量数	大气、水污染物污染当量数计算：(30)=(28)÷(29)	28.21	21.46	11.86
减免性质代码和项目名称	(31)			
*单位税额	(32)	8.90	3.40	5.60
*本期应纳税额	大气、水污染物应纳税额计算：(33)=(30)×(32) 固体废物应纳税额计算：(33)=(28)×(32) 噪声应纳税额计算：(33)=0.5或1[(22)为是的用0.5；为否的用1]×2或1[(23)为是的用2，为否的用1]×(32)按照税法所附表二中畜禽养殖业等水污染物当量值表计算：(33)=(26)÷(29)×(32) 采用特征系数计算：(33)=(26)×(27)÷(29)×(32) 采用特征值计算：(33)=(26)×(29)×(32)	251.07	72.96	66.42
本期减免税额	大气、水污染物减免税额计算：(34)=(30)×(32)×N 固体废物减免税额计算：(34)=(19)×(32)			
本期已缴税额	(35)			
*本期应补(退)税额	(36)=(33)-(34)-(35)	251.07	72.96	66.42

任务6.10 烟 叶 税

案例分析

一、概念

烟叶税是向收购烟叶产品的单位征收的，由烟草公司负担，按照收购金额的一定比例征收的一种税。

二、征税范围和纳税人

（一）征税范围

烟叶税的征税范围包括晾晒烟叶、烤烟叶。

(二) 纳税人

烟叶税的纳税人为在中华人民共和国境内收购烟叶的单位,包括接受委托收购烟叶的单位。对依法查处没收的违法收购的烟叶,由收购罚没烟叶的单位缴纳烟叶税。

三、税率

烟叶税的税率为20%。

四、应纳税额的计算

(一) 计税依据

烟叶税的计税依据是纳税人收购烟叶实际支付的价款总额,包括纳税人支付给烟叶生产销售单位和个人的烟叶收购价款和价外补贴,计算公式为:

$$实际支付的价款总额 = 收购价款 + 价外补贴$$
$$价外补贴 = 收购价款 \times 10\%$$

(二) 应纳税额的计算方法

烟叶税采用从价计征的方法,应纳税额的计算公式为:

$$应纳税额 = 收购价款 \times (1 + 10\%) \times 20\%$$

五、纳税申报

(一) 征收管理

烟叶税的征收管理规定如表6-31所示。

表6-31　　　　　　　　　征收管理规定

税法要素	规定及解释
纳税地点	应当向烟叶收购地的主管税务机关申报纳税
纳税义务发生时间	纳税人收购烟叶的当天
纳税期限	烟叶税按月计征,纳税人应当于纳税义务发生月终了之日起15日内申报并缴纳税款

【例题6-66·单选题】根据烟叶税法律制度的规定,下列各项中,属于烟叶税纳税人的是( )。
A. 销售香烟的单位　B. 生产烟叶的个人　C. 收购烟叶的单位　D. 消费香烟的个人
【正确答案】 C
【答案解析】 烟叶税的纳税人为在我国境内收购烟叶的单位。

【例题6-67·多选题】根据烟叶税法律制度规定,下列各项中属于烟叶税征收范围的有( )。
A. 晾晒烟叶　　　B. 烟丝　　　　C. 卷烟　　　　D. 烤烟叶
【正确答案】 AD
【答案解析】 选项BC,不属于烟叶,而属于烟叶的深加工产品。

【例题6-68·单选题】甲公司向烟农收购烟叶一批,支付收购价款9 000 000元,支付价外补贴900 000元,已开具农产品收购发票。已知烟叶税税率为20%。计算甲公司当月该笔业务应缴纳烟叶税税额的下列算式中,正确的是( )。

A. (9 000 000－900 000)×20%　　B. (9 000 000＋900 000)×20%
C. 900 000×(1＋20%)×20%　　D. 9 000 000×20%

【正确答案】 B

【答案解析】 烟叶税应纳税额＝实际支付的价款总额×烟叶税税率;价款总额＝烟叶收购价款＋价外补贴,价外补贴统一按烟叶收购价款的10%计算。

(二) 填写税源明细表

【情境实战】烟叶税应纳税额的计算和纳税申报

上海燕池烟草有限公司于20×2年6月20日收购烟叶一批,支付收购价款50 000元,支付价外补贴5 000元,向产农开出专用收购发票并以现金支付收购款。已知烟叶税税率为20%。请计算该公司应纳烟叶税额并进行纳税申报。

1. 工作任务要求

(1) 计算上海燕池烟草有限公司20×2年6月应缴纳的烟叶税税额。

(2) 填写"烟叶税税源明细表"。

2. 操作步骤

第一步:计算应缴纳烟叶税税额。

烟叶税应纳税额＝(50 000＋5 000)×20%＝11 000(元)

第二步:填写烟叶税税源明细表,如表6-32所示。

表6-32　　　　　　　　　　烟叶税税源明细表

税款所属期限:自　20×2年6月1日至　20×2年6月30日
纳税人识别号(统一社会信用代码):□□□□□□□□□□□□□□□□□□
纳税人名称:上海燕池烟草有限公司　　　　　　　　　　　　金额单位:人民币元(列至角分)

序号	烟叶收购价款总额	税率
1	55 000	20%

填表说明:

(1) 税款所属期限:纳税人申报烟叶税所属期的起止时间,应填写具体的年、月、日。

(2) 烟叶收购价款总额:必填。填写纳税人收购烟叶实际支付的价款总额。

(3) 税率:填写烟叶税适用税率。烟叶税的税率为20%。

任务6.11　财产和行为税类简并申报

根据《国家税务总局关于开展2021年"我为纳税人、缴费人办实事暨便民办税春风行动"的意见》和《国家税务总局关于简并税费申报有关事项公告》(国家税务总局公告2021年第9号)的规定,自2021年6月1日起,全国纳税人申报财产和行为税时,进行合并申报。财产和行为税(简称财行税)合并申报,就是"简并申报表,一表报多税",纳税人在申报多个财行税种时,不再单独使用分税种申报表,而是在一张纳税申报表上同时申报多个税种。

合并范围是财产和行为税类,主要有城镇土地使用税、房产税、印花税、契税、土地增值税、环境保护税、车船税、烟叶税、资源税、耕地占用税。

一、简并申报

简并征税之后，10个税种的申报统一到一个入口，税源信息从申报环节分离至税源基础数据采集环节，信息使用更有效率，办税流程更加简化。合并纳税申报表单数量由35张减少为11张，填报数据项减少204项，减轻了纳税人的填报负担。实现多税种"一张报表、一次申报、一次缴款、一张凭证"，大大减少办税时间，为纳税人办税极大的提供了便利。

申报表主要有主表和附表。税源明细表有城镇土地使用税、房产税、车船税、契税、印花税、资源税、耕地占用税、土地增值税、环境保护税、烟叶税。

申报前，纳税人应先维护财产和行为税税源信息，即前述十种税源信息表。首次申报后，没有发生变化的，确认无变化后直接进行纳税申报；有变化的通过填报《财产和行为税税源明细表》进行数据更新维护后再进行纳税申报。纳税人可以自由选择维护税源信息的时间，既可以在申报期之前，也可以在申报期内。无论选择何种填报方式，纳税人申报时，系统都会根据已经填写的税源明细表自动生成申报表。后再进行纳税申报。

然后填写纳税申报表。纳税申报时，各税种统一采用《财产和行为税纳税申报表》。该申报表由一张主表和一张减免税附表组成，主表为纳税情况，附表为申报享受的各类减免税情况。

合并申报不强制要求一次性申报全部税种，纳税人可以自由选择一次性或分别申报当期税种。同时，不同纳税期限的财产和行为税各税种可以合并申报。此外，合并申报支持单税种更正。

二、财产和行为税类纳税申报表

财产和行为税纳税申报表如表6-33所示。

表6-33　　　　　　　　　财产和行为税纳税申报表

纳税人识别号（统一社会信用代码）：□□□□□□□□□□□□□□□□□□
纳税人名称：　　　　　　　　　　　　　　　　　　　　　　　金额单位：人民币元（列至角分）

序号	税种	税目	税款所属期起	税款所属期止	计税依据	税率	应纳税额	减免税额	已缴税额	应补(退)税额
1										
2										
3										
4										
5										
6										
7										
8										
9										
10										
11	合计	—	—	—	—	—				

(续表)

序号	税种	税目	税款所属期起	税款所属期止	计税依据	税率	应纳税额	减免税额	已缴税额	应补(退)税额

声明:此表是根据国家税收法律法规及相关规定填写的,本人(单位)对填报内容(及附带资料)的真实性、可靠性、完整性负责。

纳税人(签章): 　　　　　　　　　　　　年　月　日

经办人: 经办人身份证号: 代理机构签章: 代理机构统一社会信用代码:	受理人: 受理税务机关(章): 受理日期: 　　年　月　日

填表说明:
1. 本表适用于申报城镇土地使用税、房产税、契税、耕地占用税、土地增值税、印花税、车船税、烟叶税、环境保护税、资源税。
2. 本表根据各税种税源明细表自动生成,申报前需填写税源明细表。
3. 本表包含一张附表《财产和行为税减免税明细申报附表》。
4. 纳税人识别号(统一社会信用代码):填写税务机关核发的纳税人识别号或有关部门核发的统一社会信用代码。纳税人名称:填写营业执照、税务登记证等证件载明的纳税人名称。
5. 税种:税种名称,多个税种的,可增加行次。
6. 税目:税目名称,多个税目的,可增加行次。
7. 税款所属期起:纳税人申报相应税种所属期的起始时间,填写具体的年、月、日。
8. 税款所属期止:纳税人申报相应税种所属期的终止时间,填写具体的年、月、日。
9. 计税依据:计算税款的依据。
10. 税率:适用的税率。
11. 应纳税额:纳税人本期应当缴纳的税额。
12. 减免税额:纳税人本期享受的减免税金额,等于减免税附表中该税种的减免税额小计。
13. 已缴税额:纳税人本期应纳税额中已经缴纳的部分。
14. 应补(退)税额:纳税人本期实际需要缴纳的税额。应补(退)税额=应纳税额-减免税额-已缴税额。

财产和行为税减免税明细申报附表如表 6-34 所示。其中烟叶税有关减免税明细申报可参照表 6-32 格式。

表 6-34　　　　　　　　　　财产和行为税减免税明细申报附表

纳税人识别号(统一社会信用代码):□□□□□□□□□□□□□□□□□□
纳税人名称:　　　　　　　　　　　　　　　　　　　　金额单位:人民币元(列至角分)

本期是否适用增值税 小规模纳税人减征政策	□是　□否	本期适用增值税小规模纳税人减征政策起始时间	年　　月
		本期适用增值税小规模纳税人减征政策终止时间	年　　月
合计减免税额			

城镇土地使用税

序号	土地编号	税款所属期起	税款所属期止	减免性质代码和项目名称	减免税额
1					
2					
小计	—			—	

房产税

序号	房产编号	税款所属期起	税款所属期止	减免性质代码和项目名称	减免税额
1					
2					
小计	—			—	

(续表)

		车船税			
序号	车辆识别代码/船舶识别码	税款所属期起	税款所属期止	减免性质代码和项目名称	减免税额
1					
2					
小计				—	

		印花税			
序号	税目	税款所属期起	税款所属期止	减免性质代码和项目名称	减免税额
1					
2					
小计	—			—	

			资源税			
序号	税目	子目	税款所属期起	税款所属期止	减免性质代码和项目名称	减免税额
1						
2						
小计	—	—			—	

		耕地占用税			
序号	税源编号	税款所属期起	税款所属期止	减免性质代码和项目名称	减免税额
1					
2					
小计	—			—	

		契税			
序号	税源编号	税款所属期起	税款所属期止	减免性质代码和项目名称	减免税额
1					
2					
小计	—			—	

		土地增值税			
序号	项目编号	税款所属期起	税款所属期止	减免性质代码和项目名称	减免税额
1					
2					
小计	—			—	

				环境保护税			
序号	税源编号	污染物类别	污染物名称	税款所属期起	税款所属期止	减免性质代码和项目名称	减免税额
1							
2							
小计	—	—	—			—	

(续表)

声明：此表是根据国家税收法律法规及相关规定填写的，本人（单位）对填报内容（及附带资料）的真实性、可靠性、完整性负责。

纳税人（签章）： 　　年　月　日

经办人：	受理人：
经办人身份证号：	受理税务机关（章）：
代理机构签章：	受理日期：　年　月　日
代理机构统一社会信用代码：	

模块测试

课后练习

一、单选题

1. 根据房产税法律制度的规定，下列关于房产税纳税人的表述中不正确的是（　　）。
   A. 房屋产权属于国家的，无需纳税房产税
   B. 纳税单位无租使用免税单位的房产，应由使用人代为缴纳房产税
   C. 房屋产权出典的，承典人为纳税人
   D. 房地产开发企业建造的商品房，在出售前已使用应按规定征收房产税

2. 下列关于房产税计税依据的表述中，错误的是（　　）。
   A. 对依照房产原值计税的房产，不论是否记载在会计账簿固定资产账户中，均应按照房屋原价计算缴纳房产税
   B. 以房屋为载体，不可随意移动的附属设备和配套设施，在会计核算中单独记账与核算的，不应计入房产原值征收房产税
   C. 对以房产投资联营、投资者参与投资利润分红、共担风险的，按房产余值作为计税依据计缴房产税
   D. 对以房产投资收取固定收入、不承担经营风险的，实际上是以联营名义取得房屋租金，应以出租方取得的租金收入为计税依据计缴房产税

3. 胡某在市区拥有三套住房，一套自住，房产原值为100万元；一套按照市场价格出租给李某居住，房产原值为60万元，每月租金为5 000元；还有一套出租给甲公司办公使用，房产原值为150万元，每月租金为15 000元；上述租赁房产的期限均为全年。当地规定的房产税扣除比例为30%，从租计征税率为12%。则计算胡某应缴纳房产税的下列算式中正确的是（　　）。
   A. (60+150)×(1-30%)×1.2%×10 000
   B. (100+60+150)×(1-30%)×1.2%×10 000
   C. (5 000+15 000)×12×4%
   D. 100×(1-30%)×1.2%×10 000+(5 000+15 000)×12×4%

4. 20×2年5月，某国有企业转让于2009年5月在市区购置的一栋办公楼，取得收入10 000万元，签订产权转移书据，相关税费为115万元，2009年购买时支付价款8 000万元，办公楼经税务机关认定的重置成本价为12 000万元，成新率为70%。该企业在缴纳土地增值税时计算的增值额为（　　）万元。
   A. 400　　　　B. 1 485　　　　C. 1 490　　　　D. 200

5. 根据印花税法律制度的有关规定,下列各项中,印花税税率适用0.1%的是(   )。
   A. 土地使用权出让合同　　B. 买卖合同　　C. 租赁合同　　D. 运输合同
6. 根据印花税法律制度的规定,下列各项中,不征收印花税的是(   )。
   A. 土地使用权出让合同　　　　　　　　B. 商品房买卖合同
   C. 证券交易的出让方　　　　　　　　　D. 证券交易的受让方
7. 甲贸易公司位于市区,实际占地面积为5 000平方米,其中办公区占地4 000平方米,生活区占地1 000平方米。甲贸易公司还有一个位于农村的仓库,实际占地面积为1 500平方米。已知城镇土地使用税适用税率每平方米税额为5元。计算甲贸易公司全年应缴纳城镇土地使用税税额的下列算式中,正确的是(   )。
   A. 5 000×5　　　　　　　　　　　　　B. (5 000＋1 500)×5
   C. (4 000＋1 500)×5　　　　　　　　　D. 4 000×5
8. 根据房产税法律制度的规定,下列关于房产税纳税人的表述中不正确的是(   )。
   A. 房屋产权属于国家的,无需纳税房产税
   B. 纳税单位无租使用免税单位的房产,应由使用人代为缴纳房产税
   C. 房屋产权出典的,承典人为纳税人
   D. 房地产开发企业建造的商品房,在出售前已使用应按规定征收房产税
9. 根据契税法律制度的规定,下列行为中,应征收契税的是(   )。
   A. 甲公司出租地下停车场　　　　B. 丁公司购买办公楼
   C. 乙公司将房屋抵押给银行　　　D. 丙公司承租仓库
10. 根据契税法律制度的规定,下列各项中,应当缴纳契税的是(   )。
    A. 赵某因经营周转需要将自有房屋典当
    B. 钱某将其空闲的房屋对外出租
    C. 孙某夫妻离婚,对婚内房产进行分割
    D. 李某因在国际大赛上取得优异成绩而获得某房地产企业赠与的一套住房
11. 甲、乙两单位互换经营性用房,甲换入的房屋价格为490万元,乙换入的房屋价格为600万元,当地契税税率为3%,则对契税的缴纳说法正确的是(   )。
    A. 甲应缴纳契税14.7万元　　　　B. 甲应缴纳契税3.3万元
    C. 乙应缴纳契税18万元　　　　　D. 乙应缴纳契税3.3万元
12. 周某向谢某借款80万元,后因谢某急需资金,周某以一套价值90万元的房产抵偿所欠谢某债务,谢某取得该房产产权的同时支付周某差价10万元。已知契税税率为3%。关于此次房屋交易缴纳契税的下列表述中,正确的是(   )。
    A. 周某应缴纳契税0.3万元　　　　B. 周某应缴纳契税2.4万元
    C. 谢某应缴纳契税2.7万元　　　　D. 谢某应缴纳契税0.3万元
13. 根据土地增值税法律制度的规定,下列各项中,需要缴纳土地增值税的是(   )。
    A. 外国驻华机构购买土地使用权　　B. 某事业单位转让国有土地使用权
    C. 土地使用权的出让　　　　　　　D. 土地使用权所有人将房屋产权赠与直系亲属
14. 根据土地增值税法律制度的规定,纳税人应在转让房地产合同签订后一定时间内,到房地产所在地税务机关办理纳税申报。该时间是(   )。
    A. 5日　　　　B. 7日　　　　C. 10日　　　　D. 15日
15. 根据印花税法律制度的规定,应纳印花税的凭证,贴花完税的时间是(   )。

A. 年终汇算时　　　B. 按季汇总后　　　C. 书立应税凭证当日　D. 开始履行时

16. 下列各项中,不征收环境保护税的是(　　)。

A. 光源污染　　　B. 噪音污染　　　C. 水污染　　　D. 大气污染

17. 侯某有两套住房 A 和 B,同月出售了住房 A,成交价格为 80 万元(不含增值税);将市场价格为 50 万元(不含增值税)的住房 B 与刘某的住房进行互换,并支付刘某补价 20 万元;同时又以 180 万元的价格(不含增值税)购置了一套新住房 C。已知契税的税率为 3%。根据契税法律制度的规定,下列各项中,关于侯某应缴纳的契税表述不正确的是(　　)。

A. 出售住房 A,侯某不属于契税的纳税人

B. 与刘某的住房进行互换,应以市场价格 50 万元为计税依据

C. 购买的一套新住房 C,应当以 180 万元为计税依据

D. 与刘某的住房进行互换,应当以补价 20 万元为计税依据

18. 根据耕地占用税法律制度的规定,下列情形中不缴纳耕地占用税的是(　　)。

A. 占用市区工厂土地建设住房　　　B. 占用农田水利用地建设机动车道

C. 占用牧草地建设学校教职工住房　D. 占用茶园建设公路

19. 下列各项中,不属于印花税的征税范围的是(　　)。

A. 融资租赁合同

B. 订阅单位和个人之间订立的音像征订凭证

C. 租赁合同

D. 技术培训合同

20. 甲公司产生炉渣 400 吨,其中 80 吨贮存在符合国家和地方环境保护标准的设施中,100 吨被综合利用且符合国家和地方环境保护标准,其余的直接倒弃于周边空地。已知炉渣环境保护税征收要求为 25 元/吨。计算甲公司当月所产生炉渣应缴纳环境保护税税额的下列算式中,正确的是(　　)。

A. （400－80－100）×25　　　B. 400×25

C. （400－100）×25　　　D. （400－80）×25

二、多选题

1. 根据契税法律制度的规定,下列关于契税计税依据的说法中正确的有(　　)。

A. 房屋买卖,以成交价格作为计税依据

B. 土地使用权赠与,由征收机关参照土地使用权出售的市场价格核定

C. 房屋互换,以互换房屋的价格差额作为计税依据

D. 以划拨方式取得的土地使用权,经批准改为出让方式重新取得该土地使用权的,应由该土地使用权人以补缴的土地出让价款为计税依据缴纳契税

2. 根据土地增值税法律制度的规定,下列关于土地增值税的表述中,正确的有(　　)。

A. 国有土地使用权出让行为不征税

B. 土地增值税只对转让土地使用权的行为征税,对转让地上建筑物及其他附着物产权的行为不征税

C. 对以继承等方式无偿转让的房地产,不予征税

D. 对于一方出地,另一方出资金,双方合作建房,建成后转让的,暂免征收土地增值税

3. 根据城镇土地使用税法律制度的规定,下列说法正确的有(　　)。

A. 城镇土地使用税按实际占用面积征税

B. 经济发达地区,可适当提高城镇土地使用税税额,但须经财政部批准
C. 城镇土地使用税每个幅度税额的差距为 25 倍
D. 经济落后地区的税额标准可适当降低,但降低幅度不得超过最低税额的 30%

4. 关于印花税纳税人的下列表述中,正确的有( )。
A. 会计账簿以立账簿人为纳税人
B. 产权转移书据以立据人为纳税人
C. 建设工程合同以合同当事人为纳税人
D. 融资租赁合同以合同当事人为纳税人

5. 下列关于资源税减免税优惠政策的说法中,正确的有( )。
A. 开采原油过程中用于加热的原油,免税
B. 在油田范围内运输原油过程中用于加热的天然气,免税
C. 三次采油资源税减征 30%
D. 从低丰度油气田开采的原油,资源税减征 20%

6. 根据土地增值税法律制度的规定,下列各项中,属于土地增值税征税范围的有( )。
A. 出让国有土地使用权
B. 转让国有土地使用权
C. 城市房地产的出租
D. 地上的建筑物及其附着物连同土地使用权一并转让

7. 根据城镇土地使用税法律制度的规定,下列表述正确的有( )。
A. 城镇土地使用税由拥有土地使用权的单位或个人缴纳
B. 土地使用权未确定或权属纠纷未解决的,由双方到税务机关协商确定
C. 土地使用权共有的,由共有各方分别纳税
D. 对外商投资企业和外国企业暂不征收城镇土地使用税

8. 根据城镇土地使用税法律制度的规定,下列各项中,免征城镇土地使用税的有( )。
A. 宗教寺庙、公园自用的土地
B. 国家机关的办公用地
C. 直接用于农业的生产用地
D. 广场、绿化地带等公共用地

9. 根据城镇土地使用税法律制度的规定,下列关于城镇土地使用税纳税义务发生时间的说法中,正确的有( )。
A. 纳税人购置新建商品房,自房屋交付使用之次月起缴纳城镇土地使用税
B. 纳税人以出让方式有偿取得土地使用权,应从合同约定交付土地时间的次月起缴纳城镇土地使用税
C. 纳税人新征用的耕地,自批准征用之日起满 1 年时开始缴纳城镇土地使用税
D. 纳税人新征用的非耕地,自批准征用次月起缴纳城镇土地使用税

三、判断题

1. 契税实行属地征收管理。纳税人发生契税纳税义务时,应向土地、房屋所在地的税务征收机关申报纳税。( )
2. 某个体工商户在国外书立应税凭证,但在国内使用该应税凭证,不缴纳印花税。( )
3. 对房地产开发企业建造的商品房,在出售前,一律不征收房产税。( )
4. 对个人出租住房,不区分用途,按 4% 的税率征收房产税。( )

5. 以房屋为载体、不可随意移动的附属设备和配套设施，如果单独记账，价值没有计入房产原值，可以不计算缴纳房产税。（   ）

6. 赵某拥有一套四合院，原一直用于居住，20×8年6月转为经营民俗旅游，则赵某应于20×8年7月起缴纳房产税。（   ）

7. 拥有土地使用权的纳税人不在土地所在地的，暂不缴纳城镇土地使用税。（   ）

8. 在人均耕地低于0.5亩的地区，耕地占用税的适用税率提高50%。（   ）

9. 某个体工商户在国外书立应税凭证，但在国内使用该应税凭证，不缴纳印花税。（   ）

模块 7

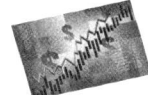

其他税种纳税实务

[考核目标]
1. 掌握船舶吨税的征税范围、税款计算
2. 掌握城市维护建设税及附加税的征税范围、税款计算
3. 掌握关税的征税范围、税款计算及申报
4. 掌握车辆购置税的征税范围、税款计算及申报

[实践目标]
1. 掌握船舶吨税的税款计算
2. 掌握城市维护建设税及附加税的税款计算
3. 掌握关税的税款计算及申报
4. 掌握车辆购置税的税款计算及申报

[思政目标]
1. 培养诚实守信的职业道德
2. 树立遵纪守法、依法纳税的意识
3. 结合税收调节经济作用,树立税收取之于民、用之于民的观念

[知识点思维导图]

```
                          ┌ 概念与特征
                          │ 税率
                  船舶吨税 ┤ 计税依据及应纳税额的计算
                          │ 税收优惠(免征)
                          └ 征收管理
                                                  ┌ 城市维护建设税
                  城市维护建设税及教育费附加 ┤ 教育费附加
                                                  └ 纳税申报
其他税种纳税实务 ┤
                          ┌ 概念
                          │ 特征
                          │ 纳税人
                          │ 征收范围
                  关税 ┤ 进口货物应纳税额的计算
                          │ 出口货物应纳税额的计算
                          │ 税收优惠
                          │ 征收管理
                          └ 纳税申报
```

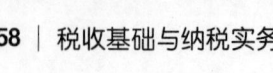

车辆购置税 ｛概念
纳税人
征税范围和税率
应纳税额的计算
税收优惠
纳税申报

  案例导读

某外籍净吨位为 2 500 吨的非机动驳船,停靠在我国某港口补给。驳船负责人已向我国海关领取了吨税执照,在港口停留期为 30 天,该国已与我国签订相互给予船舶税费最惠国待遇条款。已知超过 2 000 净吨但不超过 10 000 净吨的船舶,30 天期的船舶吨税普通税率为 4.0 元/净吨,优惠税率为 2.9 元/净吨。

思考:
1. 请自行查阅最惠国待遇有哪些条款?
2. 计算应纳的船舶吨税为多少元?

任务 7.1 船 舶 吨 税

一、概念与特征

1. 概念

船舶吨税是海关对自境外港口进入境内港口的船舶能所征收的一种税。

2. 特征

船舶吨税的特征如下:

(1) 属于行为税。

(2) 以自中国境外港口进入境内港口的船舶为征税对象。

(3) 以应税船舶负责人为纳税人。

【注意】船舶吨税并非仅针对外国船舶征收。

【例题 7-1·判断题】船舶吨税只针对自中国境外港口进入中国境内港口的外国船舶征收。(   )

【正确答案】 ×

【答案解析】 自中国境外港口进入境内港口船舶都征收船舶吨税。

二、税率

船舶吨税采用定额税率,按船舶净吨位和执照期限实行复合税率。

特殊情况下执行优惠税率,具体如下:

(1) 我国国籍的应税船舶。

(2) 船籍国(地区)与我国签订含有互相给予船舶税费最惠国待遇条款的条约或者协定的应税船舶。

三、计税依据及应纳税额的计算

1. 计税依据

以船舶净吨位为计税依据。

【注意】拖船和非机动驳船按相同净吨位船舶税率的50%计征。

2. 应纳税额的计算

船舶吨税按照船舶净吨位和吨税执照期限征收,应纳税额按照船舶净吨位乘以适用税率计算。

船舶吨税应纳税额的计算公式为:

$$应纳税额 = 船舶净吨位 \times 定额税率$$

四、税收优惠(免征)

船舶吨税的免征项目包括以下项目:

(1) 应纳税额在人民币50元以下的船舶。
(2) 自境外取得船舶所有权的初次进口到港的空载船舶。
(3) 船舶吨税执照期满后24小时内不上下客货的船舶。
(4) 避难、防疫隔离、修理、终止运营或者拆解,并不上下客货的船舶。
(5) 非机动船舶(不包括非机动驳船)。
(6) 捕捞、养殖渔船。
(7) 军队、武装警察部队专用或征用的船舶、警用船舶。
(8) 依法应当予以免税的外国驻华使领馆、国际组织驻华代表机构及其有关人员的船舶。

【例题7-2·单选题】根据船舶吨税法律制度的规定,下列船舶中,不予免征船舶吨税的是(   )。

A. 捕捞渔船　　　　B. 非机动驳船　　　　C. 养殖渔船　　　　D. 军队专用船舶

【正确答案】 B

【答案解析】 拖船和非机动驳船分别按相同净吨位船舶税率的50%计征税款。

五、征收管理

船舶吨税的税收征收管理规定如下:

(1) 船舶吨税由海关负责征收。
(2) 船舶吨税纳税义务发生时间为应税船舶进入港口的当日。
(3) 应税船舶负责人应当自海关填发吨税缴款凭证之日起15日内缴清税款。

【例题7-3·单选题】应税船舶负责人应当自海关填发吨税缴款凭证之日起(   )日内向指定银行缴清船舶吨税税款。

A. 30　　　　B. 20　　　　C. 15　　　　D. 40

【正确答案】 C

任务7.2 城市维护建设税及教育费附加

案例分析

一、城市维护建设税

城市维护建设税是对缴纳增值税、消费税的单位和个人征收的一种税。其特点包括:税款专款专属于附加税、根据城镇规模设计税率、征收范围较广。

(一) 纳税人

凡缴纳增值税、消费税(简称"两税")的单位和个人,包括外商投资企业、外国企业及外籍个人,都是城市维护建设税的纳税人。

(二) 征税范围和税率

1. 征税范围

城市维护建设税的征税范围包括城市市区、县城、建制镇,以及税法规定征收"两税"的其他地区。

2. 税率

城市维护建设税税率适用地区差别比例税率,共分三档。纳税人所在地是指纳税人住所地或者与纳税人生产经营活动相关的其他地点,具体地点由省、自治区、直辖市确定。城市维护建设税税率如表7-1所示。

表7-1　　　　　　　　　　城市维护建设税税率

地区	税率	地区	税率
市区	7%	其他地区	1%
县城、镇	5%		

【注意】

(1) 由受托方代收、代扣"两税"的:按纳税人缴纳"两税"所在地的规定税率就地缴纳城市维护建设税。

(2) 流动经营等无固定纳税地点的:按纳税人缴纳"两税"所在地的规定税率就地缴纳城市维护建设税。

(3) 纳税人跨地区提供建筑服务、销售和出租不动产的,在建筑服务发生地、不动产所在地预缴增值税时,按预缴地城市维护建设税税率就地计算缴纳城市维护建设税和教育费附加。

(三) 计税依据及应纳税额的计算

1. 计税依据

城市维护建设税的计税依据,是纳税人"实缴"的"两税"税额。

2. 应纳税额的计算

城市维护建设税应纳税额的计算公式为:

$$应纳税额 = (实际缴纳增值税 + 消费税) \times 适用税率$$

(四) 征收管理

城市维护建设税的征收管理有关规定如下:

(1) 进口不征。

(2) 出口不退。

(3) 对"两税"实行先征后返、先征后退、即征即退办法的,除非另有规定,对随"两税"附征的城市维护建设税,一律不予退(返)还。

(4) "两税"补、罚,城市维护建设税也要补、罚。

(5) "两税"的滞纳金和罚款,不作城市维护建设税的计税依据。

(6) 对实行增值税期末留抵退税的纳税人,其退还的增值税期末留抵税额应在计税依据中扣除。

(7) 生产企业出口货物实行免、抵、退税办法后,当期免抵的增值税税额,应纳入城市维护建设税的计征范围。

【例题 7-4·单选题】20×2 年 5 月,甲公司向税务机关实际缴纳增值税 700 元、消费税 500 元;向海关缴纳进口环节增值税 400 元、消费税 300 元。已知城市维护建设税适用税率为 7%。计算甲公司当月应缴纳城市维护建设税税额的下列算式中,正确的是( )。

A. (700+500+400+300)×7%
B. (700+400)×7%
C. (50 000+30 000)×7%
D. (70 000+50 000)×7%

【正确答案】 D

【答案解析】 城市维护建设税的计税依据是纳税人当月实际缴纳的增值税、消费税税额。对进口货物或者境外单位和个人向境内销售劳务、服务、无形资产缴纳的增值税、消费税税额,不征收城市维护建设税。

【例题 7-5·单选题】20×2 年 5 月,甲公司委托乙公司加工一批高档化妆品,材料费为 2 000 元,加工费为 336 元,该批产品没有同类产品销售价格。已知消费税税率为 15%,甲公司、乙公司所在地城市维护建设税的税率分别为 5%、7%。下列关于应纳城市维护建设税税额的计算算式中正确的是( )。

A. (2 000+336)×15%×5%
B. (2 000+336)×15%×7%
C. (2 000+336)÷(1-15%)×15%×5%
D. (2 000+336)÷(1-15%)×15%×7%

【正确答案】 D

【答案解析】 由受托方代扣代缴、代收代缴增值税、消费税的单位和个人,其代扣代缴、代收代缴的城市维护建设税按受托方所在地适用税率执行。委托加工高档化妆品由受托方(乙公司)代收代缴,甲公司应纳城市维护建设税=(材料费+加工费)÷(1-消费税税率)×消费税税率×城市维护建设税税率=(2 000+336)÷(1-15%)×15%×7%=28.86(元)。

【例题 7-6·单选题】下列关于城市维护建设税税收优惠的表述中,不正确的是( )。

A. 对出口货物退还增值税的,可同时退还已缴纳的城市维护建设税

B. 对增值税实行先征后退办法的,除非另有规定,不予退还对随增值税附征的城市维护建设税

C. 海关对进口货物代征的增值税,不征收城市维护建设税

D. 对增值税实行即征即退办法的,除非另有规定,不予退还对随增值税附征的城市维护建设税

【正确答案】 A

【答案解析】 对出口货物退还增值税、消费税的,不退还已缴纳的城市维护建设税。

二、教育费附加

教育费附加是以单位和个人缴纳的增值税、消费税税额为计算依据征收的一种附加费。

(一) 征收率

教育费附加的征收率为3%。

(二) 应纳税额的计算

应纳教育费附加应纳税额的计算公式为:

$$应纳教育费附加 = (实际缴纳增值税 + 消费税) \times 3\%$$

【注意】教育费附加的其他规定如纳税人、计税依据、税收优惠等与城市维护建设税相同。

【例题7-7·单选题】20×2年5月,甲企业当月应缴增值税为30万元,实际缴纳20万元,应缴消费税为28万元,实际缴纳12万元。已知教育费附加征收比率为3%。则该企业当月应缴纳的教育费附加计算算式正确的是(　　)。

A. (20+12)×3%　　B. (30+28)×3%　　C. 30×3%　　D. 20×3%

【正确答案】A

【答案解析】教育费附加以纳税人实际缴纳的增值税、消费税税额之和为计征依据。

【例题7-8·判断题】对海关进口产品征收的增值税、消费税,不征收教育费附加。(　　)

【正确答案】√

三、纳税申报

(一) 纳税时间

由于城市维护建设税是由纳税人在缴纳"两税"同时缴纳的,因此城市维护建设税分别与"两税"的纳税期限一致。增值税的纳税期限分别为1日、3日、5日、10日、15日、1个月或者1个季度;消费税的纳税期限同增值税。增值税、消费税的纳税人适用的具体纳税期限,由主管税务机关根据纳税人应纳税额大小分别核定。不能按照固定期限纳税的,可以按次纳税,在这种情况下城市维护建设税也按次缴纳。

(二) 纳税地点

城市维护建设税以纳税人实际缴纳的增值税、消费税税额为计税依据,分别与"两税"同时缴纳。因此,纳税人缴纳"两税"的地点,就是该纳税人缴纳城市维护建设税的地点。但是下列三种情况除外:

(1) 代扣代缴、代收代缴"两税"的单位和个人,同时也是城市维护建设税的代扣代缴、代收代缴义务人,其城市维护建设税的纳税地点在代扣代收地。

(2) 跨省开采的油田,下属生产单位与核算单位不在一个省内的,其生产的原油,在油井所在地缴纳增值税,其应纳税款由核算单位按照各油井的产量和规定税率,计算汇拨各油井所在地缴纳。因此,各油井应纳的城市维护建设税,应由核算单位计算,随同增值税一并汇拨油井所在地,由油井在缴纳增值税的同时,一并缴纳城市维护建设税。

(3) 对流动经营等无固定纳税地点的单位和个人,城市维护建设税应随同"两税"在经营地按适用税率缴纳。

(三) 填写申报表

增值税、消费税与附加税费申报表现已整合申报。2021年7月9日,国家税务总局发布了《关于增值税消费税与附加税费申报表整合有关事项的公告》(2021年第20号),规定自2021年8月1日起,全面推行增值税、消费税分别与附加纳税人在申报增值税、消费税时,应一并申报附征的城市维护建设税、教育费附加和地方教育附加等附加税费。

纳税人在申报增值税时,应一并申报附征的城市维护建设税、教育费附加和地方教育附加等附加税费。增值税与附加税费申报表整合的含义,就是将原有的《增值税纳税申报表(一般纳税人适用)》《增值税纳税申报表(小规模纳税人适用)》《增值税预缴税款表》和与《城市维护建设税教育费附加地方教育附加申报表》整合,启用《增值税及附加税费申报表(一般纳税人适用)》《增值税及附加税费申报表(小规模纳税人适用)》《增值税及附加税费预缴表》。简单说就是申报表整合后,附加税费随着主税使用同一张申报表,申报一次完成,不再单独使用各自的申报表申报纳税。所以,附加税费的申报详见模块二增值税与附加税费申报与模块三消费税与附加税费申报,本处不再赘述。

任务7.3 关 税

案例分析

一、概念

关税是由海关根据国家制定的有关法律,以进出关境的货物和物品为征税对象而征收的一种税。

二、特征

关税有如下特征:
(1) 关税属于流转税。
(2) 关税以进出国境或关境的货物、物品为征税对象。
(3) 关税是单一环节的价外税。

三、纳税人

关税的纳税人如表7-2所示。

表7-2　　　　　　　　　　　关税的纳税人

适用情形		纳税人	
进口货物		收货人	
出口货物		发货人	
进境物品	所有人	入境旅客随身携带的行李、物品	持有人
		各种运输工具上服务人员入境时携带自用物品	所有人
		馈赠物品以及其他方式入境个人物品	收件人
		个人邮递物品	

【注意】接受纳税人委托办理货物报关等有关手续的"代理人",可以代办纳税手续,但不是纳税人。

【例题7-9·多选题】下列各项中,属于关税纳税人的有(　　)。
A. 进口货物的收货人 B. 出口货物的发货人
C. 进口货物的代理人 D. 个人邮递物品的发件人
【正确答案】 AB
【答案解析】 选项AB,贸易性商品的纳税人是经营进出口货物的"收、发货人";选项C,"代理人",可以代办纳税手续,但不是纳税人;选项D,个人邮递物品的"收件人"为关税纳税人。

四、征收范围

关税的课税对象为进出境的货物、物品。对从境外采购进口的"原产于中国境内"的货物,也应按规定征收进口关税(执行最惠国税率)。

【例题7-10·判断题】对于从境外采购进口的原产于中国境内的货物,应按规定征收进口关税。(　　)
【正确答案】 √

五、进口货物应纳税额的计算

(一)进口关税的完税价格

1. 一般贸易项下进口货物关税完税价格的确定

进出口货物的完税价格,由海关以该货物的成交价格为基础审查确定。成交价格不能确定时,完税价格由海关依法估定。一般贸易项下进口货物关税完税价格的确定如表7-3所示。

表7-3　一般贸易项下进口货物关税完税价格的确定

应计入完税价格的项目	不应计入完税价格的项目(如已计入应予扣除)
① 进口货物的买方为购买该项货物向卖方实际支付或应当支付的价格	—
② 进口人在成交价格外另支付给"卖方"的佣金	① 向境外采购代理人支付的"买方"佣金
—	② 报关费、商检费等"报关费用"
③ 货物运抵我国关境内输入地点起卸"前"的包装费、运费、保险费和其他劳务费	③ 进口货物运抵境内输入地点起卸之"后"的运输及其相关费用、保险费
④ 为了在境内生产、制造、使用或出版、发行的目的而向境外支付的与该进口货物有关的专利、商标、著作权,以及专有技术、计算机软件和资料等费用	④ 厂房、机械、设备等货物进口后进行基建、安装、装配、维修和技术服务的费用

【注意】卖方付给进口人的"正常回扣",应从成交价格中扣除。卖方违反合同规定延期交货的罚款(补偿),卖方在货价中冲减时,"罚款"(补偿)则不能从成交价格中扣除。

2. 特殊贸易下进口货物的完税价格

(1)运往境外加工的货物:出境时已向海关报明,并在海关规定期限内复运进境的,以境外加工费和料件费以及复运进境的运输及其相关费用和保险费审查确定完税价格。

(2)运往境外修理的机械器具、运输工具或者其他货物:出境时已向海关报明并在海关规定期限内复运进境的,以经海关审定的修理费和料件费作为完税价格。

(3) 租借和租赁进口货物:以海关审定的租金作为完税价格。

3. 进口货物的运费

(1) 进口货物的运费按照实付或应付的费用计算。

(2) 如果进口货物的运输及其相关费用无法确定的,海关应当按照该货物进口同期的正常运输成本审查确定。

(3) 运输工具作为进口货物,利用自身动力进境的,海关在审查确定完税价格时,不再另行计入运费。

4. 进口货物的保险费

(1) 进口货物的保险费按实际支付的费用计算。

(2) 如果进口货物的保险费无法确定或者未实际发生,海关应当按照"货价加运费"两者总额的3‰计算保险费,其计算公式如下:

$$保险费=(货价+运费)\times 3‰$$

5. 进口货物的邮费

邮运进口的货物,应当以邮费作为运输及其相关费用、保险费。

【例题7-11·多选题】下列各项中,应计入进口货物关税完税价格的有(　　)。

A. 货物运抵我国关境内输入地点起卸前的运费、保险费
B. 支付给卖方的佣金
C. 货物运抵我国关境内输入地点起卸后的运费、保险费
D. 向境外采购代理人支付的买方佣金

【正确答案】　AB

【答案解析】　选项AC,货物运抵我国关境内输入地点起卸"前"的包装费、运费、保险费和其他劳务费应计入关税完税价格,起卸之"后"的运输及其相关费用、保险费不能计入;选项BD,进口人在成交价格外另支付给"卖方"的佣金应计入关税完税价格,向境外采购代理人支付的"买方"佣金不得计入关税完税价格。

【例题7-12·判断题】在进口货物成交过程中,卖方付给进口人的正常回扣,在计算进口货物完税价格时不得从成交价格中扣除。(　　)

【正确答案】　×

【答案解析】　卖方付给进口人的正常回扣,应从成交价格中扣除。

【例题7-13·单选题】甲外贸公司于20×2年5月将一台设备运往境外修理,出境前向海关报关出口并在海关规定期限内复运进境,该设备经修理后的市场价格为500万元,经海关审定的修理费和料件费分别为15万元和20万元。计算甲公司该设备复运进境时进口关税完税价格的下列算式中,正确的是(　　)。

A. 500−15
B. 500−15−20
C. 500+15+20
D. 15+20

【正确答案】　D

【答案解析】　出境时已向海关报明并在海关规定期限内复运进境的,以经海关审定的修理费和料件费作为完税价格。本题完税价格=15+20=35(万元)。

(二) 税率种类

1. 税率适用的标准
进口货物适用何种关税税率是以"进口货物的原产地"为标准的。

2. 关税的税率种类
关税的税率种类如表7-4所示。

表7-4 关税的税率种类

种类	特点
普通税率	① 原产于未与我国共同适用或订立最惠国税率、特惠税率或协定税率的国家或地区 ② 原产地不明
最惠国税率	① 原产于共同适用最惠国条款的世贸组织成员 ② 原产于与我国签订最惠国待遇双边协定的国家 ③ 原产于我国
协定税率	原产于与我国签订含有"关税优惠条款"的国家
特惠税率	原产于与我国签订含有"特殊关税优惠条款"的国家
关税配额税率	配额与税率结合,配额内税率较低,配额外税率较高
暂定税率	在最惠国税率的基础上,对特殊货物可执行暂定税率

【例题7-14·单选题】根据关税法律制度的规定,对原产于与我国签订含有特殊关税优惠条款的贸易协定的国家或地区的进口货物,适用特定的关税税率。该税率为( )。

A. 最惠国税率　　B. 协定税率　　C. 特惠税率　　D. 普通税率

【正确答案】 C

【例题7-15·判断题】进口货物适用的关税税率是以进口货物原产地为标准的。( )

【正确答案】 √

【例题7-16·单选题】5月,甲外贸公司进口生产设备一台,海关审定的货价为45万元,运抵我国关境内输入地起卸前的运费为4万元、保险费为2万元。已知关税税率为10%。计算该公司当月该笔业务应纳关税税额的下列算式中,正确的是( )。

A. (45+4+2)×10%　　　　　　B. 45÷(1−10%)×10%
C. (45−2)×10%　　　　　　　D. (45−4)×10%

【正确答案】 A

【答案解析】 进口环节,关税完税价格包括货价以及货物运抵我国关境内输入地点起卸前的包装费、运费、保险费和其他劳务费等费用。

六、出口货物应纳税额的计算

(一) 计税依据
出口货物离岸价格以扣除出口关税后作为完税价格。出口货物完税价格的计算公式为:

$$出口货物完税价格 = 离岸价格 \div (1 + 出口税率)$$

(二) 应纳税额
出口货物关税应纳税额的计算公式为:

应纳税额＝出口货物完税价格×出口税率

【例题7-17·单选题】 下列关于出口货物关税完税价格的计算公式中,正确的是( )。
A. 关税完税价格＝离岸价格÷(1－出口税率)
B. 关税完税价格＝离岸价格×(1－出口税率)
C. 关税完税价格＝离岸价格÷(1＋出口税率)
D. 关税完税价格＝离岸价格×(1＋出口税率)

【正确答案】 C

【答案解析】 出口货物离岸价格扣除出口关税后作为完税价格,出口货物关税完税价格＝离岸价格÷(1＋出口税率)。

七、税收优惠

1. 法定减免的情形

法定减免关税的情形如下:
(1) 一票货物关税税额、进口环节增值税或者消费税税额在人民币"50元"以下的。
(2) "无商业价值"的广告品及货样。
(3) "国际组织、外国政府"无偿赠送的物资。
(4) 进出境运输工具装载的途中"必需"的燃料、物料和饮食用品。
(5) 因故"退还"的中国出口货物,可以免征进口关税,但已征收的出口关税不予退还。
(6) 因故"退还"的境外进口货物,可以免征出口关税,但已征收的进口关税不予退还。

2. 酌情减免的情形

酌情减免关税的情形如下:
(1) 在境外运输途中或者在起卸时,遭受到损坏或者损失的。
(2) 起卸后海关放行前,因不可抗力遭受损坏或者损失的。
(3) 海关查验时已经破漏、损坏或者腐烂,经证明不是保管不善造成的。

3. 进出口货物暂不缴纳关税的情形

下列进出口货物暂不缴纳关税:
(1) 在展览会、交易会、会议及类似活动中展示或者使用的货物。
(2) 文化、体育交流活动中使用的表演、比赛用品。
(3) 进行新闻报道或者摄制电影、电视节目使用的仪器、设备及用品。
(4) 开展科研、教学、医疗活动使用的仪器、设备及用品。
(5) 在以上(1)~(4)项所列活动中使用的交通工具及特种车辆。
(6) 货样。
(7) 供安装、调试、检测设备时使用的仪器、工具。
(8) 盛装货物的容器。
(9) 其他用于非商业目的的货物。

【注意】 因品质或者规格原因,出口货物自出口之日起1年内原状复运进境的,不征收进口关税;因品质或者规格原因,进口货物自进口之日起1年内原状复运出境的,不征收出口关税。

【例题7-18·单选题】 下列各项中,海关可以酌情减免关税的是( )。

A. 无商业价值的广告品及货样
B. 进出境运输工具装载的途中必需的燃料、物料和饮食用品
C. 国际组织无偿赠送的物资
D. 在境外运输途中遭受到损坏的进口货物

【正确答案】 D

【答案解析】 选项 ABC，属于法定免税项目；选项 D，属于海关可以酌情减免关税的项目。

八、征收管理

1. 纳税期限

进出口货物的收发货人或者代理人应当在海关填发税款缴款凭证之日起 15 日内，向指定银行缴纳税款。

2. 延期缴纳税款

因不可抗力或者国家税收政策调整不能按期缴纳税款的，依法提供税款担保后，可直接向海关办理延期缴纳税款，但最长不得超过 6 个月。

3. 海关暂不予放行的旅客携运进、出境的行李物品

(1) 旅客不能当场缴纳进境物品税款的。

(2) 进出境的物品属于许可证件管理的范围，但旅客不能当场提交的。

【注意】《中华人民共和国海关对进出境旅客行李物品监管办法》中规定，带进、带出国家限制进出境物品，应提交有关主管部门签发的准许进出境的证明。

(3) 进出境的物品超出自用合理数量，按规定应当办理货物报关手续或者其他海关手续，尚未办理的。

(4) 对进出境物品的属性、内容存疑，需要由有关主管部门进行认定、鉴定、验核的。

(5) 按规定暂不予放行的其他行李物品。

4. 补征与追缴

(1) 进出口货物完税后，如发现少征或漏征税款，海关有权在 1 年内予以补征。

(2) 如因收发货人或其代理人违反规定而造成少征或漏征税款的，海关在 3 年内可以追缴。

(3) 关税滞纳金金额＝滞纳关税税额×滞纳金征收比率（0.5‰）×滞纳天数，关税滞纳金起征点为 50 元。

【例题 7-19·单选题】根据关税法律制度的规定，进出口货物完税后，如因收发货人违反规定而造成少征或漏征税款，海关在一定期限内可以追缴，该期限为（ ）。

A. 5 年 B. 6 年 C. 4 年 D. 3 年

【正确答案】 D

九、纳税申报

进口货物自运输工具申报进境之日起 14 日内，出口货物在货物运抵海关关监管区后装货海关根据税则规定的 24 小时以前，应由进出口货物的纳税义务人向货物进（出）境地海关按中国海关进（出）归类和完税价格计算应缴纳的关税和进口环节代征税款，并填发"海关进口增值

税专用缴款书",表样如表 7-5 所示。

表 7-5　　　　　　　　　海关进口增值税专用缴款书

收入系统：税务系统	填发日期：	号码No：		
收款单位	收入机关	中央金库	缴款单位或人	名称	
	科目	进口增值税	预算级次	中央		账号	
	收款国库					开户银行	
税号	货物名称	数量	单位	完税价格(¥)	税率	税款金额(¥)
金额人民币(大写)				合计(¥)		
申请单位编号		报送单编号		填发单位	收款国库(银行)
合同(批文)号		运输工具(号)		制单人	
缴款期限		提/装货单号		复核人	
备注					

第一联 收据国库收款签章后缴款单位或缴纳人

从填发缴款书之日起限15日缴纳(期末遇法定节假日顺延),逾期按日征收税款总额万分之五的滞纳金

任务7.4　车辆购置税

案例分析

一、概念

车辆购置税是对在我国境内购置应税车辆的单位和个人征收的一种税。

二、纳税人

在中华人民共和国境内购置汽车、有轨电车、汽车挂车、排气量超过150毫升的摩托车(以下统称应税车辆)的单位和个人,为车辆购置税的纳税人。单位包括国有企业、集体企业、私营企业、股份制企业、外商投资企业、外国企业及其他企业、事业单位、社会团体、国家机关、部队以及其他单位。个人包括个体工商户及其他个人,既包括中国公民又包括外国公民。

"购置"行为是指购买、进口、自产、受赠、获奖、其他(拍卖、抵债、走私、罚没等)方式取得并自用的行为。

【注意】"无轨"电车属于规定车辆中"汽车"的范围,购入时同样应当征收车辆购置税。

【例题 7-20·多选题】根据车辆购置税法律制度的规定,下列各项中,属于车辆购置税纳税人的有(　　)。

A. 购进排气量为2 000毫升摩托车自用的个体工商户
B. 进口高档小汽车自用的外贸企业

C. 获奖取得汽车自用的运动员

D. 购买汽车自用的外商投资企业

【正确答案】 ABCD

【答案解析】 车辆购置税的纳税人是在我国境内购置规定的车辆的单位和个人;购买、进口、获奖、受赠等均属于"购置行为",货车、小轿车、轿车、小型客车均属于"应税车辆",企事业单位及个人均属于应税单位和个人。

三、征税范围和税率

(一)征税范围

车辆购置税征税范围中的"车辆"是指:汽车、有轨电车、汽车挂车、排气量超过150毫升的摩托车。

地铁、轻轨等城市轨道交通车辆,装载机、平地机、挖掘机、推土机等轮式专用机械车,以及起重机(吊车)、叉车、电动摩托车,不属于应税车辆。

【例题7-21·多选题】根据车辆购置税法律制度的规定,下列各项中,不属于车辆购置税征税范围的有(   )。

A. 排气量为120毫升的摩托车　　B. 汽车挂车

C. 电动自行车　　D. 有轨电车

【正确答案】 AC

【答案解析】 车辆购置税的应税车辆包括:汽车、有轨电车、汽车挂车、排气量超过150毫升的摩托车,不包括电动自行车。

(二)税率

车辆购置税采用10%的比例税率。

四、应纳税额的计算

(一)计税依据

(1)纳税人自产自用应税车辆的计税价格,按照纳税人生产的同类应税车辆的销售价格确定,不包括增值税税款。

(2)纳税人以受赠、获奖或者其他方式取得自用应税车辆的计税价格,按照购置应税车辆时相关凭证载明的价格确定。

(3)纳税人申报的应税车辆计税价格明显偏低,又无正当理由的,由税务机关核定其应纳税额。

(二)应纳税额计算公式

车辆购置税应纳税额计算公式为:

$$应纳税额 = 计税价格 \times 10\%$$

【例题7-22·计算题】甲公司于20×2年8月进口自用小汽车2辆,海关审定关税完税价格为240万元,缴纳关税60万元、消费税100万元。已知车辆购置税税率为10%。计算甲公司进口自用小汽车应缴纳的车辆购置税税额。

【正确答案】 应缴纳车辆购置税税额=(240+60+100)×10%=40(元)。

【答案解析】 进口应税车辆的车辆购置税应纳税额＝(关税完税价格＋关税＋消费税)×车辆购置税税率。

五、税收优惠

下列车辆免征车辆购置税：
(1) 外国驻华使馆、领事馆和国际组织驻华机构及其有关人员自用的车辆。
(2) 中国人民解放军和中国人民武装警察部队列入军队装备订货计划的车辆。
(3) 悬挂应急救援专用号牌的国家综合性消防救援车辆。
(4) 设有固定装置的非运输专用作业车辆。
(5) 城市公交企业购置的公共汽电车辆。

特殊情形下，根据国民经济和社会发展的需要，国务院可以规定减征或者其他免征车辆购置税的情形，报全国人民代表大会常务委员会备案。

【例题 7-23·单选题】根据车辆购置税法律制度的规定，下列车辆中，不属于车辆购置税免税项目的是(　　)。
A. 外国驻华使馆的自用小汽车　　B. 设有固定装置的非运输专用作业车辆
C. 城市公交企业购置的公共汽电车　　D. 个人购买的经营用小汽车

【正确答案】 D

【答案解析】 选项A，"黑牌车"免征车辆购置税；选项B，设有固定装置的非运输专用作业车辆，免征车辆购置税；选项C，城市公交企业购置的公共汽电车辆免征车辆购置税。

六、纳税申报

(一) 纳税义务发生时间

车辆购置税纳税义务发生时间的具体情形如表 7-6 所示。

表 7-6　　　　　　　　　纳税义务发生时间的具体情形

取得车辆的方式	纳税义务发生时间
购买自用	《机动车销售统一发票》或其他有效凭证的开具日期
进口自用	《海关进口增值税专用缴款书》或者其他有效凭证的开具日期
自产、受赠、获奖或其他方式	合同、法律文书或其他有效凭证的生效或开具日期

(二) 纳税期限

车辆购置税的纳税期限为自纳税义务发生之日起 60 日内。

(三) 纳税地点

根据是否需要办理车辆登记，纳税地点的具体情形如表 7-7 所示。

表 7-7　　　　　　　　　纳税地点的具体情形

是否需要办理车辆登记	纳税地点
是	车辆登记地的主管税务机关
否	纳税人所在地的主管税务机关

(四) 纳税环节

(1) 纳税人应当在向公安机关交通管理部门办理车辆注册登记前,缴纳车辆购置税。

(2) 公安机关交通管理部门办理车辆注册登记,应当根据税务机关提供的应税车辆完税或者免税电子信息对纳税人申请登记的车辆信息进行核对,核对无误后依法办理车辆注册登记。

【注意】车辆购置税实行一次性征收,购置已征车辆购置税的车辆,不再征收车辆购置税。

(五) 应予"补税"的情形

免税、减税车辆因转让、改变用途等原因不再属于免税、减税范围的,纳税人应当在办理车辆转移登记或者变更登记前缴纳车辆购置税。

【注意】计税价格以免税、减税车辆初次办理纳税申报时确定的计税价格为基准,每满1年扣减10%。

(六) 准予"申请退税"的情形

纳税人将已征车辆购置税的车辆退回车辆生产企业或者销售企业的,可以向主管税务机关申请退还车辆购置税。

【注意】退税额以已缴税款为基准,自缴纳税款之日至申请退税之日,每满1年扣减10%。

【例题7-24·判断题】 赵某于20×1年4月1日购入一辆小汽车自用,5月30日申报并缴纳车辆购置税10万元。由于车辆制动系统存在严重问题,20×2年4月30日,赵某将该车退回,则赵某可以申请退还的车辆购置税为9万元。( )

【正确答案】 ×

【答案解析】 ①车辆退回企业或者经销商的,纳税人申请退税时,主管税务机关自纳税人办理纳税申报之日起,按已缴纳税款每满1年扣减10%计算退税额;未满1年的,按已缴纳税款全额退税。②本题中纳税申报日为20×1年5月30日,退回日为20×2年4月30日,不满1年,应当全额退税。

【例题7-25·单选题】 甲公司机构所在地为M市,于N市购进一辆应税汽车,在P市办理车辆登记,该汽车生产企业机构所在地为Q市。甲公司购置该汽车车辆购置税的纳税地点是( )。

A. N市　　　　B. Q市　　　　C. M市　　　　D. P市

【正确答案】 D

【答案解析】 纳税人购置应税车辆,需要办理车辆登记注册手续的,应当向车辆登记地的主管税务机关申报缴纳车辆购置税。

(七) 填写纳税申报表

【情境实战】车辆购置税应纳税额的计算和纳税申报

广西强达公司于20×2年10月2日购进两辆小汽车自用,取得销售方开具的机动车销售发票(发票代码:144002124530;发票号码:00485232)上注明的不含税价款为85万元、增值税税额为11.05万元。该公司位于南宁市东风路147号,注册类型代码为686123,行业代码为2031,纳税人证件名称为营业执照,证件号码为91452160MAA6GW7B05,联系电话为0771-3247952。该公司于20×2年10月23日对其应纳车辆购置税进行纳税申报。

1. 工作任务要求

(1) 计算广西强达公司20×2年10月应缴纳的车辆购置税税额。

（2）填写"应纳车辆购置税纳税申报表"。

2. 操作步骤

第一步：根据经济业务计算20×2年10月应缴纳车辆购置税税额：

应纳车辆购置税＝85×10%＝8.5（万元）

第二步：填写"车辆购置税纳税申报表"，如表7-8所示。

表 7-8　　　　　　　　　车辆购置税纳税申报表

填表日期：20×2年10月23日　　　　　　　　　　　　　　　　　　　　　　金额单位：元

纳税人名称		广西强达公司	申报类型		□征税□免税□减税	
证件名称		营业执照	证件号码		91452160MAA6GW7B05	
联系电话		0771-3247952	地　址		南宁市东风路147号	
合格证编号（货物进口证明书号）			车辆识别代号/车架号			
厂牌型号						
排量（cc）			机动车销售统一发票代码		144002124530	
机动车销售统一发票号码		00485232	不含税价		800 000	
海关进口关税专用缴款书（进出口货物征免税证明）号码						
关税完税价格			关　税		消费税	
其他有效凭证名称			其他有效凭证号码		其他有效凭证价格	
购置日期		20×2年10月2日	申报计税价格	800 000	申报免（减）税条件或者代码	
是否办理车辆登记			车辆拟登记地点			
纳税人声明： 本纳税申报表是根据国家税收法律法规及相关规定填报的，我确定它是真实的、可靠的、完整的。 纳税人（签名或盖章）：						
委托声明： 现委托（姓名）＿＿＿（证件号码）＿＿＿＿＿＿＿＿办理车辆购置税涉税事宜，提供的凭证、资料是真实、可靠、完整的。任何与本申报表有关的往来文件，都可交予此人。 委托人（签名或盖章）：　　　　被委托人（签名或盖章）：						
以 下 由 税 务 机 关 填 写						
免（减）税条件代码						
计税价格	税率		应纳税额	免（减）税额	实纳税额	滞纳金金额
受理人： 年　月　日			复核人（适用于免、减税申报）： 　　　　　　　　　主管税务机关（章） 年　月　日			

模 块 测 试

课后练习

一、单选题

1. 根据船舶吨税法律制度的规定,船舶吨税的纳税人是( )。
   A. 应税船舶的负责人　　　　　　　　B. 应税船舶的使用人
   C. 应税船舶的购买人　　　　　　　　D. 应税船舶的代理人

2. 根据车辆购置税法律制度的规定,下列车辆中,不属于车辆购置税免税项目的是( )。
   A. 外国驻华使馆的自用小汽车　　　　B. 设有固定装置的非运输专用作业车辆
   C. 城市公交企业购置的公共汽电车　　D. 个人购买的经营用小汽车

3. 车辆购置税的税率为( )。
   A. 5%　　　　B. 10%　　　　C. 15%　　　　D. 20%

4. 某渔业公司20×2年拥有捕捞船5艘,每艘净吨位为20吨;非机动驳船2艘,每艘净吨位为10吨;机动补给船1艘,净吨位为15吨,机动运输船10艘,每艘净吨位为7吨,当地船舶适用年税额为每吨3元,该公司当年应缴纳的车船税金额是( )元。
   A. 285　　　　B. 315　　　　C. 345　　　　D. 600

5. 根据船舶吨税法律制度的规定,非机动驳船的计税依据是( )。
   A. 每艘　　　B. 艇身长度　　C. 整备质量吨位数　　D. 船舶净吨位

6. 根据关税法律制度的规定,对原产于与我国签订含有特殊关税优惠条款的贸易协定的国家或地区的进口货物,适用特定的关税税率,该税率为( )。
   A. 最惠国税率　　B. 协定税率　　C. 特惠税率　　D. 普通税率

7. 下列关于城市维护建设税税收优惠的表述中,不正确的是( )。
   A. 对出口货物退还增值税的,可同时退还已缴纳的城市维护建设税
   B. 对增值税实行先征后退办法的,除非另有规定,不予退还对随增值税附征的城市维护建设税
   C. 海关对进口货物代征的增值税,不征收城市维护建设税
   D. 对增值税实行即征即退办法的,除非另有规定,不予退还对随增值税附征的城市维护建设税

8. 7月,甲企业当月应缴增值税30万元,实际缴纳20万元,应缴消费税有28万元,实际缴纳12万元,已知教育费附加征收比率为3%,则计算该企业当月应缴纳的教育费附加的算式中正确的是( )。
   A. (20+12)×3%　　B. (30+28)×3%　　C. 30×3%　　D. 20×3%

9. 甲外贸公司于20×2年10月将一台设备运往境外修理,出境前向海关报关出口并在海关规定期限内复运进境,该设备经修理后的市场价格为500万元,经海关审定的修理费和料件费分别为15万元和20万元。计算该公司该设备复运进境时进口关税完税价格的下列算式中,正确的是( )。
   A. 500−15　　B. 500−15−20　　C. 500+15+20　　D. 15+20

10. 根据船舶吨税法律制度的规定,应纳税额在一定金额以下的船舶可以免征船舶吨税。则该金额是人民币( )元。

A. 50　　　　　　B. 100　　　　　　C. 200　　　　　　D. 500

二、多选题

1. 下列各项中，不属于城市维护建设税的计税依据的有(　　)。
   A. 实际缴纳增值税税额
   B. 跨境销售服务、无形资产增值税免抵税额
   C. 应当缴纳的增值税、消费税税额
   D. 进口货物缴纳的增值税、消费税税额

2. 下列关于城市维护建设税税收优惠的说法中正确的有(　　)。
   A. 对进口货物缴纳的增值税、消费税税额不征收城市维护建设税
   B. 由受托方代征、代扣增值税、消费税的单位和个人，其代征、代扣的城市维护建设税适用受托方所在地的税率
   C. 对由于减免增值税、消费税而发生退税的，不予退还已征收的城市维护建设税
   D. 对出口产品退还增值税、消费税的，应同时退还已缴纳的城市维护建设税

3. 下列各项中，应计入进口货物关税完税价格的有(　　)。
   A. 货物运抵我国关境内输入地点起卸前的运费、保险费
   B. 支付给卖方的佣金
   C. 货物运抵我国关境内输入地点起卸后的运费、保险费
   D. 向境外采购代理人支付的买方佣金

4. 下列各项中，属于关税纳税人的有(　　)。
   A. 进口货物的收货人
   B. 出口货物的发货人
   C. 进口货物的代理人
   D. 个人邮递物品的发件人

5. 根据船舶吨税法律制度的规定，下列各项中免征船舶吨税的有(　　)。
   A. 应纳税额在人民币50元以下的船舶
   B. 自境外取得船舶所有权的初次进口到港的空载船舶
   C. 非机动驳船
   D. 军队、武装警察部队专用或征用的船舶

6. 下列关于船舶吨税的说法正确的有(　　)。
   A. 自中华人民共和国境外港口进入境内港口的船舶，应当缴纳船舶吨税
   B. 吨税设置普通税率和优惠税率
   C. 吨税按照船舶净吨位和吨税执照期限征收
   D. 吨税由海关负责征收

7. 根据车辆购置税法律制度的规定，下列各项中，不属于车辆购置税征税范围的有(　　)。
   A. 电动自行车
   B. 有轨电车
   C. 排气量为120毫升的摩托车
   D. 汽车挂车

8. 吨税采用定额税率，按船舶净吨位的大小分等级设置单位税额，分为几种不同的税率，分别有(　　)。
   A. 30日　　　　　B. 90日　　　　　C. 180日　　　　　D. 1年

三、判断题

1. 由受托方代扣代缴、代收代缴增值税、消费税的单位和个人，其代扣代缴、代收代缴的城市维护建设税按受托方所在地适用税率执行。(　　)

2. 船舶吨税只针对自中国境外港口进入中国境内港口的外国船舶征收。(　　)

3. 20×1年4月1日，赵某购入一辆小汽车自用，并于5月30日申报并缴纳车辆购置税

10万元。由于车辆制动系统存在严重问题,20×2年4月30日,赵某将该车退回,则赵某可以申请退还的车辆购置税为9万元。( )

4. 在进口货物成交过程中,卖方付给进口人的正常回扣,在计算进口货物完税价格时不得从成交价格中扣除。( )

5. 出口货物关税完税价格的计算公式为:关税完税价格＝离岸价格÷(1＋出口税率)。( )

模块 8

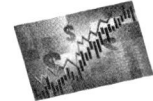

税收征收管理

[考核目标]
1. 掌握账簿设置、发票管理、纳税申报的内容与方法
2. 掌握税款征收的方式与措施
3. 熟悉税务检查的内容
4. 熟悉违反税收法律制度的法律责任

[实践目标]
1. 理解税收征收管理法的内涵
2. 依法准确处理好税收征纳过程中的问题

[思政目标]
1. 自觉树立良好纳税意识
2. 拒绝逃税、漏税等税收违法行为

[知识点思维导图]

税收征收管理
- 税收征收管理法概述
  - 税收征收管理法的概念、性质和适用范围
  - 征税主体和纳税主体的权利与义务
  - 税收管理
- 税款征收、税额核定与征收措施
  - 税款征收方式
  - 应纳税额的核定
  - 征收措施
- 行政管理相对人违法责任、重大税收违法案件信息公布
  - 行政管理相对人违反税收法律制度的法律责任
  - 重大税收违法失信案件信息公布

案例导读

2022年11月9日,国家税务总局厦门市集美区税务局向厦门集美区近4 000家个体工商户送达《税务事项通知书》并在官网发布公告称:根据《个体工商户税收定期定额征收管理办法》第18条、第22条规定,你户(单位)已不符合个体工商户税收定期定额管理条件,现决定自2022年6月30日起终止你户(单位)的定期定额征收方式。终止定期定额后,你户(单位)征收方式转为查账征收。请你户(单位)严格按照有关规定,及时、足额申报缴纳相关税款。

(资料来源：

佚名.国家税务总局厦门市集美区税务局送达《税务事项通知书》的公告[EB/OL].(2022-11-09)[2023-07-05].http://xiamen.chinatax.gov.cn/content/S46988.html.)

思考：

税款征收方式有哪些？为何这些个体工商户由定期定额征收方式转为查账征收方式？

任务8.1 税收征收管理法概述

一、税收征收管理法的概念、性质和适用范围

（一）概念

税收征收管理法是指调整税收征收与管理过程中所发生的社会关系的法律规范的总称，是为了加强税收征收管理，规范税收征收和缴纳行为，保障国家税收收入，保护纳税人的合法权益，促进经济和社会发展而制定的法律。

（二）性质

税收征收管理法属于税收程序法，其宗旨是保障国家的税收权益，规范税收征管行为，维持社会经济秩序，促进公平正义的税收分配。

（三）适用范围

税收征收管理法的范围涉及增值税、企业所得税、个人所得税、资源税和其他交易税种，以及税收征管行为和措施。

【例题8-1·单选题】下列各项中，属于税收程序法的是（　　）。

A. 企业所得税法　　B. 个人所得税法　　C. 税收征收管理法　　D. 车辆购置税法

【正确答案】　C

【答案解析】　选项ABD，属于税收实体法。

二、征税主体和纳税主体的权利与义务

（一）征税主体的权利与义务

1. 权利

1）基本范围

征税主体权利的基本范围如表8-1所示。

表8-1　征税主体权利的基本范围

权利	内容
税收立法权	参与起草税收法律法规草案，提出税收政策建议，在职权范围内制定、发布关于税收征管的部门规章等
税务管理权	对纳税人进行税务登记管理、账簿和凭证管理、发票管理、纳税申报管理等
税款征收权	依法计征权、核定税款权、税收保全和强制执行权、追征税款权等
税务检查权	查账权、场地检查权、询问权、责成提供资料权、存款账户核查权

(续表)

权利	内 容
税务行政处罚权	罚款、没收违法所得、停止出口退税权以及吊销税务行政许可证件
其他职权	审批减、免、退、延期缴纳的申请权;阻止欠税纳税人离境权;委托代征权;估税权;代位权与撤销权;欠税情况公告权;上诉权

2) 发票检查权

发票检查权的内容包括:①检查印制、领购、开具、取得、保管和缴销发票的情况。②调出发票查验。③查阅、复制与发票有关的凭证、资料。④向当事各方询问与发票有关的问题和情况。

3) 税务检查权

税务检查权的内容包括:①查账权。②场地检查权。即到纳税人的生产、经营场所和货物存放地检查纳税人应纳税的商品、货物或者其他财产;检查扣缴义务人与代扣代缴、代收代缴税款有关的经营情况。③责成提供资料权。④询问权。⑤交通邮政检查权,包括:到车站、码头、机场、邮政企业及其分支机构检查纳税人托运、邮寄应纳税商品、货物或者其他财产的有关"单据、凭证和有关资料"。⑥存款账户核查权。

【注意1】税务机关进行税务检查时,对满足法定条件的纳税人,可以采取税收保全措施或者强制执行措施。

【注意2】税务人员进行税务检查时,应当出示"税务检查证"和"税务检查通知书",并有责任为被检查人保守秘密;未出示税务检查证和税务检查通知书的,被检查人有权拒绝检查。

2. 义务

征税主体应当履行的义务包括以下方面:

(1) 广泛宣传税收法律、行政法规,普及纳税知识,无偿地为纳税人提供纳税咨询服务。

(2) 依法为纳税人、扣缴义务人的情况保密。

(3) 加强队伍建设,提高税务人员的政治业务素质。

(4) 秉公执法,忠于职守,清正廉洁,礼貌待人,文明服务,尊重和保护纳税人、扣缴义务人的权利,依法接受监督。

(5) 税务人员不得索贿受贿、徇私舞弊、玩忽职守、不征或少征应征税款;不得滥用职权多征税款或者故意刁难纳税人和扣缴义务人。

(6) 税务人员在核定应纳税额、调整税收定额、进行税务检查、实施税务行政处罚、办理税务行政复议时,与纳税人、扣缴义务人或者其法定代表人、直接责任人有夫妻关系、直系血亲关系、三代以内旁系血亲关系、近姻亲关系应当回避。

(7) 建立、健全内部制约和监督管理制度。

(二) 纳税主体的权利与义务

1. 权利

纳税主体的权利包括以下方面:①延期纳税权。②申请减税、免税权。③多缴税款申请退还权。④委托税务代理权。⑤要求税务机关承担赔偿责任权。⑥申请复议和提起诉权。

2. 义务

纳税主体的义务包括以下方面:

(1) 依法按期办理税务登记、变更登记或重新登记。

(2) 依法设置账簿,合法、正确使用有关凭证。

(3) 按规定定期向主管税务机关报送纳税申报表、财务会计报表和其他有关资料。

(4) 按期进行纳税申报,及时、足额地缴纳税款。

(5) 主动接受和配合税务机关的纳税检查,如实报告其生产经营和纳税情况,并提供有关资料。

(6) 违反税法规定的纳税人,应按规定缴纳滞纳金、罚款,并接受其他法定处罚。

【例题 8-2·多选题】下列各项中,属于税务机关职权的有( )。

A. 税务管理权 B. 税款征收权 C. 上诉权 D. 保密权

【正确答案】 ABC

【答案解析】 选项 D,是纳税主体的权利。

【例题 8-3·单选题】下列各项中,属于税务机关最基本、最主要的职权的是( )。

A. 税务管理权 B. 税款征收权 C. 税务检查权 D. 税务行政处罚权

【正确答案】 B

【例题 8-4·多选题】根据税收征收管理法律制度的规定,下列各项中,属于纳税人权利的有( )。

A. 陈述权 B. 核定税款权 C. 税收监督权 D. 税收法律救济权

【正确答案】 ACD

【答案解析】 选项 B,属于税务机关的权利。

【例题 8-5·多选题】根据税收征收管理法律制度的规定,税务机关在对纳税人进行发票检查中有权采取的措施有( )。

A. 调出发票查验

B. 查阅、复制与发票有关的凭证、资料

C. 向当事人各方询问与发票有关的问题和情况

D. 检查领购、开具和保管发票的情况

【正确答案】 ABCD

【例题 8-6·多选题】根据税收征收管理法律制度的规定,下列各项中属于税务机关税务检查职责范围的有( )。

A. 责成纳税人提供与纳税有关的资料 B. 可按规定的批准期限采取税收保全措施

C. 询问纳税人与纳税有关的问题和情况 D. 检查纳税的账簿、记账凭证和报表

【正确答案】 ABCD

【答案解析】 选项 B,税务机关对从事生产、经营的纳税人以前纳税期的纳税情况依法进行税务检查时,发现纳税人有逃避纳税义务行为,并有明显的转移、隐匿其应纳税的商品、货物以及其他财产或者应纳税的收入的迹象的,可以按照《税收征收管理法》规定的批准权限采取税收保全措施或者强制执行措施。

【例题 8-7·多选题】根据税收征收管理法律制度规定,税务机关在实施税务检查时,可以采取的措施有( )。

A. 检查纳税人的会计资料

B. 检查纳税人货物存放地的应纳税商品

C. 检查纳税人托运、邮寄应纳税商品的单据、凭证

D. 到车站检查旅客自带物品

【正确答案】 ABC

【答案解析】 选项D,税务机关有权到车站、码头、机场、邮政企业及其分支机构检查纳税人托运、邮寄应纳税商品、货物或者其他财产的有关"单据、凭证和有关资料"。税务机关只能对单据、凭证和有关资料进行检查,不包括旅客自带的物品。

【例题8-8·多选题】根据税收征收管理法律制度规定,下列各项中,属于税务机关派出人员在税务检查中应履行的职责有(   )。

A. 出示税务检查通知书
B. 出示税务机关组织机构代码证
C. 为被检查人保守秘密
D. 出示税务检查证

【正确答案】 ACD

【答案解析】 税务人员进行税务检查时,应当出示"税务检查证"和"税务检查通知书",并有责任为被检查人保守秘密。

三、税收管理

(一) 证、账、票的管理

1. 一照一码

一照一码中,"一照"是指营业执照,"一码"是指统一社会信用代码。

2. 证、账管理

证、账管理的有关要点如下:

(1)从事生产、经营的纳税人应当自领取"营业执照"或者"发生纳税义务"之日起"15日内",按照国家有关规定设置账簿。

(2)扣缴义务人应当自"扣缴义务发生"之日起"10日内",设置代扣代缴、代收代缴税款账簿。

(3)纳税人使用计算机记账的,其建立的会计电算化系统应当符合国家有关规定,并能正确、完整核算其收入或者所得。

(4)证、账及其他涉税资料应当保存"10年",法律、行政法规另有规定除外。

【例题8-9·单选题】根据税收征收管理法律制度规定,从事生产、经营的纳税人应当自领取营业执照或者发生纳税义务之日起一定期限内,按照国家规定设置账簿,该期限是(   )日。

A. 15   B. 30   C. 60   D. 90

【正确答案】 A

【例题8-10·单选题】扣缴义务人应当自法律规定的扣缴义务发生之日起(   )日内,按照所代扣、代收的税种,分别设置代扣代缴、代收代缴税款账簿。

A. 10   B. 15   C. 20   D. 30

【正确答案】 A

【例题8-11·单选题】根据税收征收管理法律制度的规定,除非另有规定,从事生产、经营的纳税人的账簿、记账凭证、报表、完税凭证、发票、出口凭证以及其他有关涉税资料应当保存一定期限,该期限为(   )年。

A. 30   B. 10   C. 15   D. 20

【正确答案】 B

3. 发票管理

1) 发票的类型

发票的类型具体如表8-2所示。

表 8-2　　　　　　　　　　　　　发票的类型

类型	具体内容
增值税专用发票	增值税专用发票、税控"机动车"销售统一发票
增值税普通发票	增值税普通发票、增值税电子普通发票
其他发票	农产品收购发票、农产品销售发票、门票、过路(过桥)费发票、客运发票、"二手车"销售统一发票

2）发票的开具和使用

（1）单位和个人，对外发生经营业务收取款项，收款方应向付款方开具发票，特殊情况下由付款方向收款方开具发票。

（2）开具发票应当按照规定的时限、顺序、栏目，"全部联次一次性如实开具"，并加盖"发票专用章"。

3）虚开发票的行为

任何单位和个人不得有虚开发票的行为，虚开发票的行为是指：

（1）为他人、为自己开具与实际经营业务情况不符的发票。

（2）让他人为自己开具与实际经营业务情况不符的发票。

（3）介绍他人开具与实际经营业务情况不符的发票。

4）不按照发票管理规定使用发票的行为

任何单位和个人不应有不按照发票管理规定使用发票的行为，这类行为包括：

（1）转借、转让、介绍他人转让发票、发票监制章和发票防伪专用品。

（2）知道或者应当知道是私自印制、伪造、变造、非法取得或者废止的发票而受让、开具、存放、携带、邮寄、运输。

（3）拆本使用发票。

（4）扩大发票使用范围。

（5）以其他凭证代替发票使用。

5）发票的保管

已开具的发票存根联和发票登记簿应当保存"5年"。保存期满，报经税务机关查验后销毁。

6）增值税发票开具和使用的特别规定

（1）购买方为企业的，索取增值税"普通发票"时，应向销售方提供"纳税人识别号或统一社会信用代码"；销售方为其开具增值税普通发票时，应在"购买方纳税人识别号"栏填写购买方的纳税人识别号或统一社会信用代码。

（2）进一步扩大增值税发票网上申领适用范围，已经实现办税人员实名信息采集和验证的纳税人，可以"自愿选择"使用网上申领方式领用发票。

【例题 8-12·多选题】下列各项中，属于增值税专用发票的有(　　)。

A. 增值税专用发票　　　　　　　　B. 税控机动车销售统一发票

C. 海关进口增值税专用缴款书　　　D. 农产品收购发票

【正确答案】　AB

【答案解析】　选项C，不属于发票；选项D，属于其他发票。

【例题 8-13·多选题】根据税收征收管理法律制度的规定，增值税一般纳税人使用增值税发票管理新系统,可开具增值税发票的种类有( )。

A. 增值税普通发票 B. 增值税专用发票
C. 机动车销售统一发票 D. 增值税电子普通发票

【正确答案】 ABCD

【答案解析】 凡增值税专用(普通)发票,均可以使用增值税发票管理新系统开具。

【例题 8-14·多选题】根据税收征收管理法律制度的规定,下列各项中,属于虚开发票行为的有( )。

A. 为自己开具与实际经营业务情况不符的发票
B. 为他人开具与实际经营业务情况不符的发票
C. 介绍他人开具与实际经营业务情况不符的发票
D. 让他人为自己开具与实际经营业务情况不符的发票

【正确答案】 ABCD

【答案解析】 只要与实际经营情况不符即虚开发票。

【例题 8-15·单选题】根据税收征收管理法律制度的规定,关于发票开具和保管的下列表述中,正确的是( )。

A. 销售货物开具发票时,可按付款方要求变更品名和金额
B. 经单位财务负责人批准后,可拆本使用发票
C. 已经开具的发票存根联保存期满后,开具发票的单位可直接销毁
D. 收购单位向个人支付收购款项时,由付款方向收款方开具发票

【正确答案】 D

【答案解析】 选项 A,属于虚开发票的行为;选项 B,任何单位和个人不得拆本使用发票;选项 C,已经开具的发票存根联保存期满后应报经税务机关查验后销毁。

【例题 8-16·多选题】根据税收征管法律制度的规定,下列各项财务资料中,除非另有规定,至少应保存 10 年的有( )。

A. 账簿 B. 发票的存根联
C. 完税凭证 D. 发票的登记簿

【正确答案】 AC

【答案解析】 选项 BD,应当保存 5 年。

(二) 纳税申报

1. 纳税申报表的内容

纳税申报表的内容主要包括:①税种、税目;②应纳税项目或者应代扣代缴、代收代缴税款项目;③计税依据;④扣除项目及标准;⑤适用税率或者单位税额;⑥应退税项目及税额、应减免税项目及税额;⑦应纳税额或者应代扣代缴、代收代缴税额;⑧税款所属期限、延期缴纳税款、欠税、滞纳金等。

【例题 8-17·多选题】根据税收征收管理法律制度的规定,下列各项中,属于纳税申报表内容的有( )。

A. 税款所属期限 B. 适用的税率 C. 税种、税目 D. 计税依据

【正确答案】 ABCD

2. 纳税申报方式

纳税申报的方式主要有以下几种：

（1）自行申报（传统方式）。

（2）邮寄申报。以"寄出"的邮戳日期为实际申报日期。

（3）数据电文申报。以税务机关计算机网络系统"收到"该数据电文的时间为实际申报日期。

（4）其他方式：①简易申报；②简并征期。这两种方式只适用于实行定期定额征收方式的纳税人。

3. 其他要求

（1）纳税人在纳税期内"没有应纳税款"的，也应当按照规定进行纳税申报。

（2）纳税人"享受减税、免税待遇"的，在减税、免税期间应当按照规定办理纳税申报。

（3）延期申报的原因及程序，包括：①不可抗力：无须申请直接延期，税务机关事后查明、核准；②其他原因：纳税人提出书面申请，税务机关核准；③多缴：退还但不支付利息；④少缴：补交但不加收滞纳金。

【例题8-18·多选题】根据税收征收管理法律制度的规定，下列纳税申报方式中，符合法律规定的有（　　）。

A. 甲企业在规定的申报期限内，自行到主管税务机关指定的办税服务大厅申报

B. 经税务机关批准，丙企业以网络传输方式申报

C. 经税务机关批准，乙企业使用统一的纳税申报专用信封，通过邮局交寄

D. 实行定期定额缴纳税款的丁个体工商户，采用简易申报方式申报

【正确答案】　ABCD

【答案解析】　选项A，属于自行申报；选项B，属于数据电文申报；选项C，属于邮寄申报；选项D，属于其他申报方式。

【例题8-19·单选题】下列关于纳税申报方式的表述中，不正确的是（　　）。

A. 邮寄申报以税务机关收到的日期为实际申报日期

B. 数据电文方式的申报日期以税务机关计算机网络系统收到该数据电文的时间为实际申报日期

C. 实行定期定额缴纳税款的纳税人可以实行简易申报、简并征期等方式申报纳税

D. 自行申报是指纳税人、扣缴义务人按照规定的期限自行直接到主管税务机关办理纳税申报手续

【正确答案】　A

【答案解析】　选项A，以寄出的邮戳日期为实际申报日期。

【例题8-20·判断题】甲企业按照国家规定享受3年免缴企业所得税的优惠待遇，甲企业在这3年内不需办理企业所得税的纳税申报。（　　）

【正确答案】　×

【答案解析】　纳税人享受减税、免税待遇的，在减税、免税期间应当按照规定办理纳税申报。

【例题8-21·判断题】纳税人在纳税期内没有应纳税款的，不需办理纳税申报。（　　）

【正确答案】 ×
【答案解析】 纳税人在纳税期内没有应纳税款的,也应当按照规定办理纳税申报。

【例题 8-22·判断题】 经核准延期办理纳税申报、报送事项的,应当在纳税期内按照上期实际缴纳的税额或者税务机关核定的税额预缴税款,并在核准的延期内办理税款结算。（　　）
【正确答案】 √

任务 8.2　税款征收、税额核定与征收措施

一、税款征收方式

税款征收方式具体如表 8-3 所示。

表 8-3　　　　　　　　　　　税款征收方式

征收方式		适用范围
查账征收	有账且健全	财务会计制度健全,能够如实核算和提供生产经营情况,并能正确计算应纳税款和如实履行纳税义务的纳税人
查定征收	有账但不全的小型生产企业	生产经营规模较小、产品零星、税源分散、会计账册不健全,但能控制原材料或进销货的小型厂矿和作坊
查验征收	有账但不全的小型非生产企业	纳税人财务制度不健全,生产经营不固定,零星分散、流动性大的税源
定期定额征收	没账	经主管税务机关认定和县以上税务机关批准的生产、经营规模小,达不到法律规定设置账簿标准,难以查账征收,不能准确计算计税依据的个体工商户和个人独资企业

【例题 8-23·单选题】 根据税收征收管理法律制度的规定,下列税款征收方式中,适用于纳税人财务制度不健全,生产经营不固定,零星分散、流动性大的税源的征收方式是(　　)。
　　A. 查定征收　　　B. 定期定额征收　　　C. 查账征收　　　D. 查验征收
【正确答案】 D
【答案解析】 选项 A,适用于财务会计制度不健全的小型生产型企业;选项 B,适用于小型无账证的个体工商户和个人独资企业;选项 C,适用于财务会计制度健全的企业。

二、应纳税额的核定

(一) 核定应纳税额的情形

需要核定应纳税额的情形包括:
(1) 依照法律、行政法规的规定可以"不设置"账簿的。
(2) 依照法律、行政法规的规定应当设置但"未设置"账簿的。
(3) "擅自销毁"账簿或者"拒不提供"纳税资料的。
(4) 虽设置账簿,但账目混乱,或者成本资料、收入凭证、费用凭证残缺不全,"难以查账"的。
(5) 发生纳税义务,未按照规定的期限办理"纳税申报",经税务机关责令限期申报,逾期

仍不申报的。

（6）纳税人申报的计税依据明显偏低，又"无正当理由"的。

【例题 8-24·单选题】 某酒店（一般纳税人）于 20×2 年 12 月取得餐饮收入 5 万元、客房出租收入 10 万元，该酒店未在规定期限内进行纳税申报，经税务机关责令限期申报，逾期仍未申报。根据税收征收管理法律制度的规定，税务机关有权对该酒店（　　）。

A. 采取税收保全措施　　　　　　　B. 责令提供纳税担保
C. 税务人员到酒店直接征收税款　　D. 核定其应纳税额

【正确答案】 D

【答案解析】 纳税人发生纳税义务，未按照规定的期限办理纳税申报，经税务机关责令限期申报，逾期仍不申报的，由税务机关核定其应纳税额。

【例题 8-25·多选题】 根据税收征收管理法律制度的规定，下列情形中税务机关有权核定纳税人应纳税额的有（　　）。

A. 纳税人设置的账簿账目混乱难以查账的
B. 纳税人按法律、行政法规规定应当设置但未设置账簿的
C. 纳税人虽设置账簿，但成本资料、收入凭证、费用凭证残缺不全难以查账的
D. 纳税人未按照规定的期限缴纳税款，经税务机关责令限期缴纳，逾期仍不缴纳的

【正确答案】 ABC

【答案解析】 选项 D，纳税人未按照规定的期限缴纳税款，经税务机关责令限期缴纳，逾期仍不缴纳的，税务机关可以采取强制执行措施。

（二）核定方法

核定应纳税额的方法包括：
（1）参照当地同类行业或者类似行业中经营规模和收入水平相近的纳税人的税负水平核定。
（2）按照营业收入或者成本加合理的费用和利润的方法核定。
（3）按照耗用的原材料、燃料、动力等推算或者测算核定。
（4）按照其他合理方法核定。

【例题 8-26·多选题】 下列关于税务机关核定应纳税额的方法中正确的有（　　）。

A. 参照当地同类行业中经营规模和收入水平相近的纳税人的税负水平核定
B. 按照营业收入核定
C. 按照成本加合理的费用的方法核定
D. 税务机关可以同时采用 ABC 三种方法核定

【正确答案】 AB

【答案解析】 选项 C，按照成本加合理的费用和利润的方法核定；选项 D，当其中一种方法不足以正确核定应纳税额时，可以同时采用"两种以上"的方法核定；但本题中因为不能采用选项 C 的方法，故错误。

三、征收措施

税款征收具体措施包括：①责令缴纳；②责令提供纳税担保；③税收保全措施；④税收强制执行措施；⑤阻止出境。

【例题 8-27·单选题】根据税收征收管理法律制度的规定,下列各项中,属于税款征收措施的是( )。
A. 查账征收　　　B. 税务行政复议　　　C. 税收保全　　　D. 自行申报
【正确答案】 C
【答案解析】 选项 A 属于税款征收的方式,选项 B 属于税务争议纠纷的解决途径,选项 D 属于纳税申报的方式。

1. 责令缴纳
1）前提条件:应税未税＋有根据逃税
责令缴纳的前提条件包括:
（1）纳税人未按照规定期限缴纳税款。
（2）扣缴义务人未按照规定期限解缴税款。
（3）纳税担保人未按照规定期限缴纳所担保的税款。
（4）未办理税务登记及临时经营的纳税人税务机关核定其应纳税额后。
（5）税务机关有根据认为纳税人有逃避缴纳税款义务的行为。
2）仍不缴纳的后果
针对以上(1)～(4)项,税务机关将实行税收强制执行程序;针对(5)项的情形税务机关将实行纳税担保程序。
3）滞纳金
（1）滞纳金的计算公式如下:

$$滞纳金＝应纳税款×滞纳天数×0.5‰$$

（2）滞纳天数:自纳税期限届满之次日起至实际缴纳税款之日止(算尾不算头)。

【例题 8-28·判断题】加收税收滞纳金的起始时间,为法律、行政法规或税务机关依法确定的税款缴纳期限届满当日。( )
【正确答案】 ×
【答案解析】 加收滞纳金的起算点为税款缴纳期限届满次日,而非纳税义务发生之日。

【例题 8-29·单选题】纳税人未按照规定期限缴纳税款的,税务机关可责令限期缴纳,并从滞纳之日起,按日加收滞纳税款一定比例的滞纳金,该比例为( )。
A. 0.1‰　　　B. 0.3‰　　　C. 0.5‰　　　D. 0.7‰
【正确答案】 C

【例题 8-30·单选题】某餐饮公司在 20×2 年 8 月应缴纳增值税 60 000 元、城市维护建设税 4 200 元。该公司在规定期限内未进行纳税申报,税务机关责令其缴纳并加收滞纳金,该公司在 9 月 30 日办理了申报缴纳手续。税务机关核定该公司增值税和城市维护税均以 1 个月为一个纳税期;从滞纳税款之日起,按日加收滞纳税款 0.5‰的滞纳金。下列计算该公司应缴纳的滞纳金金额的算式中,正确的是( )。
A. 60 000×0.5‰×15　　　　　　　B. (60 000＋4 200)×0.5‰×15
C. 60 000×0.5‰×30　　　　　　　D. (60 000＋4 200)×0.5‰×30
【正确答案】 B
【答案解析】 ①增值税纳税人以 1 个月或者 1 个季度为一个纳税期的,自期满之日起

15日内申报纳税;②滞纳金＝应纳税款×滞纳天数×0.5‰;③应纳税款＝60 000＋4 200＝64 200(元);④滞纳天数为自纳税期限届满之次日(20×2年9月16日)至实际缴纳税款之日(20×2年9月30日)共计15日。

2. 责令提供纳税担保
1) 担保方式
责令提供纳税担保的担保方式包括保证(属于人保)、抵押和质押(属于物保)。
2) 适用情形
适用责令提供纳税担保的情形包括:
(1) 税务机关有根据认为从事生产、经营的纳税人有逃避纳税义务行为,在规定的纳税期限之前经"责令其限期缴纳"应纳税款,在限期内发现纳税人有明显的转移、隐匿其应纳税的商品、货物以及其他财产或者应纳税收入的迹象,"责成纳税人提供纳税担保"的。
(2) 欠缴税款、滞纳金的纳税人或者其法定代表人需要"出境"的。
(3) 纳税人同税务机关在"纳税"上发生争议而"未缴清税款",需要申请政复议的。
(4) 纳税担保的范围:税款;滞纳金;实现税款、滞纳金的费用。

【例题8-31·单选题】下列各项中,不属于纳税担保方式的是(   )。
A. 保证   B. 扣押   C. 质押   D. 抵押
【正确答案】 B
【答案解析】 纳税担保是指经税务机关同意或确认,纳税人或其他自然人、法人、经济组织以"保证、抵押、质押"的方式,为纳税人应当缴纳的税款及滞纳金提供担保的行为。

【例题8-32·单选题】下列各项中,需要提供纳税担保的是(   )。
A. 纳税人按照规定应设置账簿而未设置的
B. 纳税人同税务机关在纳税上发生争议而未缴清税款,需要申请行政复议的
C. 纳税人对税务机关作出逾期不缴纳罚款加处罚款的决定不服,需要申请行政复议的
D. 纳税人开具与实际经营业务情况不符的发票
【正确答案】 B
【答案解析】 选项A,税务机关应当对纳税人核定应纳税额;选项C,不属于纳税争议,而属于罚款争议,纳税人可以直接申请行政复议而无须提供担保;选项D,属于虚开发票,税务机关应当对纳税人作出行政处罚。

【例题8-33·单选题】下列各项中,不属于税务担保范围的是(   )。
A. 罚款   B. 滞纳金
C. 实现税款、滞纳金的费用   D. 税款
【正确答案】 A

3. 税收保全与税收强制执行措施
税收保全与税收强制执行措施具体如表8-4所示。

表8-4　　　　　　税收保全与税收强制执行措施

项目	具体内容
批准	经县以上税务局(分局)局长批准

(续表)

项目		具体内容
税收保全	前提	税务机关责令符合条件的纳税人提供纳税担保而纳税人拒绝或不能提供担保
	具体措施	① 书面通知银行冻结相当于应纳税款的存款（陷阱：冻结全部资金） ② 扣押、查封相当于应纳税款的商品、货物或者其他财产（陷阱：全部财产）
	期限	一般最长不得超过"6个月"
税收强制执行	前提	从事生产经营的纳税人、扣缴义务人未按照规定的期限缴纳或者解缴税款，纳税担保人未按照规定的期限缴纳所担保的税款，由税务机关责令限期缴纳，逾期仍未缴纳
	具体措施	① 书面通知银行从存款中扣缴税款 ② 扣押、查封、依法拍卖或者变卖相当于应纳税款的商品、货物或者其他财产，以拍卖或者变卖所得抵缴税款 【注意】滞纳金同时强制执行
不适用的财产		个人及其所扶养家属维持生活必需的住房和用品，单价5 000元以下的其他生活用品

【例题8-34·单选题】根据税收征收管理法律制度的规定，下列各项中，属于税收保全措施的是（　　）。

A. 扣押纳税人价值相当于应纳税款的货物
B. 变卖纳税人价值相当于应纳税款的货物以变卖所得抵缴税款
C. 向纳税人加收滞纳金
D. 责令纳税人提供纳税担保

【正确答案】 A

【答案解析】 选项B，属于税收强制执行措施；选项C，属于责令缴纳；选项D，属于责令提供纳税担保。

【例题8-35·单选题】根据税收征收管理法律制度的规定，下列各项中，不适用拍卖、变卖情形的是（　　）。

A. 纳税人在规定的纳税期限内有明显的转移其应纳税货物迹象的
B. 采取税收保全措施后，限期期满仍未缴纳税款的
C. 逾期不按规定履行复议决定的
D. 设置纳税担保后，限期期满仍未缴纳所担保的税款的

【正确答案】 A

【答案解析】 选项A，属于应提供纳税担保的情形。

【例题8-36·多选题】税务机关拟对个体工商户业主王某采取税收保全措施，王某的下列财产中，可以采取税收保全措施的有（　　）。

A. 价值20万元的小汽车　　　　B. 价值10万元的金银首饰
C. 价值2 000元的电视机　　　　D. 维持自己生活必需的唯一普通住房

【正确答案】 AB

【答案解析】 选项C，税务机关对单价5 000元以下的其他生活用品，不采取税收保全措施。选项D，个人及其所扶养家属维持生活必需的住房和用品，不在税收保全措施的范围之内。

【例题 8-37·单选题】 税务机关采取税收保全措施的期限一般最长不得超过（　　）。

A. 3 个月　　　B. 6 个月　　　C. 1 年　　　D. 3 年

【正确答案】 B

【例题 8-38·判断题】 林某欠缴税款 4 000 元，由税务机关责令限期缴纳，逾期仍未缴纳，为防止国家税款流失，税务机关扣押了其一批价值为 4 600 元的商品，准备依法进行变卖，以变卖所得抵缴税款，税务机关的做法正确。（　　）

【正确答案】 ×

【答案解析】 扣押、查封的财产价值应相当于纳税人欠缴的应纳税款。本题中税务机关应扣押其价值为 4 000 元的商品。

4. 阻止出境

欠缴税款的纳税人或者其法定代表人在出境前未按规定结清应纳税款、滞纳金或者"提供纳税担保"的，税务机关可以"通知出境管理机关"阻止其出境。

【例题 8-39·单选题】 税务机关在查阅甲公司公开披露的信息时发现，其法定代表人张某有一笔股权转让收入未申报缴纳个人所得税，因此，要求张某补缴税款 80 万元、滞纳金 3.8 万元。张某在未结清应纳税款、滞纳金的情况下，拟出国考察，且未提供纳税担保，税务机关知晓后对张某可以采取的税款征收措施是（　　）。

A. 查封住房　　　　　　　　　　B. 查封股票交易账户
C. 通知出境管理机关阻止出境　　D. 冻结银行存款

【正确答案】 C

【答案解析】 欠缴税款的纳税人或者其法定代表人在出境前未按规定结清应纳税款、滞纳金或者提供纳税担保的，税务机关可以通知出境管理机关阻止其出境。

任务 8.3　行政管理相对人违法责任、重大税收违法案件信息公布

一、行政管理相对人违反税收法律制度的法律责任

行政管理相对人违反税收法律制度的法律责任具体如表 8-5 所示。

表 8-5　　　　　　行政管理相对人违反税收法律制度的法律责任

项目	违法行为	法律责任
逃税	纳税人采取欺骗、隐瞒手段进行虚假纳税申报或不申报逃避缴纳税款	追缴税款、滞纳金，并处 50% 以上 5 倍以下罚款
欠税	纳税人采取转移或隐匿财产的手段，妨碍税务机关追缴欠税	
抗税	暴力、威胁	追缴税款、滞纳金，并处 1 倍以上 5 倍以下罚款
骗税	以假报出口或其他欺骗手段骗取出口退税款	追缴税款，并处税款 1 倍以上 5 倍以下罚款，在规定期间内停止办理退税

(续表)

项目	违法行为	法律责任
编造虚假计税依据		责令限期改正,并处 5 万元以下的罚款
扣缴义务人应扣未扣、应收未收税款		向纳税人追缴税款 对扣缴义务人处以 50% 以上 3 倍以下罚款

【例题 8-40·单选题】纳税人因逃税涉嫌犯罪,有权利判决其承担刑事责任的机关是(　　)。

A. 人民政府　　　　B. 人民法院　C. 税务局　D. 中国人民银行

【正确答案】 B

【答案解析】 追究刑事责任只能由司法机关依照《刑法》的规定决定。

【例题 8-41·多选题】纳税人的下列行为中,属于逃税的有(　　)。

A. 采取转移或隐匿财产的手段,妨碍税务机关追缴欠缴税款

B. 伪造账簿,不缴应纳税款

C. 进行虚假纳税申报,少缴应纳税款

D. 按照规定应设置账簿而未设置的

【正确答案】 BC

【答案解析】 选项 A,属于欠税行为;选项 D,属于未按照规定设置账簿行为。

二、重大税收违法失信案件信息公布

(一) 公布信息的案件范围

公布信息的案件范围具体如表 8-6 所示。

表 8-6　　　　　　　　　　公布信息的案件范围

违法行为	标　准
逃税	数额在 100 万元以上,且任一年度不缴或者少缴应纳税款占当年各税种应纳税总额 10% 以上的
欠税	数额在 10 万元以上的
骗税	以假报出口或者其他欺骗手段,骗取国家出口退税款,数额在 1 万元以上的
抗税	①聚众抗税的首要分子;②抗税数额在 10 万元以上的;③多次抗税的;④故意伤害致人轻伤的;⑤具有其他严重情节
虚开发票	虚开增值税专用发票或虚开用于骗取出口退税、抵扣税款的其他发票的 虚开普通发票 100 份或金额在 40 万元以上的
伪造、变造	私自印制、伪造、变造发票,非法制造发票防伪专用品,伪造发票监制章的
失联	有上述违法行为(逃、欠、抗、骗、虚开发票)经税务机关检查确认走逃的

(二) 公布的案件信息

公布的案件信息主要包括:

(1) 对法人或者其他组织,公布其名称,统一社会信用代码或者纳税人识别号,注册地址,法定代表人、负责人或者经法院裁判确定的实际责任人的姓名、性别及身份证号码,经法院裁判确定的负有直接责任的财务人员、团伙成员的姓名、性别及身份证号码。

(2)对自然人公布其姓名、性别、身份证号码。
(3)主要违法事实。
(4)走逃情况。
(5)适用的相关法律依据。
(6)税务处理、税务行政处罚等情况。
(7)实施检查的单位。
(8)对公布的重大税收违法失信案件负有直接责任的涉税专业服务机构及从业人员,税务机关可以依法一并公布其名称、统一社会信用代码或者纳税人识别号、注册地址,以及直接责任人的姓名、性别、身份证号码、职业资格证书编号等。

(三)案件信息公布程序
1. 依法向社会公布的时间
(1)税务机关作出处罚决定,当事人在法定期间内没有申请行政复议或提起行政诉讼,或经行政复议或法院裁判对此案件最终确定效力。
(2)走逃案件,经税务机关查证处理,进行公告30日后,依法向社会公布。
2. 不公布的情形
当事人在公布"前"缴清税款、滞纳金和罚款的,案件信息将不予公布。
3. 停止公布并从公告栏中撤出的情形
当事人在公布"后"缴清税款、滞纳金和罚款的,案件信息将停止公布并从公告栏中撤出。

(四)案件信息公布管理
1. 公布渠道
(1)省级以下税务机关通过省税务机关门户网站向社会公布。
(2)省级以下税务机关通过本级税务机关公告栏、报纸、广播、电视、网络媒体等途径以及新闻发布会等形式向社会公布。
(3)国家税务总局门户网站设立专栏链接省税务机关门户网站的公布内容。
2. 公布期
公布期为自公布之日起满3年,停止公布并从公告栏中撤出。
3. 记录在案
案件信息一经录入相关税务信息管理系统,作为当事人的税收信用记录"永久"保存。

【例题8-42·多选题】3月,甲公司发生的下列活动中,属于重大税收违法失信案件的信息公布范围的有(   )。
A. 在账簿上多列支出,使其少缴应纳税款11万元
B. 通过转移财产的手段欠缴税款金额达到50万元
C. 以暴力、威胁方法拒不缴纳税款
D. 骗取国家出口退税款的
【正确答案】 BCD
【答案解析】 选项A,纳税人多列支出不缴或者少缴应纳税款100万元以上,且任一年度不缴或者少缴应纳税款占当年各税种应纳税总额10%以上的属于信息公布的范围。

【例题8-43·多选题】下列各项中,属于重大税收违法失信案件公布的案件信息内容的有(   )。

A. 法人名称 B. 自然人姓名
C. 法人注册地址 D. 自然人家庭住址

【正确答案】 ABC

【答案解析】 选项AC,对法人公布其名称,统一社会信用代码或者纳税人识别号,注册地址,法定代表人、负责人或者经法院裁判确定的实际责任人的姓名、性别及身份证号码,经法院裁判确定的负有直接责任的财务人员、团伙成员的姓名、性别及身份证号码;选项BD,对自然人,公布其姓名、性别、身份证号码。

【例题8-44·单选题】对重大税收违法失信案件信息自公布之日起满一定期限的,停止公布并从公告栏中撤出。该期限是(　　)年。

A. 1 B. 2 C. 3 D. 10

【正确答案】 C

模 块 测 试

一、单选题

1. 根据税收征收管理法律制度的规定,下列关于税务行政复议管辖的表述中,不正确的是(　　)。

A. 对国家税务总局的具体行政行为不服的,向国家税务总局申请行政复议
B. 对市辖区税务局的具体行政行为不服的,向其所属税务局申请行政复议
C. 对税务局的稽查局的具体行政行为不服的,向其所属税务局申请行政复议
D. 对计划单列市税务局的具体行政行为不服的,向其所在省的省税务局申请行政复议

2. 对必经复议的具体行政行为,复议机关决定不予受理或者受理以后超过行政复议期限不作答复的,申请人可以自收到不予受理决定书之日起或者行政复议期满之日起一定期限内,向人民法院提起诉讼。该期限是(　　)。

A. 10日 B. 15日 C. 30日 D. 60日

3. 纳税人应在3月15日缴纳税款30万元,逾期未缴纳,税务机关责令其在3月31日前缴纳。但直到4月24日才缴纳。计算该纳税人应缴纳的滞纳金金额的算式中,正确的是(　　)。

A. 30×0.5‰×15 B. 30×0.5‰×16
C. 30×0.5‰×24 D. 30×0.5‰×40

4. 根据税收征收管理法律制度的规定,纳税人拒不提供纳税资料的,税务机关有权(　　)。

A. 责令提供纳税担保 B. 采取税收保全措施
C. 核定应纳税额 D. 采取强制执行措施

5. 根据《税收征收管理法》的规定,对于生产经营规模较小,又确无建账能力,经主管税务机关审核批准可以不设置账簿的小型纳税人,应采用的征收方式是(　　)。

A. 查定征收 B. 查验征收 C. 代收代缴 D. 定期定额征收

6. 下列选项中,不属于税务机关职权的是(　　)。

A. 陈述权、申辩权 B. 委托代征权 C. 税款征收权 D. 估税权

7. 下列关于行政复议受理的表述中,不正确的是(　　)。

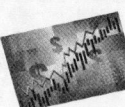

A. 复议机关收到行政复议申请后,应当在5日内进行审查,决定是否受理
B. 对于不符合规定的行政复议申请,决定不予受理,并书面告知申请人
C. 对不属于本机关受理的行政复议申请可以决定受理
D. 行政复议机关收到行政复议申请以后未按照规定期限审查并作出不予受理决定的,视为受理

8. 税务机关通过调查,发现某饭店的纳税申报表上有弄虚作假的情形,则税务机关可以采取的税款征收措施是(　　)。
A. 核定其应纳税额   B. 责令其缴纳税款
C. 责令提供纳税担保   D. 采取税收保全措施

9. 下列关于纳税申报的说法中,错误的是(　　)。
A. 纳税申报包括直接申报、邮寄申报、数据电文申报等方式
B. 采用邮寄申报方式的,以税务机关收到申报资料的日期为实际申报日期
C. 采用数据电文申报的,以税务机关的计算机网络收到该数据电文的时间为申报日期
D. 自行申报也称直接申报,是一种传统的申报方式

10. 下列属于其他发票的是(　　)。
A. 增值税专用发票 B. 增值税普通发票 C. 农产品收购发票 D. 以上都不是

二、多选题

1. 根据税收征收管理法律制度的规定,下列情形中,税务机关有权核定纳税人应纳税额的有(　　)。
A. 纳税人依照法律、行政法规的规定可以不设置账簿的
B. 纳税人依照法律、行政法规的规定应当设置但未设置账簿的
C. 纳税人申报的计税依据明显偏低,又无正当理由的
D. 纳税人发生纳税义务,未按照规定的期限办理纳税申报,经税务机关责令限期申报,逾期仍不申报的

2. 下列各项中,关于增值税发票领用的表述正确的有(　　)。
A. 对于税收风险程度较低的纳税人,按需供应发票
B. 对于税收风险程度中等的纳税人,正常供应发票,加强事中事后监管
C. 对于税收风险程度较高的纳税人,严格控制其发票领用数量和最高开票限额,并加强事中、事后监管
D. 全部纳税人均可以自愿选择使用网上申领方式领用发票

3. 根据税收征收管理法律制度的规定,下列各项中,属于税务机关发票管理权限的有(　　)。
A. 向当事各方询问与发票有关的问题和情况
B. 查阅、复制与发票有关的凭证、资料
C. 调出发票查验
D. 检查印制、领购、开具、取得、保管和缴销发票的情况

4. 下列税费的征收管理适用《税收征收管理法》的有(　　)。
A. 车辆购置税   B. 个人所得税   C. 印花税   D. 环境保护税

5. 根据税收征收管理法律制度的规定,纳税人对税务机关的下列行政行为不服时,可以申请行政复议的有(　　)。

A. 罚款 B. 确认适用税率
C. 加收滞纳金 D. 制定具体贯彻落实税收法规的规定

6. 根据《税收征收管理法》的规定,下列各项中,属于税收强制执行措施的有(　　)。
A. 暂扣纳税人营业执照
B. 书面通知纳税人开户银行从其存款中扣缴税款
C. 依法拍卖纳税人价值相当于应纳税款的货物,以拍卖所得抵缴税款
D. 书面通知纳税人开户银行冻结纳税人的金额相当于应纳税款的存款

7. 根据《税收征收管理法》的规定,经县以上税务局(分局)局长批准,税务机关可以对符合税法规定情形的纳税人采取税收保全措施。下列各项中,属于税收保全措施的有(　　)。
A. 扣押纳税人的价值相当于应纳税款的商品、货物或者其他财产
B. 书面通知纳税人开户银行从其存款中扣缴应纳税款
C. 书面通知纳税人开户银行冻结纳税人的金额相当于应纳税款的存款
D. 依法拍卖纳税人的价值相当于应纳税款的商品,以拍卖所得抵缴税款

8. 根据《税收征收管理法》的规定,税务机关在税款征收中,根据不同情况,有权采取的措施有(　　)。
A. 加收滞纳金 B. 责令提供纳税担保
C. 采取强制执行措施 D. 吊销营业执照

三、判断题

1. 《税收征收管理法》属于税收实体法。（　　）
2. 税务机关在调查税收违法案件时,经设区的市、自治州以上税务局局长批准,可以冻结案件涉嫌人员的储蓄存款。（　　）
3. 税务人员徇私舞弊或者玩忽职守,不征或者少征应征税款,致使国家税收遭受重大损失的,构成犯罪的,依法追究刑事责任;未构成犯罪的,依法给予行政处分。（　　）
4. 根据《税收征收管理法》的规定,对骗取国家出口退税款的,税务机关可以在规定期限内停止为其办理出口退税。（　　）
5. 行政复议机关审查被申请人的具体行政行为时,认为其依据不合法,本机关有权处理的,应当在60日内依法处理。（　　）
6. 申请人对税务机关作出的逾期不缴纳罚款加处罚款的决定不服的,可以直接提起行政复议。（　　）
7. 税务机关调查税务违法案件时,对与案件有关的情况和资料,可以记录、录音、录像、照相和复制。（　　）
8. 所谓账簿,是指纳税人连续地登记各种经济业务的账册或者簿籍,包括总账、明细账、日记账以及其他辅助性账簿。总账、日记账应当采用活页式。（　　）
9. 企业所得税的征收管理,适用《税收征收管理法》。（　　）
10. 税务管理主要包括税务登记管理、账簿和凭证管理、发票管理、纳税申报管理等。（　　）